"十三五"国家重点图书出版规划项目

国家社科基金重大项目"海外藏珍稀中国民俗文献与文物资料整理、研究暨数据库建设"（项目编号：16ZDA163）阶段性成果

海外藏中国民俗文化珍稀文献
编委会

主　编

王霄冰

编　委（以姓氏笔画为序）

刁统菊　　王　京　　王加华

白瑞斯（德，Berthold Riese）　　刘宗迪

李　扬　　肖海明　　张　勃　　张士闪

张举文（美，Juwen Zhang）

松尾恒一（日，Matsuo Koichi）

周　星　　周　越（英，Adam Y. Chau）

赵彦民　　施爱东　　黄仕忠　　黄景春

梅谦立（法，Thierry Meynard）

国家出版基金项目

"十三五"
国家重点图书
出版规划项目

海外藏
中国民俗文化
珍稀文献

王霄冰 主编

[法]顾赛芬（Séraphin Couvreur） 编著

卢梦雅 郭平平 编译

Choix de documents

明清风俗类官文选

陕西师范大学出版总社

图书代号　SK22N1913

图书在版编目（CIP）数据

明清风俗类官文选／（法）顾赛芬编著；卢梦雅，郭平平编译．—西安：陕西师范大学出版总社有限公司，2023.3
（海外藏中国民俗文化珍稀文献／王霄冰主编）
"十三五"国家重点图书出版规划项目　国家出版基金项目
ISBN 978-7-5695-3341-5

Ⅰ.①明…　Ⅱ.①顾…　②卢…　③郭…　Ⅲ.①公文—汇编—中国—明清时代　Ⅳ.① K249.063

中国版本图书馆 CIP 数据核字（2022）第 234999 号

明清风俗类官文选
MING-QING FENGSU LEI GUANWEN XUAN
［法］顾赛芬　编著　　卢梦雅　郭平平　编译

出 版 人	刘东风
责任编辑	王文翠
责任校对	张　姣
出版发行	陕西师范大学出版总社
	（西安市长安南路199号　邮编　710062）
网　　址	http://www.snupg.com
印　　刷	陕西龙山海天艺术印务有限公司
开　　本	710 mm × 1000 mm　1/16
印　　张	22.5
插　　页	4
字　　数	152 千
图　　幅	214
版　　次	2023 年 3 月第 1 版
印　　次	2023 年 3 月第 1 次印刷
书　　号	ISBN 978-7-5695-3341-5
定　　价	168.00 元

读者购书、书店添货或发现印装质量问题，请与本公司营销部联系、调换。
电话：（029）85307864　85303635　传真：（029）85303879

海外藏中国民俗文化珍稀文献
总序

◎ 王霄冰

民俗学、人类学是在西方学术背景下建立起来的现代学科，其后影响东亚，在建设文化强国的大战略之下，成为当前受到国家和社会各界广泛重视的学科。16世纪，传教士进入中国，开始关注中国的民俗文化；19世纪之后，西方的旅行家、外交官、商人、汉学家和人类学家在中国各地搜集大批民俗文物和民俗文献带回自己的国家，并以文字、图像、影音等形式对中国各地的民俗进行记录。而今，这些实物和文献资料经过岁月的沉淀，很多已成为博物馆和图书馆等公共机构的收藏品。其中，不少资料在中国本土已经散佚无存。

这些民俗文献和文物分散在全球各地，数量巨大并带有通俗性和草根性特征，其价值难以评估，且不易整理和研究，所以大部分资料迄今未能得到披露和介绍，学者难以利用。本人负责的2016年度国家社科基金重大项目"海外藏珍稀中国民俗文献与文物资料整理、研究暨数据库建设"（项目编号：16ZDA163）即旨在对海外所存的各类民俗资料进行摸底调查，建立数据库并开展相关的专题研究。目的是抢救并继承这笔流落海外的文化遗产，同时也将这部分研究资料纳入中国民俗学和人类学的学术视野。

所谓民俗文献，首先是指自身承载着民俗功能的民间文本或图像，如家谱、宝卷、善书、契约文书、账本、神明或祖公图像、民间医书、宗教文书等；其次是指记录一定区域内人们的衣食住行、生产劳动、信仰禁忌、节日和人生礼仪、口头传统等的文本、图片或影像作品，如旅行日记、风俗纪闻、老照片、风俗画、民俗志、民族志等。民俗文物则是指反映民众日常生活文化和风俗习惯的代表性实物，如生产工具、生活器具、建筑装饰、服饰、玩具、戏曲文物、神灵雕像等。

本丛书所收录的资料，主要包括三大类：

第一类是直接来源于中国的民俗文物与文献（个别属海外对中国原始文献的翻刻本）。如元明清三代的耕织图，明清至民国时期的民间契约文书，清代不同版本的"苗图"、外销画、皮影戏唱本，以及其他民俗文物。

第二类是17—20世纪来华西方人所做的有关中国人日常生活的记录和研究，包括他们对中国古代典籍与官方文献中民俗相关内容的摘要和梳理。需要说明的是，由于原书出自西方人之手，他们对中国与中国文化的认识和理解难免带有自身文化特色，但这并不影响其著作作为历史资料的价值。其中包含的文化误读成分，或许正有助于我们理解中西文化早期接触中所发生的碰撞，能为中西文化交流史的研究提供鲜活的素材。

第三类是对海外藏或出自外国人之手的民俗相关文献的整理和研究。如对日本东亚同文书院中国调查手稿目录的整理和翻译。

我们之所以称这套丛书为"海外藏中国民俗文化珍稀文

献",主要是从学术价值的角度而言。无论是来自中国的民俗文献与文物,还是出自西方人之手的民俗记录,在今天均已成为难得的第一手资料。与传世文献和出土文物有所不同的是,民俗文献和文物的产生语境与流通情况相对比较清晰,藏品规模较大且较有系统性,因此能够反映特定历史时期和特定区域中人们的日常生活状况。同时,我们也可借助这些文献与文物资料,研究西方人的收藏兴趣与学术观念,探讨中国文化走向世界的方式与路径。

是为序。

2020年12月20日于广州

CHOIX
DE
DOCUMENTS

LETTRES OFFICIELLES, PROCLAMATIONS,

ÉDITS, MÉMORIAUX, INSCRIPTIONS,...

TEXTE CHINOIS

AVEC TRADUCTION

EN FRANÇAIS ET EN LATIN

PAR

S. COUVREUR S. J.

QUATRIÈME ÉDITION.

HO KIEN FOU

IMPRIMERIE DE LA MISSION CATHOLIQUE.

1906

《明清风俗类官文选》原书书影

本书导读

◎ 卢梦雅

一、原书和作者概况

《明清风俗类官文选》是我们选取法国耶稣会士顾赛芬（Séraphin Couvreur，1835—1919）《官文选》（*Choix de documents, lettres officielles, proclamations, édits, mémoriaux, inscriptions... textes chinois avec traduction en français et en latin*，1894）中与风俗相关篇目整理成的资料集。原书于1894年出版，近580页，共五部分，由若干类型的80多份公文组成，包括政府公函、诏令、奏疏、内参（《京报》）、碑铭等，各类型包含的文本数量不等，每篇文本后面附有拉丁文译文和法文译文。其中，拉丁文译文遵循中文词序，便于显示出中文原句的结构和表达方式；法文译文更贴近原文意思。另外，作者对重要字词均加以注音和解释，在书后编有关键字索引。

《官文选》记载了明清皇室重要庆典的仪礼和朝廷针对民风陋俗的措施，目的是"展现官方文本写作风格的特征"，帮助西方人了解中国明清两代朝廷的机构、司法程序、宫廷习俗和伦理道德，让读者"身临其境地参与到他们的司法程序、各个机要部门的磋商和天子的决议中"。[1] 1895年，法兰西铭文与美文学院为此书颁发了汉学"儒莲奖"，认为该书"提供了一种写作风格的范本"，"对行政、外交文书的文体知识具

---

[1] Séraphin Couvreur, *Choix de documents*, 1894, « préface ».

有极其重要的意义",①这也是作者顾赛芬第三次获得该奖②。

顾赛芬毕业于法国亚眠神学院，1853年进入耶稣会，1870年被派往中国，在直隶东南教区（河北献县）传教，是张庄天主教总堂的传教士，并担任教会学校教师和该地区天文台的负责人，同时进行汉学研究。在中国的五十年间，他翻译了多部儒家典籍，编写了多部辞典。③其主要著述如下：

（一）辞典

1.《汉拉辞典》（1877年初版，*Dictionarium linguae Sinicae latinum, cum brevi interpretatione gallica, ex radicum ordine dispositum*）

2.《法汉常谈辞典》（1884年初版，*Dictionnaire français-chinois contenant les expressions les plus usités de la langue mandarine*）

3.《官话常谈指南》（1886年初版，*Langue mandarine du Nord. – Guide de la Conversation Français-Anglais-Chinois contenant un vocabulaire et des dialogues familiers*）

4.《汉法辞典》（1890年初版，*Dictionnaire chinois-français*）

5.《汉法小辞典》（1903年初版，*Petit Dictionnaire chinois-français*）

6.《汉法艺文辞典》（1904年初版，*Dictionnaire classique de la langue chinoise*）

---

① Charles Barbier de Méynard, « Rapport de la Commission du prix Stanislas Julien », *Comptes rendus des séances de l'Académie des Inscriptions et Belles-Lettres*, Année 1895, Vol. 3, pp.188-189.

② « Jugement des concours », *Comptes rendus des séances de l'Académie des Inscriptions et Belles-Lettres*,1895(39-6), p.517. 另外两次分别是1886年、1891年凭借《汉法辞典》（*Dictionnaire chinois-français*）获奖，是唯一三次获得"儒莲奖"的传教士汉学家。

③ 参见Henri Cordier, « Nécrologie de Séraphin Couvreur », T'oung Pao, Vol. 19, No. 3/4（Jul., 1918 - Oct., 1919）, pp. 253-254。

（二）文集

7.《官文选》（1894年初版，*Choix de documents, lettres officielles, proclamations, édits, mémoriaux, inscriptions... textes chinois avec traduction en français et en latin*）

（三）典籍翻译

8.《四书》（1895年初版，*Les quatre livres, avec un commentaire abrégé en chinois, une double traduction en français et en latin et un vocabulaire des lettres et des noms propres, in-8*）

9.《诗经》（1896年初版，*Cheu King. Texte chinois avec une double traduction en français et en latin, une introduction et un vocabulaire*）

10.《书经》（1897年初版，*Chou King. Texte chinois avec une double traduction en français et en latin, une introduction et un vocabulaire*）

11.《礼记》（1899年初版，*Li Ki ou Mémoires sur les Bienséances et les Cérémonies. Texte chinois avec une double traduction en français et en latin*）

12.《春秋左传》（1914年初版，*Tch'ouen ts'iou et Tso tchouan. Texte avec transcription et traduction française*）

13.《仪礼》（1916年初版，*Cérémonial. Texte chinois et traduction*）

可见，《官文选》的编写与顾赛芬的其他汉学成果相辅相成，比如注释的体例与他编纂的汉法、汉拉辞典体例相同，并在解释字词时大量参引他所译注的儒家经典。作为诸多汉学工作中的一项，《官文选》与"四书五经"的译注共同构成了顾赛芬对中国古今官方习俗制度的考察。

二、《官文选》与中国社会的俗、礼、法

书中因包含大量中法关系、教会问题和历法修订等内容，往往被相关学科拿为己用，却忽视了作者选编集于一册的考量和该书整体的学术价值。事实上，从内容来看，《官文选》收录的官方文献集中反映了中国社会的俗、礼、法，展现了中国行政机构、官方伦理道德、法律和民

间观念、习俗等共同维系的中国近代社会秩序。其中，第一、三部分的一些皇家重要活动和礼仪，包括在服饰、观念、信仰上的习惯，呈现了官方立场对伦理道德的定义，文中措辞尽显皇家威严和优雅，例如宫廷宴请（见本书第1、2篇）、皇太后生辰（第7篇）、皇太后丧礼（第10篇）、祭祖（第28篇）中的服饰和行礼要求，外国人献物朝贡之礼（第24、40、41篇）等；第二部分是官府向民间发布的告示，大多是对民间陋俗和邪风的劝禁，如侵占坟地（第14篇），轻信邪教、剪发辫、剪鸡毛（第17篇），溺女之风（第20、21篇），好赌（第22篇），集资建庙、演戏酬神致劳民伤财（第23篇）；此外，第三、四部分的吸食鸦片、酷刑、虐童问题（第44、53、54篇）亦属此类。这些内容构成了全书主体，充满了礼俗的互通与冲突、礼法的制约与调和，尽显近代中国社会的复杂性。

这些官文处处体现出中国人的传统观念，说明经久不衰的观念并不限于民间百姓，更深入皇家宫廷，因此官民在意识观念上实际具有互通性和一致性。我们在书中看到，官府会利用民间观念劝禁陋俗。如侵占古墓会"害及泉壤"（第14篇）；溺女会遭"阴谴"（第21篇）；残虐之风，伤天地之和，"无怪水、旱灾祲历叠见"（第53篇）。此外，官府注重宣扬孝道（第32、60篇）、表彰贞洁（第33篇），皇帝登基举行典礼须择吉日（第9篇），皇帝入学须择吉期（第38篇），等等。

以旱灾期间的观念和做法为例，皇室有不同的祈雨方式。第一种是皇帝和指定的数位大臣同日赴各处"轮班住宿，上香行礼"，相应的报谢仪式是：待降雨后，皇帝亲自上香行礼报谢天佑，指定数位大臣"先期斋宿，于是日分诣行礼"（第30篇）；第二种是迎请外地龙神庙的铁牌，在京供奉，相应的报谢办法是为该庙加封并赐匾，凡祈雨灵验之庙，不仅在当地扬名，还会被皇帝加封（第31篇）。

天人感应是中国社会上下一致的古老观念。中国人自古笃信，大自然的运行与帝王德行、皇室秩序息息相关。朝臣将旱象归因于失德，尤其是不节不孝，因此光绪二年为了求雨，奏请特旨表扬崩逝的孝哲毅皇后"母仪天下之德"（第38篇）；由于"刑滥固伤天和"，清理刑狱也有助于降水（第56篇）。在遇到罕见天象如"金星昼见"时，须"修省，以弭灾沴"，张之洞下令"振刷精神，实事求是，毋蹈因循疲玩之习……

秉公举劾……严禁苛索，以恤商民"（第36篇）。在日食之日，皇帝则"停止宗亲筵宴……换常服，仍于内殿恭设香案，虔申祈禳，用体昊穹垂警之意"（第55篇）。这些公文无形中体现了传统观念和礼俗对社会秩序的调节和约束作用。然而，我们可以从部分文件中看出，如果相对滞后的规则妨碍了秩序稳定、损害了官民关系或对外关系，朝廷并不会因循守旧。例如慈禧生辰之前日本发动甲午战争，"因念士卒行阵之苦……颐和园受贺事宜，即行停办"（第52篇）。再如钦天监改历正朔一案（第25篇），尽管杨光先、吴明烜控诉天主教士的算法非古法，不法尧舜，系西洋之法，却仍被康熙革职、惩戒，补授比利时传教士南怀仁（Ferdinand Verbiest）为钦天监监副。光绪时期的谕旨反映了朝廷不再囿于讲经义理、发明奥义，开始"破除故套轮值进讲"（第51篇）、愿意"学习泰西诸学"（第50篇），反映出皇帝不因循守旧、实事求是、崇尚科学的一面。

当然也有不合传统、招致异议的事件。例如，清朝的皇位"必归之承继之子"，两宫皇太后因皇帝"未有储贰，不得已，以醇亲王之子承继文宗显皇帝为子，入承大统，为嗣皇帝"，被吏部主事以死上奏，认为"实于本朝家法不合"（第37篇）。再如，"垂帘听政"自宋代有之，但不在清律规定之内，尽管在"皇帝此时尚在冲龄，且时事多艰，王大臣等不能无所禀承"（第8篇）的情况下推行，十年后仍危词不绝（第39篇）。总之，合乎规矩是获得上天眷顾、百姓拥护的王道，符合全社会在道德和习俗方面的共识是中国统治者获得威望的重要途径。

顾赛芬非常重视近代律法对维护社会公平稳定的强制作用。例如第三部分关于滥用酷刑和虐童案的奏疏，第四部分两份《京报》关于两桩刑案的公文（第56、57篇）等。还有一些未明显涉及律法的公文，实际上同样具有法律性质或制约效力。例如第二部分官府告示的文末大多写有"如有违反，严惩不贷"，甚至对溺婴知情不阻者"连坐治罪"；皇帝对提出不实请求的官员进行处分。第三部分御史请奏严防考生虚报年龄、冒充年老、滥窃荣名等公文（第34、35篇）。

天主教士自明末清初大量来华，成为中国社会的特殊群体，多篇官文反映了明清朝廷对品行高尚的贤德之人的欢迎和吸纳，对优秀外来科学知识的欣然接受，以及对外来宗教信仰的极大包容。这些官文写道："幸有西儒高先生修身事天、爱人如己，以教忠教孝为第一事"（第12篇）；利玛窦"立身谦逊，履道高明，杜物欲，薄名誉，澹世味，勤德业"（第58篇）；"天主教向以行善为本，康熙年间业经准行"（第17篇）；"西儒之学足辅王化，为此示谕士民人等"（第13篇）；汤若望"精于象纬，闳通历法"，"洁身持行，尽心乃事，董率群官"（第59篇）；等等。从中法战争期间清廷对一些社会事件的处理中，我们更能看到中国人以和为贵、宽以待人、善恶分明等道德品质。这集中反映了中国统治者渴望以礼、以德来维系各种社会关系，凡事力求"师出有名"。

此外，作者在原序中表达了对官文格式与措辞的推崇。这些官文往往有专用的叙述结构，特殊的引、结语，严格的抬格，这些都在形式上显示出中国上层社会的上下尊卑文化和建言献策的分寸感，是一种书面的贵族礼仪。顾赛芬在译注典籍的同时，选录这些官方文本，正是因为注意到了儒家经典和官文之间的区别与联系。官文在形式上融合了礼制的因素，体现了官僚制内部关系，是体统的重现与考量。"文以明道""曲尽人情"，官文是儒家行政理念具体落实的结果，体现了中国传统治理的独特逻辑。①

三、《官文选》的编纂动机与社会民俗学价值

在《官文选》的序言中，作者交代了文献的两种来源：大多数关于天主教会的文本出自黄伯禄神父（Pierre Houâng, 1830—1909）在上海出版的《正教奉褒》和《正教奉传》。这两本书关心的是传教士在华的状况，收集了从唐朝至晚清的官文，旨在为天主教正名，彰显朝廷对天主教会及信仰的认可和容纳，以及民间的拥护和褒赞。② 其他文件

---

① 参见付伟：《文以明道：清代地方政府公文系统的理念与实践》，载《社会学研究》2017年第6期。
② 此二作大量收录了比利时耶稣会士南怀仁编纂的《熙朝定案》和教会著述的《钦命传教约述》。参见《熙朝崇正集、熙朝定案（外三种）》，韩琦、吴旻校注，中华书局，2006年，前言。

来自当时的法国驻北京公使馆翻译古恒先生（Maurice Courant，1865—1935）。古恒在1891年也出版过一本官文集《北京朝廷：机构、生活和职能》，重在介绍清廷组织机构、人事职能以及主要的宫廷仪礼，如皇族大婚、丧礼、大祭、登基、摄政、宴请以及在这些情况下所使用的服饰、器具等，仅收录了十七篇官文作为实例展示。[1]可见，将官文辑录成册，是西方人考察中国社会制度和思想体系的一种特殊路径。

然而，《官文选》所收录的官文既包含上述范围的文献，还加入了大量关于朝中秩序、社会案件、中外关系、公序良俗的官方文献，作者的用意应与上述二人不同。顾赛芬在原书序言中表示，他一方面意在展示中国官方写作的文体特点："复合句众多，对称且具节奏感，集简洁和清晰于一体，句子读来既悦耳又充满智慧"，另一方面旨在帮助读者了解清朝的制度、习俗和伦理道德。[2]

顾赛芬选入的官方文书不同于当时其他来华传教士的实地考察记录，其特殊性在于每个文件都牵涉对话的双方，包括底层民众、外国使臣、皇室贵族、士官臣子、耶稣会士等各个社会群体在同一事件中一致或相悖的道德观念、知识体系，以及在各自社会心理指导下的举动，复现了明清时期官方如何维系民间、宫廷、宗教和外交四种场域的规范和秩序，以及在维护社会秩序的目的下，各种观念信仰、风俗习惯间存在的各种冲突、制约和调和。可以说，这些官文可被视为近代中国社会关系的特殊载体，我们既可以从中窥见皇室礼仪、高官显宦的讲究，也能看到民间的习俗观念。

20世纪初，法国汉学家葛兰言（Marcel Granet, 1884—1940）曾在中国亲属关系制度研究中注意到延续几千年的中国文明中民间习俗、贵族礼仪和大清律例之间的内在联系，并利用俗、礼、法三种文献进行了一系列出色的社会法学研究，考察和阐释了维系社会基本秩序的婚姻和亲

---

[1] 参见 Maurice Courant, *La Cour de Péking, notes sur la constitution, la vie et le fonctionnement de cette cour*, Paris, 1891, pp. 3-4。该书收录的《光绪登基》《垂帘听政》《慈安太后驾崩》三篇官文与本书重合。

[2] Séraphin Couvreur, *Choix de documents*, 1894, « préface ».

属制度在中国的演变过程。^①在《官文选》的编纂策略上，顾赛芬暗合了葛兰言的方法，他所编译的这些具有行政外交文体的官方材料，提供了丰富的近代中国社会关系视角，可视为一项具有前瞻性的文献社会学工作，从民俗学和社会史学视角来看，具有重要的学术价值和史料价值。

往前追溯，法国启蒙思想家伏尔泰在1756年出版的巨著《风俗论》中，就使用了早期来华耶稣会士回传欧洲的中国官文包括皇帝遗诏作为论据。[②]通过这些官文，伏尔泰注意到，当时中国的贵族和官员也崇敬天地神明，并且将之与当政者的德行关联起来；他极为赞许中国人能够以礼节来解决问题，认为礼仪可以帮助树立克制和正直的民风；他还看到了法律在中国不仅用于刑罚，还用来褒奖美德，官府要为善举立牌挂匾。伏尔泰认为，中国人的根本大法是全国一家，所以将维护公共秩序视为首要责任，其结论是，礼法的精神与敬神的观念合起来形成了中国人的宗教。在华耶稣会士韩国英（P. M. Cibot，1727—1780）发表于1789年的长篇论文《中国宫廷礼俗与〈以斯帖记〉所志的风俗习惯比较》同样在将中国宫廷风俗与古波斯宫廷风俗的对比中，介绍了中国古代的宫廷礼俗，包括筵宴、寿宴、婚礼、丧礼、君臣关系、劝谏技术、赏赐功臣、高丽国朝贡、刑罚等，整体上呈现了中国封建贵族和帝国宫廷的文化世界。[③]我们无法知道顾赛芬神父是否受到伏尔泰、韩国英的启发，但是时隔百年，《官文选》又一次成为反映中国宫廷文化道德与习俗的学术出版物，并且首次以大量的一手公函为载体，更加直观和有力。

---

① 参见 Marcel Granet, *La polygynie sororale et le sororat dans la Chine féodale*, Paris: Ernest Leroux, 1920 以及 « Carégories matrimoniales et reliations de proximité dans la Chine ancienne », *Annales sociologiques*, collection de l'Année sociologique, série B, fascicules 1-3, Paris : Librairie Félix Alcan, 1939。

② 参见伏尔泰：《风俗论》（上册），梁守锵译，商务印书馆，2000年，第239—259页。

③ P. M. Cibot, « Parallèle des mœurs et usages des Chinois, avec les mœurs & usages décrits dans le Livre d'Esther », *Mémoires concernant l'histoire, les sciences, les arts, les mœurs, les usages, etc. des Chinois*, Vol. 14 &15, Paris,1789, 1791.

鉴于此，我们依据1906年献县印书馆出版的《官文选》第四版，选编了其中四十余篇①，在"海外藏中国民俗文化珍稀文献"系列中出版，另命名为《明清风俗类官文选》。

2022年6月21日

---

① 相比1894年初版，1906年版增加了《总理衙门照会法国钦差大臣贺寿》《皇帝奉太后懿旨谕示生辰庆典事宜》《皇帝谕示日食之日仪礼》三篇。另外，其他未收入本书的篇目有《福州战役》《对法宣战》《增设船厂》《铁路问题》。

《官文选》原序[①]

本书分为五部分：（一）官方或半官方公函；（二）公告；（三）圣谕、登基诏书、奏疏、禀帖等；（四）《京报》介绍和两份样刊；（五）一些碑铭和其他文本。

感谢法国驻北京公使馆的翻译古恒先生（Maurice Courant）帮助笔者获得这些官方信件。大多数关于传教士和宗教的文本出自江南教区的黄伯禄神父（Pierre Houâng）在上海出版的两本官文集《正教奉褒》和《正教奉传》。

编写本书是为了展现官方写作风格的特征。这些独特的、具有指导性的、真实的清朝官方文书可以帮助读者了解清廷的机构运作、习俗和伦理道德，读者将身临其境地参与到他们的司法程序、各个机要部门的磋商和天子的决议中。这些官方文书主题、内容和表达方式各种各样，读者可以读到以官抄、奏疏内容为主的《京报》，从而准确了解朝廷及其运转情况。

中文句子通常在古书中很短，在官方文件中句子的长度有时却可以与繁荣时期的罗马演说比拟，由于一字多义，中文句子有时难以理解。但总体来说，这些文件风格清晰，思路清楚，复合句众多，对称且具节奏感，集简洁和清晰于一体，句子读来既悦耳又充满智慧。在公告、敕令、奏疏、谕旨的引用和举例的结尾处往往有鲜明的官文格式。

[①] 此处与原书"前言"合并。鉴于出版需要，有删减。

这些文件往往要求读者对历史、法律、艺术或科学有专门的了解，并且对不适合公开的事实有较为隐晦和婉转的表达。本书编译的初衷是希望对读者进一步开展传教工作有所帮助，教士会慢慢熟悉这些表达，不再畏惧独立阅读各种文献，无须假借外人辅助。

1894 年 8 月

校勘说明

本书在编排上将原书整理为横排简体，依照现代阅读习惯加以标点，添加中文标题，并译出法文标题，随篇附繁体竖排原书图片，以方便读者对照。两篇文章始末出现在同一页时，为提供完整阅读感受，原书图片重复出现一次。在选录、整理、校核的过程中，我们依据现代汉语规范和古籍整理通例进行汉字简化和全文标点。对于原书中的公文格式，尽量依据原书面貌保留。不通行于现代汉语的个别格式，如抬格等，不做保留。此外，原作者在将中文翻译成法文时，把原文的阴历日期均换算成了公历日期，编者在标题中予以保留。本书选用清晰度较高的1906年版影印，但因该版本多处排字错误，编者根据1894年版、1901年版、原书法语译文意思及清代官文常见措辞、人名等对此进行勘误，以现在的简体横排版本中的用字为准。特此说明。

第一部分　　照会外国使臣

1. 总理衙门设宴款待法国使团 / 002

2. 总理大臣恭贺法国新年 / 004

3. 总理衙门致法国柏大臣函 / 007

4. 总理衙门致信法国柏大臣 / 009

5. 为设立总理衙门照会法国钦差大臣 / 011

6. 派员出使泰西各国交涉中外事务 / 013

7. 总理衙门照会法国钦差大臣贺寿 / 015

8. 总理衙门为两宫皇太后垂帘听政照会法国钦差大臣 / 017

9. 总理衙门为光绪登基照会法国钦差大臣 / 020

10. 总理衙门为慈安皇太后病逝照会法国钦差大臣 / 022

11. 为法国大臣颁发境内游历护照 / 025

第二部分　　各地官府告示

12. 山西绛州正堂示谕百姓尊天祛邪 / 028

13. 福建建宁正堂向士民解释西儒信仰 / 031

14. 苏州府示谕民众敬畏古墓 / 036

15. 恭亲王示谕地方公平对待习教人员 / 039

16. 严办滋闹教士案 / 045

17. 江南分巡示谕百姓分辨教派之正邪 / 047

18. 饬办乡团巩固海防 / 052

19. 呼吁战后民教相安 / 058

20. 湖北承宣布政使示谕严禁溺女 / 063

21. 福建总督示谕严禁溺女 / 068

22. 武昌府正堂示谕禁赌 / 071

23. 河间府献县禁止集资建庙、演戏酬神 / 074

第三部分　谕旨与奏书

24. 利玛窦上大明皇帝贡献土物奏 / 080

25. 钦天监改历正朔及监职任免事宜 / 084

26. 涉天主教民事件的处理 / 102

27. 彻查天津教案以解民疑 / 114

28. 礼部奏皇帝祭祖事宜 / 130

29. 皇帝谕令亲王祈雨 / 133

30. 皇帝谕令亲王报谢天神地祇 / 136

31. 皇帝谕令官员报谢龙神 / 140

32. 李鸿章请旨表彰孝行 / 142

33. 李鸿章请旨表彰贞洁 / 145

34. 奉上谕驳回夸大事实 / 149

35. 请奏严防考生虚报年龄 / 152

36. 皇帝谕令官吏修省以防天谴 / 155

37. 吏部主事上谏入承大统俗制事宜 / 160

38. 山东监察御史请奏两宫皇太后免除亲王差使事宜 / 173

39. 太后以内廷规制驳寺宦流弊之危词 / 182

40. 赦免崇厚以睦中俄关系 / 188

41. 广西巡抚报奏越南国王进贡 / 191

42. 越南国王随贡上表 / 195

43. 李鸿章告假营丧 / 199

44. 河南道监察御史奏请查禁鸦片 / 205

45. 甄录言官以彰圣德 / 209

46. 军机处权力更迭 / 215

47. 厘清敌我以免歧误 / 224

48. 仗义兴师奖惩分明 / 227

49. 允协睦邻之义　与法弃怨修好 / 234

50. 遴选提拔外交人才 / 237

51. 破除故套轮值进讲 / 254

52. 皇帝奉太后懿旨谕示生辰庆典事宜 / 259

53. 山东监察御史奏请禁止酷刑 / 262

54. 刑部主事上奏婆婆虐童案 / 271

55. 皇帝谕示日食之日仪礼 / 274

第四部分　《京报》

56. 1876 年 4 月 10 日刊 / 280

57. 1876 年 4 月 20 日刊 / 299

第五部分　其他

58. 顺天京兆王应麟撰利玛窦碑记 / 314

59. 授汤若望钦天监正事以修历法 / 321

60. 罗锦文撰文祭母以示孝心 / 324

第一部分 照会外国使臣

1. 总理衙门设宴款待法国使团

晚宴邀请（1891年3月3日）

径启者：

所有觐见日期，业经备文照会在案。二十六日十二点钟，遵旨在署设宴款待。是日均穿公服。即希贵署大臣，届时贲临。其随同觐见之参赞翻译各员，亦偕至本署与宴为盼。专此奉布。

顺颂日祉。

名另具。

正月二十三日

LETTRES OFFICIELLES

徑啟者、所有
觀見日期業經備文照會在案。二十六日十二點
鐘遵
旨在署設宴歛待。是日均穿公服。即希
貴署大臣屆時賁臨、其隨同
覲見之參贊潘議各員、亦偕至本署與宴爲盼。專
此奉布順頌
日祉。
　　　　　名另具　正月二十三日

徑啟者現屆
貴國新年欣維
春祉廷釐爲頌。本爵大臣等擬於本月初八
日一點鐘、偕同各部院大臣分起前往
十二點半
一點半

I. Qui breviter nuntiant, de quo actum est, imperatoris visendi diem statutum jam antea scriptis litteris clare notum fecerunt; exstant litteræ. (Mensis) vigesimo sexto die, duodecima hora, obsequenter regio mandato, in tribunali parabunt convivium ad amice exspectandum. Illo die omnes induent prætorias vestes; etenim sperant fore ut nobilis vices gerens regni Minister, adveniente hora, dignetur accedere. Qui sequentes simul visuri sunt imperatorem, adjutores et interpretes singulos etiam simul venturos ad nostrum prætorium et interfuturos esse convivio est spes. Unice illud reverenter significamus. Commoda (occasione utentes), precamur in dies crescentem felicitatem. Nomina seorsim scripta sunt.
Primi mensis 23 die.

徑 King. Sentier, chemin direct, la voie la plus courte, brièvement.

啟 K'ì. Enseigner, instruire, informer, faire connaître, annoncer.

徑 (ou 逕) 啟者 Kíng k'ì tchè. Celui qui écrit ce billet ; courte lettre ; je vous écris quelques mots pour vous dire que... 敬啟者 Kíng k'ì tchè. Celui qui vous écrit avec respect ; lettre respectueuse. 復啟者 Fòu k'ì tchè. Celui qui vous écrit pour répondre à votre lettre. Ainsi commencent les lettres qui ne traitent pas d'affaires ou n'ont pas un cachet officiel.

2. 总理大臣恭贺法国新年

贺新年（1892年1月2日）

径启者：

　　现届贵国新年，欣维春祉，延禧为颂。本爵大臣等拟于本月初八日（十二点半／一点／一点半）钟偕同各部院大臣，分起前往贵馆奉贺。届时，希贵大臣少候是荷。专此布。

　　颂新祉。

　　名另具。

十二月初三日

徑啟者，所有
觀見日期業經備文照會，在案。二十六日十二點
鐘遵
旨在署設宴欵待。是日均穿公服。卽希
貴署大臣屆時賁臨。其隨同
觀見之參贊潘議各員，亦偕至本署與宴為盼。專
此奉布順頌
日祉。

名另具　正月二十三日

徑啟者，現屆
貴國新年。欣維
春祉廷釐為頌。本爵大臣等擬於本月初八
日一十二點半
一點鐘、偕同各部院大臣分起、前往
一點半

I. Qui breviter nuntiant, de quo actum est, imperatoris visendi diem statutum jam antea scriptis litteris clare notum fecerunt; exstant litteræ. (Mensis) vigesimo sexto die, duodecima hora, obsequenter regio mandato, in tribunali parabunt convivium ad amice exspectandum. Illo die omnes induent prætorias vestes; etenim sperant fore ut nobilis vices gerens regni Minister, adveniente hora, dignetur accedere. Qui sequentes simul visuri sunt imperatorem, adjutores et interprētes singulos etiam simul venturos ad nostrum prætorium et interfuturos esse convivio est spes. Unice illud reverenter significamus. Commoda (occasione utentes), precamur in dies crescentem felicitatem.

Nomina seorsim scripta sunt.

Primi mensis 23 die.

徑 King. Sentier, chemin direct, la voie la plus courte, brièvement.

啟 K'ì. Enseigner, instruire, informer, faire connaître, annoncer.

徑 (ou 逕) 啟者 Kíng k'ì tchè. Celui qui écrit ce billet; courte lettre; je vous écris quelques mots pour vous dire que… 敬啟者 Kíng k'ì tchè. Celui qui vous écrit avec respect; lettre respectueuse. 復啟者 Foù k'ì tchè. Celui qui vous écrit pour répondre à votre lettre. Ainsi commencent les lettres qui ne traitent pas d'affaires ou n'ont pas un cachet officiel.

LETTRES OFFICIELLES

貴館奉賀。屆時、希
貴大臣少候是荷專此布頌
新祉
　名另具　十二月初三日

總理衙門致
法國柏大臣函
徑啟者所有
天主堂公產一事昨經議定嗣後
法國傳教士如入內地買留田地房屋其契據內
寫明立文契人某某　此係賣產人姓名　賣為本處
天主堂公產字樣不必專列傳教士及奉教人之名。
現已函致江蘇李撫軍查照辦理。信稿抄錄
送閱。專此布達順頌
日祉。
　名另具　正月二十五日

tes, priores irent ad tuum nobile hospitium, et reverenter tibi fausta precarentur. Adveniente tempore, sperans fore ut nobilis Minister paulisper exspectet; vere debebunt gratiam. Unice illud significant. Precantur novam felicitatem.

本爵 Pènn tsiŏ. Le haut dignitaire qui appartient (à ce Tribunal).

部 Póu. Ensemble, classe, espèce, catégorie; département ou partie de l'administration, division territoriale, province, corps de troupes. 六 | Lóu ✝. Les six Tribunaux supérieurs ou Ministères; à savoir, 吏 | 禮 | 戶 | 兵 | 刑 | 工 | Lí ✝, Lì ✝, Hóu ✝, Pīng ✝, Hing ✝, Kōung ✝, les Ministères des offices civils, des cérémonies, des revenus, de la guerre, des châtiments, des travaux publics.

部堂 Póu t'àng. Nom donné au 總督 tsòung tōu vice-roi ou gouverneur général d'une ou de plusieurs provinces, et aux 尚書 cháng chōu présidents d'un Ministère.

部院 Póu iuén. Nom donné au 撫 siùn fòu gouverneur particulier d'une seule province, et aux 侍郎 chéou láng vice-présidents des Ministères.

部院大臣 Póu iuén tá tch'ènn. Nom donné aux 尚書 cháng chōu présidents des six Ministères et aux présidents des hautes Cours.

候 Heóu. S'informer, saluer, faire visite, observer, examiner, attendre,

3. 总理衙门致法国柏大臣函

总理衙门致法国钦差大臣和地方官急件（1895年）

径启者：

所有天主堂公产一事，昨经议定，嗣后法国传教士如入内地买置田地房屋，其契据内写明"立文契人某某（此系卖产人姓名）卖为本处天主堂公产"字样，不必专列传教士及奉教人之名。现已函致江苏李抚军，查照办理。信稿抄录送阅。专此布达。

顺颂日祉。

名另具。

正月二十五日

貴館奉賀。屆時、希
貴大臣少候是荷。專此布。頌
新祉
　　　　名另具 十二月初三日

總理衙門致
法國柏大臣函
徑啟者所有
天主堂公產一事昨經議定。嗣後
法國傳教士如入內地買置田地房屋其契據內
寫明。立文契人某某此係賣產人姓名 賣爲本處
天主堂公產字樣。不必專列傳教士及奉教人之名。
現已函致江蘇李撫軍查照辦理。信稿抄錄
送閱。專此布達順頌
日祉。
　　　　名另具 正月二十五日

tes, priores irent ad tuum nobile hospitium, et reverenter tibi fausta precarentur. Adveniente tempore, sperant fore ut nobilis Minister paulisper exspectet; vere debebunt gratiam. Unice illud significant. Precantur novam felicitatem.

本爵 Pènn tsiö. Le haut dignitaire qui appartient (à ce Tribunal).

部 Póu. Ensemble, classe, espèce, catégorie; département ou partie de l'administration, division territoriale, province, corps de troupes. 六 | Lòu 十. Les six Tribunaux supérieurs ou Ministères; à savoir, 吏 | 禮 | 戶 | 兵 | 刑 | 工 | Lí 十, Lǐ 十, Hóu 十, Píng 十, Hing 十, Kōung 十, les Ministères des offices civils, des cérémonies, des revenus, de la guerre, des châtiments, des travaux publics.

部堂 Póu t'âng. Nom donné au 總督 tsòung tōu vice-roi ou gouverneur général d'une ou de plusieurs provinces, et aux 尙書 cháng chōu présidents d'un Ministère.

部院 Póu iuén. Nom donné au 巡撫 siûn fòu gouverneur particulier d'une seule province, et aux 侍郎 chéu lâng vice-présidents des Ministères.

部院大臣 Póu iuén tá tch'énn. Nom donné aux 尙書 cháng chōu présidents des six Ministères et aux présidents des hautes Cours.

候 Heóu. S'informer, saluer, faire visite, observer, examiner, attendre,

4. 总理衙门致信法国柏大臣

购置田地（1865年）

为咨行事。前因教堂在内地买地一事，本衙门曾于上年九月，将同治四年法国柏大臣与本衙门议定章程，通行各直省在案。兹准法国施使照称柏大臣原章。两湖、直隶、蒙古、满洲等省，地方官声称尚未接到该章程如何办理之谕。另有省分仍令卖地之人先报明地方官请示。现有江西巡抚批示、四川司道告示、广东雷琼道告示，录送查阅。请再通行各省，嗣后法国传教士如入内地置买田地房屋，其契据内写明"立文契人某某（此系卖产人姓名）卖为本处天主教堂公产"字样，不必专列传教士及奉教人之名。立契之后，天主堂照纳中国律例所定各买契税契之费，多寡无异。卖业者无庸先报明地方官，请示准办。如此，则两国定章方可施行。等因前来。相应咨行各省督抚查照，转饬地方官，一体照办。无庸固执先报明地方官之说，致滋争论。是为至要。须至咨者。

為咨行事。前因教堂在內地買地一事，本衙門曾於上年九月將同治四年法國柏大臣與本衙門議定章程通行各直省在案。茲准法國施使照稱柏大臣原章，兩湖、直隸、蒙古、滿洲等省地方官聲稱尙未接到該章程如何辦理之論。另有省分仍令賣地之人先報明地方官請示。現有江西巡撫批示四川司道告示、廣東雷瓊道告示錄送查閱，請再通行各省嗣後法國傳教士如入內地置買田地房屋，其契據內寫明立文契人某某〔此係賣產人姓名〕賣爲本處天主教堂公產字樣，不必專列傳教士及奉教人之名。立契之後天主堂照納中國律例所定各買契稅契之費，多寡無異。賣業者無庸先報明地方官請示准辦。如此則兩國定章方可施行。等因前來。相應咨行各省督撫查照轉飭地方官一體照辦，無庸固執先報明地方官之說，致滋爭論。是爲至要。須至咨者。

5. 为设立总理衙门照会法国钦差大臣

（1861年）

　　大清钦命总理各国事务衙门为照会事。照得，本爵前奉上谕。"京师设立总理各国事务衙门，着即派恭亲王奕䜣、大学士桂、户部左侍郎文管理。并着礼部颁给钦命总理各国事务关防。等因。钦此。"兹于二月初一日，经礼部颁到钦命总理各国事务关防一颗。即于是日巳刻开用。所有钦差大臣关防一颗，已行恭缴。嗣后凡有照会等件，本爵即用钦命总理各国事务关防，以昭信守。相应照会贵大臣查照，可也。为此照会。须至照会者。

　　右照会大法钦差大臣布。

咸丰十一年二月初二日

大清欽命總理各國事務衙門，照會事。照得本爵前奉

上諭，京師設立總理各國事務衙門，著即派恭親王奕訢、大學士桂、戶部左侍郎文等管理，並着禮部頒給欽命總理各國事務衙門關防等因。欽此。

於二月初一日，經禮部頒到欽命總理各國事務衙門關防一顆，即於是日巳刻開

欽命總理各國事務關防一顆，已行恭繳。嗣後凡有照會等件，本爵即用

欽差大臣關防，以昭信守。相應照會

貴大臣查照可也。為此照會。須至照會者。

右照會

大法欽差大臣布。

咸豐十一年二月初二日

IV. Magnæ Ts'ing (familiæ imperii rectoris) reverendo mandato instituti, universim componens cum singulis gentibus negotia curanda, Tribunal (scribit) ad dandæ notitiæ effectum.

Significandum habemus hujus Tribunalis præsidem principem jam antea accepisse regium decretum:

« In urbe regia componentes instituentesque rerum exterarum Tribunal, jubemus nunc delegari Koung principem primi ordinis, I hin nomine, privati Consilii præsidem Kouei, vectigalium Tribunalis primum assessorem Wenn, qui curent et componant res. Simul jubemus rituum Tribunal emittere et dare rerum exterarum (Tribunalis) publicum sigillum. » Ejusmodi res. Reverenda sunt hæc verba.

Tum, secundi mensis primo die, per rituum Tribunal, emissum venit rerum exterarum (Tribunalis) publicum sigillum unum. Statim, hoc ipso die, nona hora matutina, aperuimus ut adhiberemus. Quod habebamus legati Ministri publicum sigillum unum, jam agentes reverenter misimus. In posterum, quoties erunt ad dandam notitiam litteræ aut similia, hujus Tribunalis præses princeps tunc adhibebit rerum exterarum Tribunalis publicum sigillum, ut ostendatur fides servata. Consentaneum est certiorem facere nobilem magnum Ministrum, ut inspiciens noscat; decet.

6. 派员出使泰西各国交涉中外事务

（1867 年）

大清钦命总理各国事务、和硕恭亲王为照会事。本爵具奏，"请旨派员出使泰西各国，办理中外交涉事务"一折。同治六年十一月初一日，奉旨："志刚、孙家谷，均着赏加二品顶戴，孙家谷并赏戴花翎。即派该二员前往有约各国，充办理中外交涉事务大臣，以重委任。钦此。"相应恭录谕旨，照会贵大臣查照，可也。须至照会者。

右照会大法钦差全权大臣、驻扎中国京都、总理本国事务、世袭公爵兰。

同治六年十一月初二日

大清欽命總理各國事務和碩恭親王照會事本爵具奏請旨派員出使泰西各國辦理中外交涉事務一摺為

旨志剛孫家穀均著賞加二品頂戴孫家穀並賞戴花翎即派該二員前往有約各國充辦理中外交涉事務大臣以重委任欽此相應恭錄

諭旨照會

貴大臣查照可也須至照會者

右 照 會

大法欽差全權大臣駐扎中國京師都總理本國事務世襲公爵藺
同治六年十一月初二日

V. Magnæ Ts'ing familiæ regni rectoris reverendo mandato universim componens cum singulis gentibus negotia curanda, Mandchou Koung, primi ordinis princeps, (scribit) ad dandæ notitiæ effectum.

Ego princeps, scriptis litteris, rogavi decretum, ut mitterentur magistratus qui proficiscerentur legati ad magni Occidentis singulas gentes, et curantes componerent Sinarum cum exteris communes res : unam epistolam (scripsi). T'oung tcheu sexti anni undecimi mensis primo die, acceptum est decretum :
« Tcheu Kang et Suenn Kia kou pariter volumus donari et augeri secundi ordinis globulo ; Suenn Kia kou insuper donari ut supra petasum gerat floridam pennam ; et mitti hos duos præfectos, qui priores eant ad eas, quæ nobiscum habent fœdera, singulas gentes, ac fungantur officio componentium Sinas inter et exteros negotia summorum ministrorum ; (illis honoribus eos augemus) ut honestetur commissum munus. » Reverenda sunt hæc.

Consentaneum est ut, reverenter descripto regio decreto, certiorem faciam nobilem summum Ministrum, ut inspiciens certior fiat ; decet.

(Hæ litteræ) oportet perveniant ad eum qui certior faciendus est.

A dextera (scriptis litteris) certior fit magnæ Galliæ regius legatus, omni

7. 总理衙门照会法国钦差大臣贺寿

慈安太后生日（1869年8月22日）

大清钦命总理各国事务（刑部尚书谭、军机大臣户部尚书宝、和硕恭亲王、军机大臣吏部尚书文、户部尚书董、理藩院尚书崇）为照覆事：

本月十二日，恭逢慈安皇太后万寿圣节，准贵大臣照会敬达贺意前来，具征贵国与中国和好日深，此后友谊自必愈形笃厚。本爵及本大臣等不胜欣慰之至。为此照覆贵大臣查照，可也。须至照会者。

右照会大法署理钦差全权大臣驻扎中国京都总理本国事务罗①。

同治八年七月十五日

---

① 据法文原书，此为法国驻清朝全权公使罗淑亚（Julien de Rochechouart）。——编者

大清欽命總理各國事務

刑部尚書譚
軍機大臣戶部尚書寶
軍機大臣和碩恭親王
軍機大臣吏部尚書董文
戶部尚書崇
理藩院尚書

照覆事。本月十二日恭逢
慈安皇太后萬壽聖節准
貴大臣照會，敬達賀意前來具徵
貴國與中國和好日深此後友誼自必愈形
篤厚本爵及本大臣等不勝欣慰之至為此
照覆
貴大臣查照可也。須至照會者。
右照會
大法國理欽差全權大臣駐劄
中國京都總理本國事務羅
同治八年七月十五日

VI. Magnæ Ts'ing familiæ regni rectoris mandato universim curantes cum singulis gentibus negotia, Mandchou Koung, primi ordinis princeps, summi Consilii minister et civilium officiorum Tribunalis præses Wenn, summi Consilii minister et vectigalium Tribunalis præses Pao, vectigalium Tribunalis præses Toung, pœnarum Tribunalis præses T'an, vectigalium gentium Tribunalis præses Tch'oung, (scribunt) ad respondendi effectum.

Hujus mensis duodecimo die, reverenter occurrentes Ts'eu ngan imperatricis augustis nataliciis, accepimus a nobili Ministro litteras, quibus reverenter protulit gratulationis significationem, et quæ ad nos venerunt. Præbent indicium de nobilis gentis cum Medio regno concordia et amicitia in dies majori. In posterum amicitia vera ultro certe magis apparebit firma et sincera. Princeps et magni ministri dicere nequeunt suæ lætitiæ gaudiique summum sensum. Propter hoc dant responsum nobili summo Ministro, ut inspiciens noscat; decet.

Oportet ut perveniant (hæ litteræ) ad eum qui certior faciendus est.

A dextra certior fit Galliæ res gerens legatus, utens omni potestate, magnus Minister, commorans in Medii regni urbe regia, universim curans gentis suæ negotia, de Rochechouart.

8. 总理衙门为两宫皇太后垂帘听政照会法国钦差大臣

同治帝驾崩（1875 年 1 月 15 日）

大清钦命总理各国事务、和硕恭亲王为照会事：

同治十三年十二月初七日，奉上谕。"本日据王公、大学士、六部九卿等奏'吁恳两宫皇太后垂帘听政'一折。朕恭呈慈览。钦奉慈安端裕康庆皇太后、慈禧端佑康颐皇太后懿旨：'览王大臣等所奏，更觉悲痛莫释。垂帘之举本属一时权宜，惟念嗣皇帝此时尚在冲龄，且时事多艰，王大臣等不能无所禀承。不得已，姑如所请。一俟嗣皇帝典学有成，即行归政。钦此。'祇承懿训，寅感实深。因思朕以薄德藐躬，钦承两宫皇太后懿旨，入承大统，诞膺景命，仰荷大行皇帝付托之重，遗大投艰，茕茕在疚。幸赖两宫皇太后保护，朕躬亲裁大政。尔王大臣暨中外大小臣工，惟当翊为黾勉，各矢公忠，共襄郅治，以上慰大行皇帝在天之灵，下孚薄海臣民之望。朕实有厚幸焉。所有垂帘一切事宜，着该王大臣等妥议章程，详细具奏，将此通谕中外知之。钦此。"相应照会贵大臣，可也。须至照会者。

右照会大法署理钦差全权大臣驻扎中国京都总理本国事务罗。

同治十三年十二月初八日

大清欽命總理各國事務和碩恭親王
照會事同治十三年十二月初七日奉
上諭。本日據王公大學士六部九卿等奏籲懇兩

皇太后垂簾聽政一摺朕恭呈

宮

慈覽欽奉

慈安端佑康慶皇太后

慈禧端佑康頤皇太后懿旨覽王大臣等所奏。更覺

悲痛莫釋。垂簾之舉本屬一時權宜。惟念嗣皇帝

此時尚在冲齡。且時事多艱。王大臣等不能無所

稟承。不得已姑如所請。一俟嗣皇帝典學有成。即

行歸政。欽此祗承懿訓。寅感實深。因思朕以薄德

仰蒙

皇太后懿旨入承大統。誕膺

VII. 1. Magnæ Ts'ing familiæ regni rectoris mandato, universim componens cum singulis gentibus negotia curanda, Mandchou Koung primi ordinis princeps (scribit) certiorandi gratia.

2. T'oung tcheu decimi tertii anni duodecimi mensis septimo die, acceptum est regium decretum: «Hodie accepi a regulis, a principibus, a privati Consilii, sex Tribunalium summorum et trium Curiarum supremarum præsidibus, quo monentes suppliciter et enixe rogaverunt ut duæ imperatrices, demisso velo, regerent rem publicam, unum libellum. Ego reverenter tradidi (eum imperatricibus) benigne legendum. Reverenter accepi Ts'eu ngan touan iu k'ang k'ing imperatricis et Ts'eu hi touan iou k'ang i imperatricis benignum decretum:

九卿 Kiòu k'īng. Les 六部 lóu póu six Ministères, le 都察院 Tôu tch'ă iuén Conseil des censeurs, le 通政司 T'óung tchéng séu bureau qui transmet au Conseil d'État les 題本 t'í pènn mémoriaux ordinaires venus des provinces, et le 大理寺 Tá lí séu tribunal qui revoit les causes criminelles.

慈安 ou 慈安端裕康慶 était la principale femme de l'empereur Hien foung. Elle n'eut d'autre enfant qu'une fille, qui mourut en 1875. Nommée régente avec la mère de T'oung tcheu en 1862, elle mourut en 1881.

景命仰荷

大行皇帝付託之重遺大投艱嫈嫈在疚幸賴兩宮

皇太后保護朕躬親裁大政爾王大臣曁中外大小

臣工惟當翊爲匪勉各矢公忠共襄郅治以上

慰

大行皇帝在天之靈下孚薄海臣民之望朕實有厚

幸焉所有

垂簾一切事宜著該王大臣等安議章程詳細具奏

將此通諭中外知之欽此相應照會

貴大臣可也須至照會者

右 照 會

大法署理欽差全權大臣駐箚

中國京都總理本國事務

同治十三年十二月初八日

---

tem suscepturum esse longe profecti imperatoris traditum commissumque grave (onus) et relictam summam (dignitatem); projectus in difficilia, quasi omni ope destitutus, versor in angore. Feliciter innixus duarum imperatricum tutelæ ac præsidio, ego ipsemet moderabor summæ administrationi.

宮 **Kōung.** Palais. 兩 **Leàng** †. Le 東 **tōung** † palais situé à l'est et habité par l'impératrice Ts'eu ngan, et le 西 **sī** † palais situé à l'ouest et habité par l'impératrice Ts'eu hi; les deux impératrices-régentes.

垂簾 **Tch'ouéi lién.** *Voile abaissé,* derrière lequel la régente donne audience; régence d'une femme.

懿 **ī.** Beau, bon, parfait, sage, aimable; votre (en parlant à une dame). | 旨 † **tchèu.** Décret d'une impératrice.

權 **K'iuén.** Poids de balance, peser; examiner, juger; peser les circonstances; autorité. | 宜 † **i.** Vu les circonstances, juger licite ou convenable une chose qui ne l'est pas ordinairement.

統 **T'òung.** Commencement, succession, gouvernement, dynastie, succéder, diriger, gouverner, règle.

景命 **Kìng míng.** Le grand mandat du ciel, pouvoir souverain.

大行 **Tá hing.** Faire le grand voyage, mourir (se dit d'un empereur dernièrement décédé).

9. 总理衙门为光绪登基照会法国钦差大臣

光绪登基（1875年1月26日）

大清钦命总理各国事务、和硕恭亲王为照会事：

本衙门现奉上谕。"本日礼部奏'朕登极日期及颁诏典礼'一折，览奏益增感恸。惟念大行皇帝以祖宗丕绪传付朕躬，勉从所请。以明年为光绪元年，依钦天监所择吉日，于正月二十日戊午卯时，举行登极、颁诏巨典。各该衙门遵照旧仪敬谨预备。钦此。"相应恭录照会贵大臣，可也。须至照会者。

右照会大法署理钦差全权大臣驻扎中国京都总理本国事务罗。

同治十三年十二月十九日

大清欽命總理各國事務、和碩恭親王

照會事。本衙門現奉

上諭本日禮部奏朕登極日期、及頒詔典禮、一摺、為

覽奏益增感慟惟念

大行皇帝以

祖宗不緒

傳付朕躬勉從所請、以明年為光緒元年、依欽天監

所擇吉日、於正月二十日戊午卯時舉行登極

頒詔鉅典。各該衙門遵照舊儀敬謹預備。欽

此。相應恭錄照會

貴大臣可也。須至照會者。

右

照

會

大法署理欽差全權大臣駐箚

中國京都總理本國事務羅

同治十三年十二月十九日

VIII. Magnæ Ts'ing familiæ regni rectoris jussu universim componens cum singulis gentibus negotia curanda, Mandchou Koung primi ordinis princeps; ad certiorandi effectum.

2. Nostrum Tribunal nunc accepit regium decretum : « Hodie rituum Tribunal retulit de meæ promotionis ad summam dignitatem die statuendo et diffundendi edicti statutis cæremoniis, scripto uno libello.

朕 **Tchénn**. Je, moi; indice, apparence, symptôme, commencement, commencer. Depuis le règne de 秦始皇 **Ts'in Chéu houâng**, l'empereur seul emploie cette expression pour se désigner lui-même. Jusque-là, chacun pouvait s'en servir en parlant de soi.

極 **Kí**. Faîte, le point le plus élevé, la dernière limite, le plus haut degré, la plus haute dignité; pôle. 登 **Tēng** †. Parvenir au faîte de la puissance, obtenir la dignité impériale.

詔 **Tchaó**. Avertir, informer, enseigner; édit ou décret impérial.

頒 **Pān**. Étendre, répandre, distribuer, partager, publier partout, donner, gratifier, don.

典 **Tiēn**. Loi, règle, statut; légitime, régulier, constant, ordinaire; régler, diriger, gouverner; prendre pour règle, agir d'après une règle; bienfait; recevoir ou donner en gage, acheter ou vendre à pacte de réméré.

10. 总理衙门为慈安皇太后病逝照会法国钦差大臣

慈安太后病逝（1881 年 4 月 11 日）

大清钦命总理各国事务、和硕恭亲王为照会事：

光绪七年三月十一日，内阁奉上谕。"朕入承大统，仰蒙大行慈安端裕康庆昭和庄敬皇太后顾复恩慈，情深罔极。临御以来，于兹七载，承欢奉养，深荷慈愉。常见动履康强，昕宵勤政，私心庆慰。方冀廷祺益算，克享期颐。初九日，慈躬偶尔违和。当进汤药调治，以为即可就安。不意初十日病势陡重，痰涌气塞，遂至大渐，遽于戌时，仙驭升遐。呼抢哀号，曷其有极。钦奉遗诰，丧服二十七日而除。朕心实所难安，仍穿孝百日，并素服满二十七月，稍申哀悃。至谕以勉节哀，思一以国事为重，用慰慈禧端佑康颐昭豫庄诚皇太后教育之心，敢不敬遵遗命勉加抑制。所有大丧礼仪，着派惇亲王奕誴、恭亲王奕䜣、贝勒奕劻、御前大臣景寿、大学士宝鋆、协办大学士尚书灵桂、尚书恩承、翁同龢敬谨管理。等因。钦此。"相应恭录谕旨，照会贵大臣，可也。须至照会者。

右照会大法钦差全权大臣驻扎中国京都总理本国事务宝①。

光绪七年三月十三日

---

① 据法文原书，此为法国驻清朝公使宝海（Albert Bourée）。——编者

大清欽命總理各國事務,和碩恭親王
照會事光緒七年三月十一日內閣奉
上諭,朕入承大統,仰蒙
大行慈安端裕康慶昭和莊敬皇太后顧復恩慈情
深恩極臨御以來於茲七載承
歡奉養深荷
慈愉常見
慈履康強昕脣勤政私心慶慰方冀延祺益算克享
期頤初九日
慈躬偶爾違和當進湯藥調治以為即可就安不意
初十日病勢陡重痰湧氣塞遂至大漸遽於戌
時
仙馭升遐呼搶哀號曷其有極欽奉
遺誥喪服二十七日而除朕心實所難安仍穿孝百

IX. 1. Magnæ Ts'ing familiæ regni rectoris jussu universim curans cum singulis gentibus negotia. Mandchou Koung, primi ordinis princeps; ad significandi effectum.

2. Kouang siu 7 an. 3 mens. 11 die, privatum Consilium accepit regium decretum :

« Ego adoptatus et succedens summo imperio, suspiciens accepi a procul profecta Ts'eu ngan touan iu k'ang k'ing tchao houo tchouang king imperatrice matre curam, quæ renovavit officia materna amore vehementi absque limite. Ex quo accessi ad regnum usque nunc, his septem annis, assecutus sum ut gauderet de mea filiali in eam diligentia; maximam gratiam habeo pro illo materno gaudio.

仰 **Iáng**. Regarder en haut, regarder avec respect ou admiration, penser avec respect à ; désirer vivement ; en haut, d'en haut, respectueusement ; écrire à un inférieur, donner des instructions ou des ordres par écrit. 右 [知 悉 **Ióu ╪ tchêu sī**. Je donne les ordres ou les instructions ci-contre, afin que tout le monde en ait connaissance. || **Iáng**. Espérer, mettre son espoir ou sa confiance en.

御 **Iú**. Conduire un cheval ; diriger, gouverner, administrer ; roi, empereur, impérial ; présenter un objet à l'empereur ; se tenir auprès de quelqu'un.

LETTRES OFFICIELLES

日。並素服滿二十七月、稍申哀慟至
諭以勉節哀思一以國事爲重。用慰
慈禧端佑康頤昭豫莊誠皇太后敎育之心。敢不敬
遵
遺命勉加抑制。所有
大喪禮儀著派惇親王奕誴、恭親王奕訢、貝勒奕劻、
御前大臣景壽、大學士寶鋆、協辦大學士尚書
靈桂、尚書恩承、翁同龢敬謹管理等因欽此相
應恭錄
諭旨照會
貴大臣可也。須至照會者。
右 照 會
大法欽差全權大臣駐劄中
國京都總理本國事務寶
光緒七年三月十三日

駛 Iú. Conduire un cheval, diriger.
其 K'i. Il, elle; espérer, attendre.
4. « Reverenter accepi relictum (a moriente imperatrice) monitum, ut funebres vestes, vigesimo septimo die elapso, exuerem. Meus animus vero hoc difficile esset contentus. Solito more, induam lugubria centum diebus, et e serico albo vestes, usquedum expleti sint viginti septem menses, ut paululum ostendam doloris sinceritatem. Quod attinet ad id quod commendavit, ut conarer temperare dolorem meum, curarem unice publicas res plurimi facere, et ita gaudio afficerem Ts'eu hi touan iou k'ang i tchao iu tchouang tch'eng imperatricis, quæ me docet et instituit, animum; ausimne non, reverenter obsequens relicto mandato, conari diligenter moderari luctum?

遺 Í. Laisser, transmettre, omettre, négliger, délaisser, laissé, légué, omis, restant. | 書 † chôu. Testament. | 言 † iên. Recommandation laissée à un héritier; dernières volontés d'un mourant.

哀 Ngāi. Être affligé de la perte d'une personne chère; être dans l'affliction; avoir compassion. | 子 † tzèu. Fils qui a perdu sa mère. 節 | 順 變 (禮檀弓) Tsié †, chouénn pién. Modérer sa douleur à la mort de ses parents, et en varier les témoignages avec le temps.

素 Sóu. Soie blanche, sans ornement, blanc, sincère, ordinaire.

11. 为法国大臣颁发境内游历护照

(1891年)

　　大清钦命总理各国事务衙门为给发护照事。光绪十六年十二月十三日，准大法国林署大臣函，称本国人倪盼、杜芳、罗艺拟由越南北圻往云南、四川游历，经过湖北，下长江至上海等处。请发给该游历倪盼、杜芳、罗艺三人护照一纸，以便执持前往，而利遄行，等因。为此缮就护照一张，札行顺天府盖印标朱，讫付给该游历人倪盼、杜芳、罗艺等收执。凡有经过地方，仰该管官查验放行，照约保护。其荒僻之处，向无地方官者，无从保护该游历人，亦不得冒险前往。所有原给执照，务于游毕时，送缴本衙门查销，勿误。须至护照者。

　　右照给法国游历人倪盼、杜芳、罗艺等收执。

光绪十六年十二月二十日

大清欽命總理各國事務衙門

給發護照事，光緒十六年十二月十三日，為

大法國林署大臣函稱本國人倪盼杜芳羅藝擬

由越南北圻往雲南四川游歷經過湖北下

長江至上海等處，請發給該游歷倪盼杜芳

羅藝三人護照一紙以便執持前往而利遍

行等因。為此繕就護照一張，札行順天府蓋

印標硃託付給該游歷人倪盼杜芳羅藝等

收執。凡有經過地方，仰該管官查驗放行。

約保護。其荒僻之處，向無地方官者，無從保

護該游歷人，亦不得冒險前往，所有原給護

照，務於游畢時，送繳本衙門查銷勿誤。須至

護照者。

右照給法國游歷人 倪盼 杜芳 羅藝 等 收執

光緒十六年十二月二日十

X. 1. Magni Ts'ing regis jussu, rerum exterarum Tribunal, ad concedendi mittendique ex quo protegatur et curentur (viatores) diplomatis effectum.

2. K'ouang siu decimi sexti anni duodecimi mensis decimo tertio die, accepimus a Galliæ Ristelhueber gerente vices ministri litteras, quibus significavit suæ gentis homines I P'an, Tou Fang, Louo I in animo habere ex Annam regni septentrionali, fine ad lun nan et Seu tch'ouen ambulantes ire, transire per Hou pe, obsequi magno Kiang flumini usque ad Chang hai, ejusmodi loca; rogavit ut mitteremus concessum supradictis iter facientibus... tribus hominibus ex quo protegerentur unum diploma, ut commode, tenentes servantesque (diploma, progrederentur, et facile celeriterque iter conficerent. Ejusmodi res (scripsit). Propter hoc scribentes facimus diploma unum; cum litteris mittemus ad Chouenn t'ien fou præfecturam, ut, apposito sigilli signo rubro, perveniens tradatur supradictis iter facientibus hominibus... qui accipientes teneant.

等 Tèng. Marche d'un escalier, degré, grade, rang, classe, espèce, sorte, qualité, de même espèce, de même rang, de même qualité, égal, semblable; classer, ordonner; marque du pluriel; attendre. | 處 † tch'óu. Et semblables endroits; tels sont les

第二部分 各地官府告示

12. 山西绛州正堂示谕百姓尊天祛邪

颂扬天主教（1635 年 8 月）

　　山西绛州正堂雷为尊天祛邪事。照得开辟一天，万古所尊，正道惟一而已。自尧舜禹汤文武周孔以来，相传所谓事天帝，事上帝者，是也。先儒解曰："上帝，天之主宰。"今人以所见之苍苍者言天，是犹称帝王曰朝廷也。即至愚之人，不识不知，未尝不曰"天爷"、曰"天命"、曰"天理"、曰"听天"、曰"靠天"、曰"天报"。可见性中带来，原非勉强。自佛道二教惑乱人心，使人不尊天而尊己，所以从古大儒极力辟之。更可恨者，非佛非道，有无为金蝉等教名，欺天悖理、煽惑愚民，甚至结党为非，大干王章法纪。幸有西儒高先生[①]修身事天、爱人如己，以教忠教孝为第一事。上自圣天子、贤宰相，莫不敬礼之，以致缙绅、学校诸君子，尊之如师傅，爱之如兄弟。百姓从其教者，皆化为良民。其有功朝廷、裨益世道大矣。尔乡民有心向善，何不归于正道，乃甘从邪教，欲为善而反得恶耶？夫圣天子，固天纵之聪明，而贤宰相以下，皆孔圣之弟子也，岂识见不如尔乡民耶？尔等又何疑焉，而不弃邪归正哉？为此出示。明智之人自能迁改。即见理未明，一时未能从教者，犹可由愚抵智，由顽化良。若不但执迷，敢从白莲无为等教者，定行访拿。其胁从之人，一并治罪不贷。须至告示者。

崇祯八年六月　日告示

[①] 据法文原书，此指高一志（Alfonso Vagnoni, 1566—1640）。——编者

PROCLAMATIONS

山西絳州正堂雷為
尊天祛邪事照得開闢一天萬古所尊正道
惟一而已自堯舜禹湯文武周孔以來相傳
所謂事天帝事上帝者是也先儒解曰上帝
天之主宰也卽至愚之人不識不知未嘗
稱帝王曰朝廷今人以所見之蒼蒼者言天
嘗不曰天爺曰天命曰天聽天
曰天報。可見性中帶來原非勉強自佛道二
教惑亂人心使人不尊天而尊己所以從古
大儒極力闢之更可恨者非佛非道有無為
金蟬等教名欺天悖理煽惑愚民甚至結黨
為非大干
王章法紀幸有西儒高先生修身事天愛人如
己。

« Supremus Rex est cæli Dominus et
Rector. » (詩經朱熹集傳).
Atqui homines utentes illius, quod
vident, cærulei cæli (nomine), dicunt
Cælum, vere sicut designantes imperatorem dicunt regiam aulam. Ipsi maxime rudes homines, indocti et ignari,
nunquam non dicunt Cælum patrem;
dicunt Cæli mandatum; dicunt Cæli
legem; dicunt obsequi Cælo; dicunt
confidere Cælo; dicunt Cælum retri-
buere. Videre est (illas ideas) in natura
allatas venisse, revera non conatibus
acquisitas. Ex quo Buddhæ et Rationis
duæ sectæ decipientes perturbarunt
hominum mentes, fecerunt ut homines
non colerent Cælum, sed colerent ipsos

1. 1. Chan si Kiang tcheou præfectus
Lei, de colendi Cæli et tollendæ super-
stitionis negotio.
   正堂 Tchéng t'àng. Titre donné
aux 知縣 tchēu hién et aux 知府
tchēu fòu.
2. Edicenda habeo (quæ sequuntur):
Quod creavit disposuitque (res universas), unicum Cælum est omnes antiqui
quod coluerunt. Vera virtutis via una
est, et non plus. Ex Iao, Chouenn,
Iu, T'ang, Wenn wang, Ou wang,
Tcheou koung, Confucii tempore usque
nunc, quod invicem tradentes homines
dicunt servire cæli Regi, servire supre-
mo Regi, est (via virtutis). Antiqui litteratores interpretantes dixerunt:

以教忠教孝為第一事。上自

聖天子賢宰相莫不敬禮之。以致縉紳學校諸君子尊之如師傅愛之如兄弟。百姓從其教者。皆化為良民其有功

朝廷裨益世道大矣。爾鄉民有心慕善。何不歸於

聖天子固天縱之聰明。而賢宰相以下。皆孔聖之弟子也。豈識見不如爾鄉民耶。爾等又何疑焉。而不棄邪歸正哉。為此出示。明智之人自正道。乃甘從邪教。欲為善而反得惡耶。夫能遷改。即見理未明。一時未能從教者猶可由愚抵智。由頑化良。若不執迷。敢從白蓮無為等教者。定行訪拏。其脅從之人。一併治罪不貸。須至告示者。

崇禎八年六月　日告示

conjunctis societatibus, peragant prava, graviterque violent regia edicta, decreta et leges.

4. Feliciter est europæus vir doctus Kao magister, qui perficit seipsum, colit Cælum, diligit homines sicut seipsum; habet docere fidelitatem in regem, docere pietatem filialem pro præcipua re. Sursum, initio facto a sapientissimo Cæli Filio optimisque regni ministris, nemo non observantia et honore prosequitur eum; unde factum est ut præpositi, docti homines, honesti viri magni facerent eum ut magistrum, diligerent eum ut fratrem. Populares qui sequuntur ejus doctrinam, omnes mutati fiunt boni cives. Bene meretur de imperatore; amplians auget ætatis nostræ virtutem plurimum.

禮 Lì. Cérémonie, usage, convenance, bienséance, civilité, politesse, étiquette, devoir, règle; présent; traiter avec honneur, rendre un culte.

縉 Tsin. Rouge pâle, enfoncer.

紳 Chēnn. Grande ceinture, ceinture de notable; homme notable. 縉 Tsín † Celui qui porte à la ceinture une tablette 笏 hòu pour prendre des notes: officier actuellement en charge.

校 Kiaó. Examiner, comparer, classer, évaluer, estimer, confronter, réviser, comparativement, à peu près; barrière, clôture faite de bois, parc. ‖ Hiaó. École; enclos, vivier.

13. 福建建宁正堂向士民解释西儒信仰

福建教堂建成（1641 年 7 月）

福建建宁县正堂左为遵明旨襃天学，以一趋向事。照得天主一教，其所昭事者，乃普世之共主，群生之大父、至尊、至亲，普天率土咸当爱戴者也。无奈人心久迷，顿忘其本。泰西利先生①首入中华，倡明景教，蒙神宗皇帝宾礼，廪于太官，赐以御葬。自是西儒接踵来都，修历法、守都城，历著忠勤，蒙今上赐以田房，旌以匾额。内而公卿台省，外而院司守令，莫不敬爱景仰。所题赠诗文，刻于崇正集者甚众。而艾思及先生②在西儒中尤称拔萃。所著书皆惊心沁耳，憬迷破梦。相国叶公敦请来闽，教铎弘宣，七闽郡邑咸建圣堂，以虔昭事。今幸振铎来兹本县，互质所学，尤深赞叹。念列圣之所以钦襃，贤士大夫所以爱敬，岂非以其立教甚正、修己甚严、爱人甚切之故耶？本县不忍兹邑自后于四方，故相率士民共创斯堂，以为兴善宥过之地。尔等须念泰西诸儒，名利不干于胸，世禄不撄其念，历九万里蛟龙之窟，略人瞰人之国，以至于此，无非不忍尔辈终背至尊至亲之大主，以胥沦于永苦。此何等心？乃有无智愚民，声影生疑，皂白不辩。彼爱我而我反相仇，彼援我而我反自溺，哀哉！本县职司风教，深知西儒之学

---

① 据法文原书，此指利玛窦（Matteo Ricci，1552—1610）。——编者
② 据法文原书，此指艾儒略（Jules Aleni，1528—1649）。——编者

足辅王化,为此示谕士民人等。其贤智者,务虚心克己,将西儒所刻诸书,体心研求,必且憬然会心,悚然愧汗。若乃愚民妄相揣度,则有鸮鸾说、用夏解,及代疑、正续、二编在。尔等其绎思之。特示。

崇祯十四年六月　日给

福建建甯縣正堂左

旨褒天學以一趨向事照得、
遵明

天主一教其所昭事者乃普世之共主羣生之大父
至尊至親普天率土咸當愛戴者也無奈人
心久迷頓忘其本泰西利先生首入中華倡
明景教蒙

神宗皇帝賓禮廩於太官賜以御葬自是西儒接踵
來都修曆法守都城著忠勤蒙今

上賜以田房旌以匾額內而公卿臺省外而院司
守令莫不敬愛景仰所題贈詩文刻於崇正
集者甚眾而艾思及先生在西儒中尤稱拔
萃所著書皆驚心沁耳憬迷破夢相國葉公

II. 1. Fou kien Kien gning hien præpositus Tsouo, ad exsequendi publici regii edicti et laudandæ cælestis scientiæ, ut ad unum omnes propere tendant, effectum.

2. Significanda habeo (quæ sequuntur): cæli Domini tota religio quem docet colendum, ille est universæ terræ communis Dominus, omnium viventium summus parens, maximus, amantissimus, sub universo cælo et in tota terra ab omnibus amandus et reverendus. Infeliciter homines, mente diu obcæcata, reliquerant et obliti erant suum auctorem. Ab extremo occidente veniens, Li magister primus ingressus est Medium regnum; primus explicavit lucidam doctrinam; accepit a Chenn tsoung imperatore hospitalia dona, et cibaria e regia domo; donatus est regiis exsequiis. Ex illo tempore occidentales doctores continuis vestigiis venerunt ad urbem regiam; perfecerunt temporum rationem; defenderunt urbis regiæ muros; continuo exseruerunt fidelitatem ac diligentiam.

戴 Tái. Porter sur la tête un objet; estimer, respecter, aimer, être reconnaissant; couvrir, protéger.

景 Kìng. Lumière du soleil, briller, éclairer, instruire; grand, beau; aspect, apparence, circonstance, état, condition, époque, site, paysage; contempler avec admiration ou respect, aimer, désirer.

PROCLAMATIONS

敦請來聞教鐸弘宣、七閩郡邑咸建聖堂以
處昭事今幸振鐸來茲本縣互質所學尤深
讚歎念
列聖之所以欽褒賢士大夫所以愛敬、豈非以其立
教甚正修己甚嚴愛人甚切之故耶。本縣不
忍茲邑自徐於四方。故相率士民共創斯堂、
以爲與善宥過之地。爾等須念泰西諸儒名
利不干於胸世祿不攖其念。歷九萬里蛟龍
之窟、略人嘯人之國、以至於此、無非不忍爾
輩終背至尊至親之大主、以胥淪于永苦此
何等心、乃有無知愚民聲影生疑皂白不辯。
彼愛我而我反相仇彼援我而我反自溺哀
哉本縣職司風教深知西儒之學足輔王化、

Sìng. Examiner, considérer; faire visite.
院 Iuén. Cour, endroit entouré de murs, résidence d'un officier, grande maison. 部 | Póu †, 撫 | Fòu † ou 巡撫 Siùn fòu. Gouverneur d'une province. 兩 | Leáng †. Le 總督 tsòung tôu vice-roi et le gouverneur particulier.
司 Séu. Présider, diriger; président, juge, officier, tribunal, bureau, compagnie; partie d'un 縣 hién district. 三 | Sān †. Le trésorier général, le juge criminel et le contrôleur général des droits sur le sel.
守 Chéòu. Garder, défendre. || Chéòu. Pays confié à la garde d'un officier; exercer une charge. 太 | T'ái † ou 知府 Tchêu fòu. Préfet.

令 Líng. 縣 | hién † ou 知縣 Tchêu hién. Sous-préfet.

4. Sed Ngai Seu ki (Julius Aleni) magister inter occidentales doctos viros magis dicitur esse egregius. Quos edidit, libri omnes movent animum, detinent aures, excutiunt cæcitatem mentis, rumpunt somnia. Qui adjuvat regnum, le, vir nobilis, enixe invitavit eum ut veniret in Fou kien provinciam, doceret tintinnabulo late proclamans, in septem Min provinciæ diœcesibus omnibus extrueret sacras ædes ad reverenter illustrandum divinum cultum. Nunc peroptato, agitans tintinnabulum, venit huc. Ego subpræfectus colloquens recognovi ea quæ jam didiceram; altius laudo et miror.

為此示諭士民人等其賢智者務虛心克己將西儒所刻諸書體心研求必且憬然會心悚然愧汗若乃愚民妄相揣度則有鳰鸞說用夏解及代疑正續二編在爾等其繹思之

特示

崇禎十四年六月　日給

欽加州銜特授江南蘇州府長洲縣正堂、加十級紀錄十次周為嚴禁滋擾侵佔事。照得前人古墓理應加意防護不容在彼作踐。即使係屬荒塚並無子孫祭掃亦不得因此侵佔害及泉壤茲本縣訪得縣屬之白鶴山古墓最多併有存時會有在

a nigro album non discernunt. Alius amat me, et ego contra eum odi; alius extrahit me, et ego contra ipse me immergo. Dolendum! Eheu!

6. Ego subpræfectus officio rego mores et doctrinam. Certo scio europæorum magistrorum doctrinam parem esse qnæ juvet imperatorem ad corrigendos mores. Propter ea moneo et hortor doctos et indoctos. Qui sunt sapientes et prudentes, nitantur exinanito animo vincere seipsos; et ab europæis magistris incisos (et impressos) quosque libros intento animo rimentur et scrutentur. Certe tunc luce perfusi, intelligenter mente, et trementes erubescent usque ad sudorem. Si autem rudes homines inaniter inter se conjecturas faciant, habent Bubonis et Phœnicis fabulam; adhibeant *Hiá kiài*, et *Tái i* præcipuus (codex) et additicius (codex), duo codices exstant. Vos ipsi evolvite et meditamini illos libros. Peculiare monitum.

Tch'oung tcheng decimi quarti. anni sexti mensis... die datum

III. 1 Ab imperatore auctus secundi ordinis præfecti gradu, peculiariter commissæ Sou tcheou fou Tch'ang tcheou diœcesis subpræfectus, auctus decem gradibus, cum laude inscriptus decies, Tcheou; ad (assequendum) districte prohibendi ne diffundatur turbatio et invadantur aliena, effectum.

14. 苏州府示谕民众敬畏古墓

敬畏古墓（1847年10月4日）

钦加州衔特授江南苏州府（长洲县正堂、加十级、纪录十次）周为严禁滋扰侵占事。照得前人古墓，理应加意防护，不容在彼作践。即使系属荒冢，并无子孙祭扫，亦不得因此侵占，害及泉壤。兹本县访得县属之白鹤山，古墓最多。并有存时曾有在钦天监衙门供职，故后卜葬于此者①。诚恐无知之徒，或有侵占作践情事，合行出示严禁。为此示仰该处地保及居民人等知悉。自示之后，如有无赖棍徒敢将古墓作践，及侵占坟旁余地者，许该地保即指名禀县，以凭从严究办。倘敢徇隐，一经察出，定提并究，决不宽贷。各宜凛遵毋违。特示。

道光二十七年八月二十七日示
发二一都六三图实贴

---

① 据译文，此指李西满（Simon Rodrigues，卒于1704年4月15日）。——编者

欽加州銜特授江南蘇州府 長洲縣正堂加十級紀錄十次周 為
有在
訪得縣屬之白鶴山古墓最多。併有存時曾
孫祭掃亦不得因此侵佔。害及泉壤。茲本縣
防護不容在彼作踐。即使係屬荒塚並無子
嚴禁滋擾侵佔事。照得前人古墓理應加意

崇禎十四年六月　　日　給

特示

為此示諭士民人等。其賢智者務虛心克己
將西儒所刻諸書體心研求。必且憬然會心
悚然愧汗。若乃愚民妄相揣度。則有鴞鸞說、
用夏解、及代疑正纘二編在。爾等其繹思之。

a nigro album non discernunt. Alius amat me, et ego contra eum odi; alius extrahit me, et ego contra ipse me immergo. Dolendum! Eheu!

6. Ego subpræfectus officio rego mores et doctrinam. Certo scio europæorum magistrorum doctrinam parem esse quæ juvet imperatorem ad corrigendos mores. Propter ea moneo et hortor doctos et indoctos. Qui sunt sapientes et prudentes, nitantur exinanito animo vincere seipsos; et ab europæis magistris incisos (et impressos) quosque libros intento animo rimentur et scrutentur. Certe tunc luce perfusi, intelligent mente, et trementes erubescent usque ad sudore n. Si autem rudes homines inaniter inter se conjecturas faciant, habent Bubonis et Phœnicis fabulam; adhibeant *Hiá kiài*, et *Tái i* præcipuus (codex) et additicius (codex, duo codices exstant. Vos ipsi evolvite et meditamini illos libros. Peculiare monitum.

Tch'oung tcheng decimi quarti. anni sexti mensis... die datum

III. 1 Ab imperatore auctus secundi ordinis præfecti gradu, peculiariter commissæ Sou tcheou fou Tch'ang tcheou diœcesis subpræfectus, auctus decem gradibus, cum laude inscriptus decies, Tcheou; ad (assequendum) districte prohibendi ne diffundatur turbatio et invadantur aliena, effectum.

欽天監衙門供職故後卜葬於此者。誠恐無知之徒。或有侵佔作踐情事合行出示嚴禁爲此示仰該處地保、及居民人等知悉。自示之後。如有無賴棍徒敢將古墓作踐及侵佔墳旁餘地者。許該地保即指名稟縣以憑從嚴究辦。倘敢徇隱一經察出定提併究決不寬貸各宜凛遵毋違特示。

道光二十七年八月二十七日示

發一都三
二六圖實貼

欽命總理各國事務和碩恭親王
給發諭單事。照得咸豐八年天津議定
第十三欵內載。凡中國人信崇 法國條約爲

天主教而循規蹈矩者毫無查禁皆免懲治又載向來所有

及 Ki. Atteindre, arriver à, s'étendre jusqu'à; jusqu'à; égaler; quand; et, avec, ensemble.

2. Porro ego subpræfectus vester inquirens cognovi, in hujus diœcesis Albæ gruis colle, antiquas sepulturas plurimas esse; et fuisse (virum) qui, vitæ tempore, habuit in Astronomicarum observationum Tribunali implendum officium, et mortuus postquam fuit, sortitus est sepulturam in illo colle. Vere timendum est ne ignari nebulones forsan committant incurrendi, occupandi, agendi irreverenter facinora.

卜 Pŏu (Pouŏ). Consulter la tortue ou les sorts, présager, deviner, destiner, accorder, obtenir.

4. Congruum est edere monitum et severe prohibere. Propter hoc moneo, misso edicto, illius loci præpositum et incolas, ut cognoscant plane. Post acceptum monitum, si sit minime fidus nebulo qui audeat antiquas sepulturas tractare irreverenter, invadere, occupare

15. 恭亲王示谕地方公平对待习教人员

1858 年条约（1862 年 2 月）

钦命总理各国事务和硕恭亲王为给发谕单事。照得咸丰八年天津议定《法国条约》第十三款内载"凡中国人信崇天主教而循规蹈矩者，毫无查禁，皆免惩治"，又载"向来所有，或写或刻，奉禁天主教各明文，无论何处，概行宽免"各等语。除按照和约，业经行知各省督抚，将八年十年所定各款，一体遍行张贴外，又于上年十一月初二日恭奉谕旨："嗣后各该地方官，于凡交涉习教事件，务须查明根由，持平办理。如习教者果系安分守己，谨饬自爱，则同系中国赤子。自应与不习教者一体抚字，不必因习教而有所刻求。各该地方官务当事事公平，分别办理，以示抚绥善良之至意。等因。钦此。"惟此事虽已屡次通行各省督抚遵照办理，然各省中不协情事，仍复层见迭出。屡据习教者具呈申诉。推其不协之由，首因习教者不欲如往年摊派各项迎神、赛会、演戏、烧香诸冗费。据云，此等事件与伊无涉，故不应勉强照摊，而各该地方官暨不习教民人，必欲伊等一律摊派，是以时起争端。本爵合再备文知会各省，俾知上意及本衙门所议。庶各省得有一定遵循，不致临事疑虑，用能仰体我皇上一视同仁之意，于习教不习教者，无不爱如赤子。且天主教原以劝人行善为本，其大旨与儒释道同，是以康熙年间曾经准行。然伊等亦不能因系教民，遂欲幸免各项公费。如有差徭及一切有益等项，亦应照不习教者，一律应差摊派。惟迎神、演戏、赛会、烧香等事，与伊等无涉，永远不得勒摊勒派。至地方官，若遇有上二项合派之事，必须实按直道分剖，不得曲为牵混。比如所派内计公费四成、冗费六成，即应指明习教人止摊四成，其余六成与伊等无涉，永免勒出。又若因习教人不肯摊与教规相反之无益各费，致被不习教人凌辱殴打，并抢掠什物、焚毁田禾等情，该处地方官必应为之澈底根究，按律严惩。其抢掠焚毁各物，亦即责令照数赔偿，务归平允。再业经与法国酌定，传教士并非官员，故不能干预一切别项公私事件、保护习教人等。然伊等均系端方之士，在伊本国皆为人所敬重，其本意原系劝人为善，况现际中国与法国诚心友睦，自应格外厚待，以敦契谊。以后如有传教士用禀呈赴诉地方官，若确系理直之事，必应立即秉公办理，不可稍有苛求。以上各节，除业经通行知照各省外，为此发给谕单，俾得家喻户晓，勿须迁就，以期遏争端而安善良。特谕。

同治元年正月　日给

欽天監衙門供職故後卜葬於此者。誠恐無知之徒、或有侵佔作踐情事。合行出示嚴禁。為此示仰該處地保、及居民人等知悉。自示之後、如有無賴棍徒敢將古墓作踐、及侵佔墳旁餘地者、許該地保即指名稟縣、以憑從嚴究辦。倘敢徇隱、一經察出、定提併究、決不寬貸各宜凜遵毋違特示

道光二十七年八月二十七日示

發 一 都 三
二 六 圖 實 貼

欽命總理各國事務和碩恭親王
給發諭單事。照得咸豐八年天津議定法國條約為
第十三欵內載。凡中國人信崇
天主教而循規蹈矩者、毫無查禁、皆免懲治。又載、向來所有

Ki. Atteindre, arriver à, s'étendre jusqu'à ; jusqu'à ; égaler ; quand ; et, avec, ensemble.

2. Porro ego subpræfectus vester inquirens cognovi, in hujus diœcesis Albæ gruis colle, antiquas sepulturas plurimas esse ; et fuisse (virum) qui, vitæ tempore, habuit in Astronomicarum observationum Tribunali implendum officium, et mortuus postquam fuit, sortitus est sepulturam in illo colle. Vere timendum est ne ignari nebulones forsan committant incurrendi, occupandi, agendi irreverenter facinora.

Pŏu (Pouŏ). Consulter la tortue ou les sorts, présager, deviner, destiner, accorder, obtenir.

4. Congruum est edere monitum et severe prohibere. Propter hoc moneo, misso edicto, illius loci præpositum et incolas, ut cognoscant plane. Post acceptum monitum, si sit minime fidus nebulo qui audeat antiquas sepulturas tractare irreverenter, invadere, occupare

諭旨。嗣後各該地方官於凡交涉習教事件務須查明根由，特平辦理。如習教者果係安分守己，謹飭自愛，則同係中國赤子，自應與不習教者一體撫字，不必因習教而有所刻求。各該地方官務當事事公平，分別辦理，以示撫綏善良之至意。等因。欽此。惟此事雖已屢次通行各省督撫遵照辦理，然各省中不協情事仍復層見迭出。屢據習教者具呈申訴，推其不協之由，首因習教者不欲如往年攤派各項迎神賽會演戲燒香諸冗費，據云此等事件與伊無涉，故不應勉強照攤，而

天主教各明文無論何處概行寬免各等語。除按照和約，業經行知各省督撫將八年十月所定各款一體編行張貼外，又於上年十一月初二日恭奉

條 T'iaó. Baguette; objet mince et long; bande, cordon, ligne, rangée; catalogue, liste; article ou paragraphe d'un écrit, une loi, un principe; mettre en ordre. | 約 †iŏ. Convention divisée en plusieurs articles.

概行寬免 La lettre hing sert uniquement à rendre symétriques les deux derniers membres de phrase, et à marquer que le verbe suivant exprime une action. Elle est souvent ainsi employée dans les pièces officielles.

3. Præterquam quod, juxta initum fœdus, jam missis litteris monui omnium provinciarum prætores, ut sumentes octavo anno decimoque anno statuta singula capita, pariter quocumque mitterent folia figenda; insuper, superioris anni undecimi mensis secundo die, reverenter acceptum est edictum jussum:

行知 Envoyer une lettre pour faire connaître...

督撫 Tòu fòu. Le 總督 tsòung tòu et le 巡撫 siûn fòu.

各該地方官暨不習教民人、必欲伊等一律攤派、是
以時起爭端、本爵合再備文知會各省俾知
上意及本衙門所議、庶各省得有一定遵循不致臨事疑
慮用能仰體我
皇上一視同仁之意於習教不習教者、無不愛如赤子、且
天主教原以勸人行善爲本、其大旨與儒釋道同、是以康熙
年間、曾經准行、然伊等亦不能因係教民遂欲倖免
各項公費、如有差徭及一切有益等項、亦應照不習
教者一律應差攤派、惟迎神演戲賽會燒香等事、與
伊等無涉、永遠不得勒攤勒派、至地方官若遇有上
二項合派之事、必須秉公直道、分剖不得曲爲牽混、
比如所派內計公費四成冗費六成、卽應指明習教
人止攤四成、其餘六成與伊等無涉、永免勒出、又若

pecuniæ ad invitandos deos, ad gratulationis causa convocandos cœtus, ad agendas comœdias, ad adolenda aromata, ad omnes multifarias expensas. Ex dictis, hujusmodi res ad eos non attinent; ideo non æquum est impellere et cogere ut juxta (communem legem) contribuant. Attamen omnium propriorum locorum magistratus et non christiani populares omnino volunt ut ii eadem lege conferant partem pecuniæ; quamobrem identidem oriuntur controversiarum causæ.

攤 **T'ān**. Déployer, étaler, étalage de marchandises; répartir une contribution entre plusieurs; payer sa contribution.

6. Ego princeps, æquum est, denuo scriptis litteris certiores faciam omnium provinciarum prætores, ut cognoscant imperatoris voluntatem, et id quod meum Tribunal censuit. Spero, cujusque provinciæ magistratus, assecuti ut habeant certam legem quam sequantur, non eo devenient ut, adveniente

因習教入不肯攤與教規相反之無益各費、致被不
習教人凌辱毆打並搶掠什物、焚毀田禾等情、該處
地方官必應為之澈底根究、按律嚴懲、其搶掠焚毀
各物亦即責令照數賠償、務歸平允。再業經與法
國酌定傳教士、並非官員故不能干預一切別項公
私事件保護習教人等。然伊等均係端方之士、在伊
本國皆為人所敬重、其本意原係勸人行善、況現際
中國與法國誠心友睦、自應格外厚待以敦契誼。
以後如有傳教士用稟呈赴訴地方官、若確係理直
之事、必應立即秉公辦理、不可稍有苛求、以上各節、
除業經通行知照各省外、為此發給諭單、俾得家喻
戶曉、勿須遷就、以期過爭端而安善民。特諭。
同治元年正月　日給

publicæ expensæ quatuor et variæ aliæ expensæ sex, statim æquum est significare clare christianos tantum soluturos quatuor tributa, cætera sex ad eos non attinere, nunquam cogendos esse ut solvant. Et si, quia christiani renuunt solvere religionis legibus contrarias inutilesque quascumque expensas, eo deveniatur, ut ab iis qui non sunt christiani, vexentur, contumelia afficiantur, tundantur, percutiantur, necnon et ablatæ diripiantur res, incendantur destruanturve agrorum fruges, si sint ejusmodi res, propriorum locorum præfecti cerie debent propter illa scrutari fundum, radicitus inquirere, et juxta leges severe punire. De illorum ablatis, ereptis, incensis corruptisve quibuscumque rebus, etiam debent facere ut juxta quantitatem damna compensentur, et conari ut servetur æquitas et fides.

9. Insuper jam cum Gallorum regno deliberatum et statutum erat ut missionarii, quum non essent magistratus,

16. 严办滋闹教士案

法办教士（1870年）

钦差大臣、办理通商事务、两江总督部堂马，太子少保、署安徽巡抚部院兼提督军门三等轻车都尉铿僧额巴图鲁英为出示晓谕事。照得安庆省城滋闹教士公寓一案，已经本大臣与罗大臣妥办定案。查此案滋事倡首之夏姓、王奎甲等，除严办外，应即扣考，候拿讯明确，照例从重究办。以后如有考试之人不安本分、不知道理，一经滋闹，除先行扣考、再行查拿严办外，合行出示晓谕。为此示仰阖属军民人等，各宜凛遵，毋违。特示。

同治八年十二月初一日示

欽差大臣，辦理通商事務，兩江總督部堂馬，
太子少保署安徽巡撫部院兼提督軍門三等輕車都尉鏗僧頴巴圖魯英、為
出示曉諭事照得安慶省城滋鬧教士公寓
一案、已經本大臣與
羅大臣妥辦定案。查此案滋事倡首之夏姓
王奎甲等、除嚴辦外、應即扣考、候拏訊明確、
照例從重究辦。以後如有考試之人不安本
分不知道理、一經滋鬧、除先行扣考、再行查
挐嚴辦外、合行出示曉諭。為此示仰闔屬軍
民人等、各宜凛遵毋違。特示。
同治八年十二月初一日示。

V. 1. Ab Imperatore delegatus magnus præfectus curans de mercaturæ negotiis, et duarum provinciarum Kiang nan ac Kiang si summus prætor Ma; regni hæredis secundus tutor, fungens officio Ngan houei provinciæ Prætoris, simul et summi ducis militum, tertii ordinis K'ing kiu tou wei et K'eng seng ngo Pa t'ou lou honorificis nominibus auctus, Ing; ad edendi moniti, declarationis et documenti effectum.

提 T'i. Préposé. | 督 † tŏu, | 臺 † t'ài ou 軍門 Kiūn mênn. Chef de toutes les troupes chinoises d'une province. | 督學院 † tŏu hiŏ iuén. Directeur général des études d'une province et examinateur chargé de conférer le grade de 秀才 sióu ts'ài. | 督衙門 † tŏu iâ mênn. Résidence du chef de la gendarmerie à Pékin.

輕車都尉 K'ing kiū tōu wéi. Titre honorifique de sixième classe. Il a trois degrés.

巴圖魯 Pā t'ôu lòu, en mandchou, *Bát'ourou*, Brave. C'est un titre honorifique qu'on accorde aux militaires, en y adjoignant un nom mandchou, mongol ou chinois, comme Keng seng ngo.

2. Significandum habemus, de Ngan k'ing, provinciæ metropolis, diffusæ turbationis in missionariorum communi domo illa controversia, jam supradictum magnum præfectum (Ma) cum Louo

17. 江南分巡示谕百姓分辨教派之正邪

剪发辫（1876年9月4日）

钦命江南分巡苏松太兵备道冯为晓谕事。查《法国条约》第十三款内载："天主教原以劝人行善为本，奉教之人皆保身家。中国人愿信崇天主教，而循规蹈矩者，毫无查禁。"又咸丰十一年十一月初二日，奉上谕。"嗣后各该地方官，于凡交涉习教事件，务须查明根由，持平办理。如习教者果系安分守己，谨饬自爱，则同系中国赤子。自应与不习教者一体抚字，不必因习教而有所刻求。各该地方官务当事事公平，分别办理，以示抚绥善良之至意。钦此。"钦遵历经遵办在案。是天主教向以行善为本，康熙年间业经准行，从无邪术害人。今本道访闻各属，因有纸人剪辫等谣传，疑及天主教民所为，欲与教堂为难。溯查从前白莲匪徒曾行妖术，以纸人剪发辫、剪鸡毛等项，无非借以窃取财物、摇惑人心。迩来外闲有不法之徒，私造谣言，致有剪发剪辫之说，究竟各处纷传。从未有亲身目睹，确有其事者。且此等以讹传讹，实与天主教毫无干涉。尔等百姓各宜处以镇静，勿听外闲谣言，张皇多事。若捉风捕影，以毫无头绪之事，无中生有，疑及教民，便是不安本分，滋生事端。地方官以安民为心，自以中外和辑，顾全大局为要，势不能不严行拿办。所有各属教堂，相安日久，从不闻有犯法邪术等事，尤宜加意保护，万不可疑心，诬捏妄肆滋扰。汝等自应凛遵谕旨，恪守条约。

倘敢捏造谣言、煽惑人心，一经察出，定即拿究。三尺具在，后悔莫追。或有借端讹诈、诬捏扭告者，尤必严行惩治。除饬各属访拿匪徒、抚绥善良外，合行出示晓谕。为此示仰阖属军民人等，一体遵照，务须与天主教民照常相安，毋得凭空欺凌，滋生事端。本道志切爱民，不惮谆谆告诫。其各凛遵，毋违。特示。

光绪二年七月十七日示

欽命江南分巡蘇松太兵備道馮

曉諭事查法國條約第十三欸內載、
天主教原以勸人行善爲本。奉教之人皆保身家。中國人願
信崇
天主教、而循規蹈矩者、毫無查禁。又咸豐十一年十一月初
二日奉
上諭嗣後各該地方官、於凡交涉習教事件、務須查明根
由、特平辦理。如習教者果係安分守己、謹飭自愛則同
係中國赤子。自應與不習教者一體撫字、不必因習教
而有所刻求、各該地方官務當事事公平分別辦理、以
示撫綏善良之至意欽此欽遵歷經遵辦在案是
天主教向以行善爲本。康熙年間業經准行。從無邪術害人。
今本道訪聞各屬因有紙人剪辮等謠傳、疑及

VII. 1. Regio jussu Kiang nan provinciæ partem perlustrans, Sou tcheou fou, Soung kiang fou et T'ai ts'ang tcheou militaris apparatūs curator et generalis præfectus, Foung; ad significandi et edicendi effectum.
道 Taó. Circonscription territoriale.
| 十, | 臺 † t'ài, 分巡 | Fēnn siûn †,
兵備 | Pīng péi †. Officier préposé à plusieurs 府 fòu.
兵備 Préparatifs militaires.

3. Reperitur in gallici fœderis decimo tertio capite scriptum: « Cæli Domini religio, natura sua, habet hortari homines ad agendum bonum pro proprio proposito. Qui accipiunt religionem homines, omnes curant se suasque familias. Sinæ qui cupiunt credere et observare catholicam religionem, et sequentur leges ac insistent præceptis, minime inquirentur nec inhibebuntur. »
欸 K'ouèn. Article, paragraphe,

天主教民所爲、欲與教堂爲難溯查從前白蓮匪徒曾行妖術、以紙人剪髮辮剪鷄毛等項無非藉以竊取財物搖惑人心。近來外間有不法之徒、私造謠言、致有剪髮剪辮之說究竟各處紛傳從未有親身目覩確有其事者。且此等以訛傳訛實與

天主教毫無干涉爾等百姓各宜處以鎮靜勿聽外開謠言、張皇多事。若捉風捕影以毫無頭緒之事無中生有、疑及教民便是不安本分滋生事端。地方官以安民爲心。自以中外和輯顧全大局爲要。勢不能不嚴行拏辦所有各屬教堂相安日久從不聞有犯法邪術等事尤宜加意保護。萬不可疑心誣捏妄肆滋擾汝等自應凜遵

諭旨恪守條約。倘敢捏造謠言、煽惑人心一經察出、定卽

deciendosque hominum animos. Nuper foris otiosi fuerunt nulli legi parentes nebulones, qui inique fabricarunt vagos sermones, ita ut fuerint de sectis eapillis sectisque comis tortis rumores; tandem in omni loco passim diffusi sunt. Nondum fuit qui ipse suis oculis videns, certo sciverit fuisse illas res. Hujusmodi res sunt ex falsis traditæ falsæ; vere ad catholicam religionem nihil attinent.

hominibus qui secent tortas comas, rumores sparsi, suspiciones attingere quod christiani faciunt, et velle christianis domibus facere negotium.

5. Ad pristina recurrens, reperi olim Albæ nymphææ nefarios sectatores usos esse magicis artibus, ope chartaceorum hominum secuisse cadillos tortos, secuisse gallorum plumas; hujusmodi facta; nunquam non utentes ad furandam capiendamque pecuniam, et ad agitandos

拏究。三尺具在後悔莫追或有藉端訛詐揑告者，尤必嚴行懲治除飭各屬訪拏匪徒撫綏善良外，合行出示曉諭。為此示仰闔屬軍民人等，一體遵照務須與

天主教民照常相安，毋得憑空欺凌，滋生事端。本道志切愛民，不憚諄諄告誡其各凜遵，毋違特示。

光緒二年七月十七日示

欽差大臣彭
兩廣總督張

廣東巡撫裕

為通飭沿海各州縣水陸團練以固海防事。照得粵東洋面綿亘三千餘里，省會居其中，中路瀕海之廣州府屬如南海、番禺、東莞、順德、香山、增城、新會、新安、

---

8. Præterquam quod jussi omnes mihi subjectos magistratus inquirere et apprehendere nefarios homines, ac juvare et tranquillare bonos probosque; consentaneum est edere monitum, declarationem et edictum. Propter hoc moneo præcipiens omnes mihi subjectos milites ac populares, eodem modo obsequentes decretis, curare debere ut cum christianis solito more conversentur pacifice; non licere ob inanem causam vexare, injuria afficere,

exstant. Pœnitentia non revocabit (i. e. non redimet pœnam). Si forte sint qui, prætensis causis, decipiant fraudentque, falsis dictis scriptisve apprehensum quem accusent, magis oportebit severe corripere et punire.

尺 Tch'éu. Pied, mesure de 35 centimètres environ. 三 | Sān †. Lois, ainsi nommées parce qu'elles étaient écrites sur des tablettes longues de trois pieds. 一 † ĭ. Lettre impériale sur une tablette longue d'un pied.

18. 饬办乡团巩固海防

对法战争（1884年）

广东巡抚裕、钦差大臣彭、两广总督张为通饬沿海各州县水陆团练，以固海防事。照得粤东洋面绵亘三千余里，省会居其中。中路濒海之广州府属，如南海、番禺、东莞、顺德、香山、增城、新会、新安、新宁等县，业经札饬妥办乡团渔团在案。其东路濒海，则有惠州府属之海丰、陆丰，潮州府属之潮阳、揭阳、澄海、饶平、惠来等县。西路濒海，则有肇庆府属之阳江、恩平，高州府属之化州、电白、吴川，廉州府属之合浦，雷州府属之海康、遂溪、徐闻，琼州府属之琼山、澄迈、定安、儋州、文昌、昌化、会同、乐会、临高、万州、陵水、崖州、感恩等州县。皆系沿海要区。民情刚劲，亟应一体饬办水团陆团，以资防卫。查沿海各属渔家蛋户，无难集至十数万人。其人惯集风潮类，能泅伏水中累日。若编成哨队，设伏出奇，或用火弹火箭，焚毁敌舟，或令埋伏水雷，乘机轰击，皆足奏奇功。现饬各州县点验渔船，编成保甲，设立澳长、甲首等目，造册送交沿海水师营，就近钤。东无事，各守生涯。有事，听候调遣。有能焚夺一兵船，或用水雷轰击一寇船者，另悬赏格，决不食言。倘有不法之澳长人等，借端讹索蛋户，朦收旗帜船牌各规，及有接济寇粮军火，甘作汉奸，暗中引路，查出，立按军法枭示。此饬办水团之要略也。至各州县境，均有要隘可守，守以客兵不如守以土勇。要在先行保甲，以杜内奸。再练壮丁，以御外寇。

兼用坚壁清野之法，使寇无所掠，自不至窜扰乡村。现饬各州县举行团练，挑选精壮，编成队伍，慎选头目，并归防营，一体认真训练，酌筹口粮，屯扎各属要害之地。如能杀贼立功，定即从优保奖。但不得滋扰地方，寻仇私斗，致干军法。此饬办陆团之要略也。凡此水陆相资，战守相助，沿海数十州县，可以扼卫要而省征兵。除通饬该管道府州县遵照外，合亟出示晓谕。为此示仰沿海各州县水陆团丁遵照，各宜激发天良，实力操练，务使水陆交备、战守交资，以御寇氛而卫桑梓。毋违。特示。

十二月初七日示

孥究。三尺具在。後悔莫追。或有藉端訛詐誣揑扭告者。尤必嚴行懲治除飭各屬訪拏匪徒撫綏善良外合行出示曉諭爲此示仰闔屬軍民人等一體遵照務須與

天主教民照常相安毋得憑空欺凌滋生事端本道志切愛民不憚諄諄告誡其各凛遵毋違特示。

光緒二年七月十七日示

廣東巡撫裕

欽差大臣彭

兩廣總督張 爲

通飭沿海各州縣水陸圍練以固海防事。照得粵東洋面綿亘三千餘里省會居其中中路瀕海之廣州府屬如南海番禺東莞順德香山增城新會新安

---

8. Præterquam quod jussi omnes mihi subjectos magistratus inquirere et apprehendere nefarios homines, ac juvare et tranquillare bonos probosque; consentaneum est edere monitum, declarationem et edictum. Propter hoc moneo præcipiens omnes mihi subjectos milites ac populares, eodem modo obsequentes decretis, curare debere ut cum christianis solito more conversentur pacifice; non licere ob inanem causam vexare, injuria afficere,

exstant. Pœnitentia non revocabit (i. e. non redimet pœnam). Si forte sint qui, prætensis causis, decipiant fraudentque, falsis dictis scriptisve apprehensum quem accusent, magis oportebit severe corripere et punire.

尺 Tch'ĕu. Pied, mesure de 35 centimétres environ. 三 Sān †. Lois, ainsi nommées parce qu'elles étaient écrites sur des tablettes longues de trois pieds. 一 †ĭ. Lettre impériale sur une tablette longue d'un pied.

甯等縣業經札飭妥辦鄉團漁團在案其東路瀕海則有惠州府屬之海豐陸豐潮州府屬之潮陽揭陽澄海饒平惠來等縣西路瀕海則有肇慶府屬之陽江恩平高州府屬之化州電白吳川廉州府屬之合浦雷州府屬之海康遂溪徐聞瓊州府屬之瓊山澄邁定安儋州文昌會同樂會臨高萬州陵水崖州感恩等州縣皆係沿海要區民情剛勁應一體飭辦水團陸團以資防衛查沿各屬漁家蛋戶無難集至十數萬人其人慣集風潮類能泅伏水中累日若編成哨隊設各出奇或用火彈火箭焚毀敵舟或令埋伏水雷乘機轟擊皆足奏奇功現飭各州縣點

3, Secus orientalem viam ad littus maris, sunt Houei tcheou fou subjectæ diœceses Hai foung et Lou foung; Tch'ao tcheou fou subjectæ Tch'ao iang, Kie iang, Tch'eng hai, Jao p'ing, Houei lai, hujusmodi diœceses. Secus occidentalem viam ad littus maris, sunt Tchao k'ing fou subjectæ diœceses lang kiang et Ngenn p'ing; Kao tcheou fou subjectæ Houa tcheou, Tien pe, Ou tch'ouen; Lien tcheou fou subjecta Ho p'ou; Lei tcheou fou subjectæ Hai K'ang, Souei k'i, Sin wenn; K'ioung tcheou fou subjectæ K'ioung chan, Tch'eng mai, Ting ngan, Tan tcheou, Wenn tch'ang, Tch'ang houa, Houei t'oung, Lo houei, Lin kao, Wau tcheou, Ling chouei, Iai tcheou, Kan ngenn; hujusmodi diœceses. Omnia sunt secus mare magni momenti loca.

4. Incolarum indoles est firma et acris. Properandum est eodem modo jubere componere navales manipulos et terrestres manipulos, ut juvent defensionem et custodiam. Dignovimus secus mare omnes piscatorum familias, aborigenum familias non difficile congregari ad decies aliquot dena millia hominum. Illi homines assueti sunt congregari venti æstusve more. Possunt natare et latere in aqua continuis diebus. Si constituti erunt in manipulos et cohortes, collocabunt insidias arte mira. Alii, utentes ignitis globis ignitisve

驗漁船編成保甲設立澳長甲首等目造册
送交沿海水師營就近鈐束無事各守生涯
有事聽候調遣有能焚奪一兵船或用水雷
轟擊一寇船者另縣賞格決不食言倘有不
法之澳長人等藉端訛索蛋戶朦收旗幟船
牌各規及有接濟寇糧軍火甘作漢奸暗中
引路查出立按軍法梟示此飭辦水團之要
略也至各州縣境均有要隘可守守以客兵
不如守以土勇要在先行保甲以杜內奸再
練壯丁以禦外寇兼用堅壁清野之法使寇
無所掠自不至竄擾鄉村現飭各州縣舉行
團練挑選精壯編成隊伍愼選頭目併歸防
營一體認眞訓練酌籌口糧屯紮各屬要害

營 îng. Camp, caserne; bataillon sous la conduite d'un 遊擊 ióu kí.
6. Ad orientem non adstante periculo, quisque custodiet, in quo vivit, littoris locum. Adstante periculo, obsequentes exspectabunt ut selecti mittantur. Illis qui poterunt incendere aut eripere aliquam bellicam navem, aut torpedine explodentes percutere aliquam latronum navem, præter solitum appendetur mercedum gradatarum catalogus; certe stabitur promissis.

調 Tiaó. Choisir, envoyer à un poste.
6. Si esset, non obsequens legi, portus rector aliusve qui, prætensis causis, dolo exigeret ab aboriginibus pecuniam, et occulte acciperet a vexillum gerente cymba tabellæ pretium, et si esset qui offerens suppeditaret latronibus cibaria aut bellica arma, aut libenter fieret Sinarum proditor, aut occulte duceret hostes in via; inspecto et detecto (scelere), statim, ex militari lege, resectum caput appenderetur, ad monendos omnes. Illa est jussorum de componendis navalium militum manipulis summa.

牌 P'ái. Tablette, mandat, permis, patente, brevet, carte à jouer.
規 Kouēi. Compas; règle, usage; exiger, percevoir des droits, salaire fixe.
8. Quod autem attinet ad illa, quæ in uniuscujusque diœcesis finibus sunt, magni momenti angusta loca cus-

欽命布政使銜江南安徽分巡安廬滁和道兼理驛務軍功隨帶加三級紀錄十次丁　為

出示曉諭事照得本年三月十七日奉撫

提部院吳　札准　兵部火票遞到　總理

各國事務衙門咨、前於光緒十一年八月初

十二月初七日示。

之地、如能殺賊立功、定即從優保獎、但不得
滋擾地方、尋仇私鬥、致干軍法、此飭辦陸團
之要略也、凡此水陸相資戰守、相助沿海數
十州縣、可以扼衛要而省徵兵、除通飭該管
道府州縣遵照分亦出示曉諭、各宜激發天良、
實力操練、務使水陸團丁遵照、
沿海各州縣水陸交備戰守、交資以禦寇
氛、而衛桑梓冊違特示。

40. Si qui possint occidere hostes et bene mereri, certe majorem in modum commendabuntur ut mercede donentur. At non licebit diffundere turbationem per loca, quærere ultiones, privatim pugnare, ita ut violent militares leges. Illa est jussorum nostrorum de componenda terrestri militia summa.

從 Ts'ôung Suivre une voie, suivre une manière d'agir. ｜優 † iōu Avec générosité ou libéralité. ｜重 † tchóung, ｜嚴 † iên. Avec sévérité.

41. Omnes illæ terra marique simul operam præstantes ad pugnandum et custodiendum, invicem adjuvantes, secus mare pluries decem diœceses poterunt occludere ac defendere magni momenti loca, pauciores accessentur missi regii milites.

資 Tzēu. Donner, fournir, aider, contribuer; objet de quelque valeur.

徵 ou 征 Tchēng Marcher, voyager, aller en expédition.

42. Præterquam quod communicamus jussa illis qui debent curare, præfectis tum generalibus tum particularibus, et subpræfectis, ut obsequantur; consentaneum est propere edere monitum et documentum. Propter hoc monemus et edicimus secus mare cujusque diœcesis navales terrestresque milites obsequenter singulos debere exserere naturales dotes, vero conatu exercere se, eniti ut terra marique simul parent

19. 呼吁战后民教相安

战后问题（1886年）

　　钦命布政使衔、江南安徽分巡安庐滁和道兼理驿务军功随带加三级纪录十次丁为出示晓谕事。照得本年三月十七日奉抚提部院吴札准兵部火票递到，总理各国事务衙门咨。前于光绪十一年八月初七，准法国巴使照会内称，上年七月间，曾经明降谕旨，保卫教堂教民，而云贵两广等省，未能遵照办理，请明降谕旨，以释地方之猜疑，日后遇有案件，均可易于完结。等因。当经本衙门咨行云贵两广各督抚，遵照十年七月所奉谕旨，通饬出示晓谕在案。现法使复请通行各省一律出示晓谕，俾得民教相安。本衙门查保护教民载在条约。现在中法已敦和好，自应申明十年七月所奉谕旨，通饬凡有教堂地方一体出示晓谕。天主教堂本系劝人为善，并不干预他事，且从教之人亦系中国百姓，理应各安本分，不得互相猜忌，遇有词讼案件，即由地方官秉公讯办，但分曲直，不分民教，速为断结。如有无故滋扰事情，立即严拿惩办，以儆效尤。相应通行贵抚，即希饬属明白晓事，以期民教相安，可也。等因。到本部院，准此。除火票存俟汇缴外，合就札行札到该道，即便遵照明白晓示，一面通饬各属，一体遵照晓示，以期民教相安。等因。奉此，除通饬各属一体遵照示谕外，合行出示晓谕。为此示仰诸色人等一体知悉。自示之后，尔等须知天主教堂本系劝人为善，并不干预他事，且从教之人亦系中国百姓。理应各安本分,不得互相猜忌,亦不得无故滋扰,致干查究。各宜凛准,毋违。切切特示。

光绪十二年三月廿九日示

之地。如能殺賊立功定即從優保獎。但不得
滋擾地方。尋仇私鬥致干軍法此飭辦陸團
之要略也。凡此水陸相資戰守相助沿海數
十州縣可以扼衛要而省徵兵除通飭該管
道府州縣遵照外合亟出示曉諭爲此示仰
沿海各州縣遵照水陸團丁遵照各宜激發天良、
實力操練務使水陸交備戰守交資以禦寇
氛、而衛桑梓毋違特示。
十二月初七日示

欽命
布政使銜 江南安徽分巡安廬滁和道兼理丁 爲
出示曉諭事照得本年三月十七日奉 撫
提部院吳 札准 兵部火票遞到 總理
各國事務衙門咨、前於光緒十一年八月初

40. Si qui possint occidere hostes et bene mereri, certe majorem in modum commendabuntur ut mercede donentur. At non licebit diffundere turbationem per loca, quærere ultiones, privatim pugnare, ita ut violent militares leges. Illa est jussorum nostrorum de componenda terrestri militia summa.

從 Ts'óung Suivre une voie, suivre une manière d'agir. | 優 † ioū Avec générosité ou libéralité. | 重 † tchóung, | 嚴 † iên. Avec sévérité.

41. Omnes illæ terra marique simul operam præstantes ad pugnandum et custodiendum, invicem adjuvantes, secus mare pluries decem diœceses poterunt occludere ac defendere magni momenti loca, pauciores arcessentur missi regii milites.

資 Tzēu. Donner, fournir, aider, contribuer; objet de quelque valeur.

徵 ou 征 Tchēng Marcher, voyager, aller en expédition.

42. Præterquam quod communicamus jussa illis qui debent curare, præfectis tum generalibus tum particularibus, et subpræfectis, ut obsequantur; consentaneum est propere edere monitum et documentum. Propter hoc monemus et edicimus secus mare cujusque diœcesis navales terrestresque milites obsequenter singulos debere exserere naturales dotes, vero conatu exercere se, eniti ut terra marique simul parent

七、准法國巴使照會內稱、上年七月間、曾經
明降
諭旨、保衛教堂教民、而雲貴兩廣等省、未能遵照
辦理、請明降
諭旨、以釋地方之猜疑、日後遇有案件、均可易於
完結等因、當經本衙門咨行雲貴兩廣各督
撫遵照十年七月所奉
諭旨、通飭出示曉諭在案。現法使復請通行各省
一律出示曉諭、俾得民教相安。本衙門查保
護教民載在條約、現在中法已敦和好、自應
諭旨、通飭凡有教堂地方、一體出示曉諭、
申明十年七月所奉
諭旨、通飭凡有教堂地方、本係勸人爲善、並不干預他事、且從教之
天主教堂、本係中國百姓、理應各安本分、不得互相

que duce Ou litteras, (in quibus dixit): «Habeo cum rei militaris Tribunalis celeri mandato allatam rerum exterarum Tribunalis epistolam:

票 P'iaó. Billet, attestation, mandat. 火｜Houò †. Dépêche portée en toute hâte ; mandat pressant.

遞 Tí. Transmettre, livrer, donner, envoyer, faire parvenir; poste, courrier; substituer, succéder, alterner.

咨 Tzēu. Consulter, délibérer, donner un conseil ou des instructions; informer, s'enquérir; infomation, rapport, lettre; soupirer, gémir.

3. «Antea, Kouang siu undecimi anni octavi mensis 7 die, accepimus in Galliæ Pa legati litteris scriptum: «Superioris anni septimo mense, jam « palam editum est regium edictum, ut « protegerentur et defenderentur reli- « giosæ domus et christiani. Attamen Iun « nan, Kouei tcheou, utriusque Kouang, « aliarumque provinciarum magistratus « nondum potuerunt obsequenter « (regio edicto) res gerere et componere. « Rogo ut palam edatur regium edictum « ad solvendas locorum præfectorum « conjecturas et suspiciones. In poste- « rum, si eveniat ut sint controversiæ, « omnes poterunt facile finem habere. » Hujusmodi res (scripsit). Tum jam nostrum Tribunal monens misit litteras ad lun nan, Kouei tcheou, Kouang toung, Kouang si, provinciarum prætores tum

猜忌遇有詞訟案件卽由地方官秉公訊辦但分曲直不分民教速爲斷結如有無故滋擾事情立卽嚴拿懲辦以儆效尤相應通行貴撫卽希飭屬明白曉事以期民教相安可也等因到本部院准此除火票存俟彙繳外合就札行到該道卽便遵照明白曉示一面通飭各屬一體遵照示諭外合行出示曉因奉此除通飭各屬一體遵照示諭外合行出示曉諭爲此示仰諸色人等一體知悉自示之後爾等須知

天主教堂本係勸人爲善並不干預他事且從教之人亦係中國百姓理應各安本分不得互相猜忌亦不得無故滋擾致干查究各宜凜准毋違切切特示

光緒十二年三月廿九日示

esse quemque pacifice fungi suo officio; non licere invicem suspicari et odisse; si accidat ut sint lites, esse locorum magistratuum juxta æquitatem inquirere et statuere, solummodo distinguere rectum et non rectum, non distinguere christianum et non christianum, sine mora dirimere et finire; si sit sine causa excitatæ turbationis factum, magistratus diligenter curaturos apprehendere, coercere et punire, ad deterrendos alios ne imitentur malum. Consentaneum est ut communicantes mittamus litteras ad te nobilem prætorem; et speramus te jussurum subjectos magistratus clare monere populum, et ita speramus populares et christianos inter se pacem habituros; decet.» Hujusmodi res.

- 預 Iú. Préparer, se préparer, assister à, prendre part, délibérer avec d'autres; joie, amusement.

忌 Kí. Craindre, s'abstenir, haïr.

詞 Séu. Mot, parole, locution, discours, composition littéraire,

20. 湖北承宣布政使示谕严禁溺女

禁止杀婴（1885年2月）

钦命湖北承宣布政使司布政使蒯为特再剀切示谕严禁溺女，以全生命事。照得至重莫如人命，无罪惟有婴儿。况既为母女，宜尽恩勤。乃甫下胎胞，忍施惨毒骨肉，至相戕贼，至亲变为豺狼。风俗浇漓，莫此为甚。迹其愚见，皆谓生女过多，力难长养；或因求子情切，恐孕育有妨；或因遗嫁需费，恐妆奁难备。不知省、州、县，俱有育婴堂，收养穷檐子女。即因贫难乳哺，尽可送交育婴堂。或听人抱养，为女为媳，皆得保全生命。至若嫁奁，厚薄称家。有无布裙荆钗，未始不可。世固有贫儿终身难娶，未闻有贫女终身难嫁者。矧天道好还，往往溺而复生，生而复女。天欲生之，人欲杀之，逆天者亡，杀人者死。仇怨相寻，非特不得速男，更恐身遭奇祸。且查生女溺毙，应科以故杀子孙之罪，杖六十，徒一年。族邻保甲知情，不行救阻，亦连坐治罪，定例何等森严，乃屡经申明示禁，而溺女之风终不能戢，总由地方官绅奉行不力。民间嫁女，多尚虚文间，有一二遵办之处，旋以日久玩生。兹据江邑举人夏建寅等禀请颁示，复行严禁。前来检查前据该绅等禀请收溺各条，暨江西丰城县刘令六文会章程，均极妥善。而六文办法，其事易行，其功尤溥。盖恻隐之心尽人，皆有救溺，莫善于斯。除将条隙事宜及六文会章程刊刷成本，通饬各州县并学官劝谕士绅，务于三个月限内分别举办外，合再剀切示谕。

为此示仰合属军民、诸色人等一体知悉。尔等须知天有好生之德，人有不忍之心。或男或女，皆属自己骨肉。旋生旋溺，何竟如此凶残。务各互相告诫，毋任再蹈前非。其有殷商富户，各将六文会章程，随时随地，先行劝办。一面妥筹经费，在于城乡市镇适中之地，设立育婴堂，务使溺女之风不禁自戢。自示之后，倘再视为故常，延不遵办，或有私溺情事，一经访查得实，定将本家及族邻保甲，一并拿究，从严治罪，决不宽贷。其各凛遵，毋违。特示。

光绪十年十二月　日

PROCLAMATIONS

欽命湖北承宣布政使司布政使䕃為
特再剴切示諭嚴禁溺女以全生命事照得
至重莫如人命無罪惟有嬰兒況既為母女
宜盡恩勤乃甫下胎胞忍施慘毒骨肉至相
戕賊至親變為豺狼風俗澆漓莫此為甚或
其愚見皆謂生女過多力難長養或因求子
情切恐孕育有妨或因瀅嫁需費恐牧盦難
備不知省州縣俱有嬰堂可送交育嬰堂收
卽因貧難乳哺儘可送交育嬰堂收養聽人抱
養為女為媳皆得保全生命至若嫁奩厚薄
稱家有無布裙荊釵未始不可世固有貧兒
終身難娶未聞有貧女終身難嫁者剋天道
好還往往溺而復生生而復女天欲生之人

X. 1. Regio mandato Hou pe provinciæ ærarii curator, K'ouai, ad (assequendum) speciatim iterum majorem in modum monendi, edicendi, severe prohibendi, ne in aquam mergantur filiæ, et ita servandæ vitæ effectum.

宣 Siuĕn. Aller partout, propager, divulguer, publier, proclamer. 來宣 (詩大雅) Lái siûn, lái †. Venez étendre partout mes institutions et publier mes ordres. 大宣 | Tá siùn †. 承 | 布政使 Tch'êng † póu tchéng chéu. Trésorier général ou vice-gouverneur d'une province. 承布政使司 Charge de trésorier général.

全 Ts'iuén. Entier, complet, conserver intact, compléter, accomplir.

2. Significandum habeo tanti faciendam esse nullam aliam rem quanti humanam vitam; innocentem solum esse puellam aut puerulum. Quanto magis, quum sit matris filia, oportet omnem adhibere caritatem et diligentiam!

At ubi edidit fetum, inhumane utentem crudelitate enecare ossa et carnem suam; eam quæ maxime adjuvare (debet), lædere et occidere; et quæ maxime amare (debet), mutatam fieri lupam; inter pravas consuetudines instillatas nulla alia sicut illa sit atrox exemplum. Illæ rudi judicio omnes dicunt, si pariant filias nimis multas, facultates non fore sufficientes ad eas alendas; aut propter quærendi habere filios cupiditatem

欲殺之，逆天者亡，殺人者死。讐怨相尋，非特
不得速男，更恐身遭奇禍。且查生女溺斃應
科以故殺子孫之罪杖六十徒一年族隣保
甲知情不行救阻亦連坐治罪。定例何等森
嚴。乃屢經申明示禁而溺女之風終不能戢
總由地方官紳奉行不力民間嫁女多尚虛
文間有一二遵辦之處。旋以日久玩生，兹據
江邑舉人夏建寅等禀請頒示，復行嚴禁前
來檢查前憲該紳等禀請救溺各條，暨江西
豐城縣劉令六文會彙程均極安善。而六文
辦法其事易行其功尤溥。蓋惻隱之心盡人
皆有救溺莫善於斯。除將條陳事宜及六文
會彙程刊刷成本通飭各州縣並學官勸諭

簷 Ién. Bord saillant d'un toit, maison, famille.

稱 Tch'ĕng. Peser, estimer, évaluer; lever, exalter, louer, célébrer; divu'guer, dire, nommer, nom, titre. || **Tch'éng** Balance, peser; convenable, conforme, agréable; proportionné.

4. Præterea, cæleste numen amat restituere. Quæ antea fuerunt in aqua mersæ filiæ, rursus nascuntur; renascentes rursus sunt feminæ. Cælum vult producere illas, homo vult occidere illas. Qui resistit Cælo perit; qui occidit hominem moritur. Ultio et noxa invicem quærunt. Non solum non obtinebunt cito filios; sed etiam timendum est ne ipsæ incurrant insolita infortunia.

讐 Tch'eóu. Répondre, répliquer, rendre la pareille, payer de retour.

怨 Iuén. Haïr, grief, se plaindre.

5. Insuper inspiciens (leges video), si mater a se genitam filiam mergens suffocaverit, (scelus) æstimandum esse eodem gradu ac ejus qui consulto occidit filium aut nepotem, scelus; qui fustis percutitur sexaginta ictibus et exulat integro anno. Consanguinei, vicini, consociati ad mutuam defensionem homines, qui noscentes rem, non salvantes obstiterunt, etiam simul damnantur ac puniuntur. Statutæ leges quantum sunt severæ! Et pluries jam explicantes clare, monuimus, prohibuimus. Attamen mergendarum filiarum consue-

士紳務於三個月限內分別舉辦外合再劃
切示諭為此事仰合圍軍民諸色人等一體
知悉爾等須知天有好生之德人有不忍之
心或男或女皆屬自己骨肉旋生旋溺何竟
如此凶殘務各互相告誡毋任再蹈前非其
有殷商富戶各將六文會章程隨時隨地先
行勸辦一面籌經費在於城鄉市鎮適中
之地設立有嬰堂務使溺女之風不禁自戢。
自示之後倘再視為故常不遵辦或有私
溺情事一經訪查得實定將本家及族隣保
甲一併挐究從嚴治罪決不寬貸其各凜遵
毋違特示。

光緒十年十二月　日

capitibus exposita ea quæ ad illam rem expediunt, ac Lou wenn societatis statuta curavi typis excudenda et redigenda in libellum, et communicans jussi singulos subpræfectos ac scholarum rectores hortari et monere doctos homines ac optimates ut conarentur intra tres menses singillatim manum admovere operi; consentanenm est rursus majorem in modum monere et edicere. Propter hoc moneo præcipiens omnes mihi subjectos milites aliosque populares, omnigenos homines, ut pari modo sciant plane.

合 Hŏ. Unir, avec, entier, tout.

色 Chĕ. Couleur; qualité, sorte, espèce, état, manière d'être, beauté.

8. Vos oportet scire Cælum habere qua amat producere bonitatem, hominemque habere miserationis sensus. Sive mares, sixe feminæ, omnes sunt (parentum) ipsorum ossa et caro. Ubi nascuntur, statim mergere, quid tandem, quam illud, tam scelestum et crudele? Curent omnes invicem monere et deterrere; ne sinant rursus incurrere in anteacta peccata.

旋 Siuén. Se mouvoir en rond. revenir sur ses pas, faire le tour de, faire tourner. ‖ Siuén. Aussitôt, peu après. [... [... †... †... A mesure que.

任 Jénn. Fardeau, charge, emploi public, avoir ou laisser la liberté de. ‖ Jénn. Confiance, fidélité; porter un

21. 福建总督示谕严禁溺女

（1889年6月）

　　头品顶戴兵部尚书闽浙总督兼管福建巡抚事卞为出示严禁事。照得生女溺毙，应照故杀子孙律，杖六十，徒一年。族邻保甲知情，不行救阻，亦照连坐治罪。煌煌国法何等森严，岂容稍有违犯。查闽省溺女之风较炽于他省，乡愚相沿陋习，竟不知非，而令甫离胎壳之婴，呼号宛转于盆罂之中，忍性害理，莫此为甚。本部堂上年莅任后，曾经汇案剀切晓谕，恐乡僻未能周知，特再重申告诫。除饬地方官绅严行查察，有犯必惩外，合行出示严禁。为此示仰城乡军民人等知悉。尔等须知溺毙生女大干例禁，非特骨肉伤残，自获阴谴而已。自示之后，务各互相劝诫。有则改之，无则加勉。倘敢仍蹈前辙，再有违犯，一经觉察，或被告发，定行照律重办。族邻保甲知情不行救阻者，连坐治罪，决不宽贷。其各凛遵，毋违。特示。

光绪十五年五月　日

頭品頂戴兵部侍書閩浙總督兼管福建巡撫事卞

出示嚴禁事照得生女溺斃應照故殺子孫為律杖六十、徒一年、族鄰保甲知情不行救田、亦照連坐治罪、煌煌國法何等嚴森、豈容稍有違犯、查閩省溺女之風較熾於他省、鄙愚相沿陋習、竟不知非、而令甫離胎殼之嬰呼號宛轉於盆罌之中、忍性害理莫此為甚、本部堂上年蒞任俊曾經彙案剴切曉諭、恐鄉僻未能周知、特再重告誡除飭地方官紳嚴行查察有犯必懲外、合行出示嚴禁、為此示仰城鄉軍民人等知悉、爾等須知溺斃生女大干例禁非特骨肉傷殘、自獲陰譴而已、自示之後、務各互相勸

XI. 1. Insignitus primi ordinis globulo, rei militaris Tribunalis præses, Fou kien et Tche kiang provinciarum generalis prætor, simul et curans Fou kien particularis prætoris res, Pien; ad (assequendum) edendi moniti et severe prohibendi effectum.

2. Significandum habeo parentem qui genitam filiam mergens suffocavit, oportere, ex lata adversus eum qui consulto occidit filium nepotemve lege, baculi percuti sexaginta ictibus et exulare integro anno. Consanguinei, vicini, consociati ad mutuam defensionem homines, qui noscentes rem, non succurrentes obstiterunt, etiam eodem modo simul damnantur et puniuntur. Conspicuæ regni leges quantum sunt severæ! Num sinunt paululum esse deflexionem aut violationem?

徒 T'ôu. Bannissement pour un, deux ou trois ans, à cinq cents stades du domicile du coupable.

3. Inspiciens video, in Fou kien provincia, mergendarum filiarum consuetudinem magis ardere quam in aliis provinciis. Rustici rudes, invicem sequentes in turpi consuetudine, tandem nesciunt improbare; et faciunt ut vix egressæ ex fetus involucro filiæ ejulantes clament ac se contorqueant in pelvibus et seriis. Sæva indoles, violatio legis naturalis nulla alia, quam illa, est tam atrox. Ego harum provinciarum generalis prætor, superiore anno, postquam inivi magistratum, jam generali (i. e. multa complectenti) edicto diligenter docui et significavi. Forsan in

誠有則改之。無則加勉。倘敢仍蹈前轍。再有違犯。一經覺察。或被告發。定行照律重辦。族鄰保甲知情不行救阻者。連坐治罪。決不寬貸。其各凜遵毋違。特示。

光緒十五年五月　日

特授襄陽府調署武昌府正堂李　兼辦營務處　為出示嚴禁造賣賭具事。照得賭博大干例禁。前本府經過省城內外街道。見有門攤舖戶公然售賣賭紙賭牌骰子賭具。試思造賣賭具之家。既多。則賣賭具之家。尤為法所難貸。因愈盛壞人家子弟蕩人家產。竟成虛設。實深風刑律最重。似此明目張贍法紀。雷楊氏等。飭拿到案。除當堂責懲外。合行明示例杖。出示嚴禁。

---

ossibus et carne læsis crudeliter, ipsum sibi adsciscere secretam animi correp-tionem, et nihil amplius. Post hoc monitum, curent singuli invicem hortari et deterrere, ita ut qui admiserunt illud scelus, se corrigant, et qui non admiserunt, magis ac magis nitantur abstinere.

5. Si quis audeat rursus insistere pristinæ orbitæ et rursus recedens vio-lare legem, ubi id deprehensum et ex-ploratum fuerit, aut indicatum patuerit, certe ex lege graviter punietur. Con-sanguinei, vicini, consociati homines, qui noscentes rem, non succurrentes obstiterint, simul damnati luent pœnas; certe non indulgenter condonabitur. Vestrum quisque tremens obsequatur; nemo deflectat.

轍 Tchĕ. Trace laissée par la roue d'une voiture, ornière, trace de pas, mauvaise habitude.

XII. 1. Speciatim præpositus Siang iang fou præfecturæ, missus qui gerat res Ou tch'ang fou præfecturæ præfec-tus, simul et curans de militaribus re-bus Li; ad edendi moniti, et severe prohibendi ne fiant vendanturve alea-toria instrumenta, effectum.

調 T'iaô. D'accord, mettre d'accord, tempérer, assaisonner, accommoder, mélanger, exercer, former, apprivoiser, soigner, réparer. || Tiaó. Air de musi-que, envoyer un officier à un poste.

營務處 Ing óu tch'óu. Bureau chargé par le 總督 tsŏung tŏu vice-roi d'exercer un contrôle sur les troupes qui sont dans sa juridiction. Le chef,

22. 武昌府正堂示谕禁赌

禁止赌博（1885年1月）

特授襄阳府调署武昌府正堂兼办营务处李为出示严禁造卖赌具事。照得赌博大干例禁。造卖赌具之家，尤为法所难贷。前本府经过省城内外街道，见有门摊铺户公然售卖纸牌、骰子、赌具。试思造卖赌具者既多，则赌风因愈盛，坏人家子弟，荡人家产，为害实深。故刑律最重。似此明目张胆，法纪竟成虚设，实堪痛恨。当将造卖赌具之雷杨氏等饬拿到案。除当堂责惩外，合行明示例杖，出示严禁。为此示仰铺户及居民人等知悉。查定例，凡民人造卖纸牌、骰子，为首者发边外充军；为从及贩卖首者，杖一百，流二千里；贩卖为从者，杖一百，徒三年。如藏匿造卖赌具不行销毁者，照贩卖为从例治罪。地方保甲知情不报者，杖一百。又凡容留制造赌具之房主，如不知情，照不应重律治罪。如系贪得重租，知情包庇，在一年已外者，将房主与造卖赌具为首之犯，亦发边外充军。在一年以内，亦将房主与造制为从，及贩卖为首，杖一百，流二千里治罪。等语。尔铺户及居民人等，一体遵照。倘再经访拿，或被人告发，定即按例惩办，决不姑宽。毋谓言之不预也。

光绪十年十二月　日示

誠有則改之。無則加勉。倘敢仍蹈前轍。再有違犯一經覺察或被告發定行照律重辦。族鄰保甲知情不行救阻者連坐治罪決不寬貸其各凜遵毋違特示。

光緒十五年五月　日

特授襄陽府調署武昌府正堂兼辦營務處李　為

出示嚴禁造賣賭具事照得賭博大干例禁。前本府經過省城內外街道見有門攤舖戶公然售賣造賣賭具之家尤為法所難貸。骰子賭具試思造賣賭具者既多則賭紙牌

因愈盛壞人家子弟蕩人家產為害實深。故刑律最重似此明目張膽法紀竟成虛設實堪痛恨當將造賣賭具之雷楊氏等飭拏到案。除當堂責懲外合行明示例杖出示嚴禁

---

ossibus et carne læsis crudeliter, ipsum sibi adsciscere secretam animi correptionem, et nihil amplius. Post hoc monitum, curent singuli invicem hortari et deterrere, ita ut qui admiserunt illud scelus, se corrigant, et qui non admiserunt, magis ac magis nitantur abstinere.

5. Si quis audeat rursus insistere pristinæ orbitæ et rursus recedens violare legem, ubi id deprehensum et exploratum fuerit, aut indicatum patuerit, certe ex lege graviter punietur. Consanguinei, vicini, consociati homines, qui noscentes rem, non succurrentes obstiterint, simul damnati luent pœnas; certe non indulgenter condonabitur. Vestrum quisque tremens obsequatur; nemo deflectat.

轍 Tchĕ. Trace laissée par la roue d'une voiture, ornière, trace de pas, mauvaise habitude.

XII. 1. Speciatim præpositus Siang iang fou præfecturæ, missus qui gerat res Ou tch'ang fou præfecturæ præfectus, simul et curans de militaribus rebus Li; ad edendi moniti, et severe prohibendi ne fiant vendanturve aleatoria instrumenta, effectum.

調 T'iaó. D'accord, mettre d'accord, tempérer, assaisonner, accommoder, mélanger, exercer, former, apprivoiser, soigner, réparer. || Tiaó. Air de musique, envoyer un officier à un poste.

營務處 Ing óu tch'óu. Bureau chargé par le 總督 tsòung tŏu vice-roi d'exercer un contrôle sur les troupes qui sont dans sa juridiction. Le chef,

為此示仰舖戶及居民人等知悉。查定例、凡民人造賣紙牌骰子、為首者發邊外充軍、為從及販賣首者、杖一百、流二千里。販賣為從者、杖一百、徒三年。如藏匿造賣賭具、不行銷毀者、照販賣為從例治罪。地方保甲、知情不報者、杖一百。又凡容留製造賭具之房主、知情不照例治罪。如係貪得重利、知情包庇、在一年已外者、將房主與造賣賭具為首之犯、亦發邊外充軍在一年以內、亦將房主與造製為從及販賣為首者、杖一百、流二千里治罪等語。爾舖戶及居民人等、一體遵照、倘再經訪拿、或被人告發、定即按例懲辦。決不姑寬毋謂言之不預也。

光緒十年十二月　日示

parier, gager, hasarder, mettre en péril. 博 Pouŏ. Vaste, ample, savant; sorte de jeu de dés, jeu de hasard. 貸 T'ái, Tái. Donner ou Prendre à intérêt, prêter, emprunter; faire des largesses, faire grâce.

3. Propter hoc moneo ac certiores facio mercatores et alios incolas, ut sciant plane. Ex statutis legibus, quicumque popularis facit venditque chartas aut talos, si sit dominus officinæ, mittitur extra regni fines et mancipatur exercitui; qui est adjutor, necnon et qui emptos ludos vendit tabernæ dominus, fustis percutitur centum ictibus, et in exsilium mittitur ad duo millia stadiorum. Mercatoris adjutor fustis percutitur centum ictibus et exsulat tribus annis. Qui abscondit facta venditaque aleatoria instrumenta, nec solvit destruitve, ex lata in mercatoris adjutorem lege dat pœnam. Loci præpositus qui noscens rem non monet magistratum, fustis percutitur centum ictibus.

充 Tch'òung. Emplir, boucher, obstruer, rassasier; remplir un office, tenir la place d'un autre. 軍 kiŭn. Remplir un office de soldat; être exilé pour toujours au-delà des frontières et mis au service des troupes. 問 Condamner au bannissement perpétuel.

流 Liôu. Bannissement pour la vie, dans un lieu déterminé à une distance de deux ou trois mille stades, avec obligation à un travail gratuit.

從 Ts'òung. Suivre. ‖ Tsóung. Suivant, adepte, complice, secondaire.

4. Insuper, quicumque excipiens

23. 河间府献县禁止集资建庙、演戏酬神

（1886年12月2日）

钦加四品衔遇缺补用同知直隶州、候补督河府、署理河间府献县正堂、加一级、纪录二次朱为出示谕禁事。案蒙府宪札饬转蒙臬宪陶札开照得，直属民间，如遇年岁丰收，每喜建造寺观庵庙。挨户捐助，费实不资。查定例，民间有愿创造寺观神祠者，呈明该督抚具题，奉旨后方许营造。若不俟题请，擅行兴造者，依违制律论。等语。诚以建造神宇，徒耗民财，是以例禁綦严。田间幸获大有，若不遇事节省，何以备荒？又闻秋稼登场之后，各村庄无不集资演戏。则又不但耗财而已，淫剧之引诱，风化攸关。奸拐、赌博、盗窃、失火等事，在在堪虞。以上两端，在民间以为敬神，殊不知尔室屋漏，神实凭之，何必立像肖形，始为尊奉？豚蹄、杯酒，神亦享之，何必征歌选舞，始致休和？凡人果能存心好善，神必默佑，况聪明正直之谓神，福善祸淫，报应昭著，岂若乡里小民，必以搭台演戏为快乐耶？本年雨水甚多，惟除被灾较重之数州县外，其余均称中稔。诚恐无知愚民仍蹈前项陋习。自应通饬谕禁，以端民俗而保民财。等因。转行到县，蒙此合行出示谕禁。为此仰阖邑军民人等知悉。嗣后毋得创建神庙、演唱戏剧。务各勤俭务农，毋事嬉游，以节民用而备荒歉。各宜凛遵，毋违。特示。

光绪十二年十一月初七日

右谕通知告示

欽加四品銜過缺補用同知直隸州候補督河府署朱爲

理河間府獻縣正堂加一級紀錄二次

出示諭禁事案蒙

府憲　札飭轉蒙

臬憲陶　札開照得直屬民間如遇年歲豐收每喜建造寺觀庵廟挨戶捐助費實不貲查定例民間有願創造寺觀神祠者呈明該

督撫具題奉

旨後方許營造若不俟題請擅行興造者依違制律論等語誠以建造神宇徒耗民財是以例禁綦嚴田間幸獲大有若不遇事節省何以備荒又間秋稼登場之後各村庄無不集資演戲則又不但耗財而已淫劇之引誘風化

XIII. 1. Ex regio mandato auctus quarti ordinis gradu; occurrente vacuo loco, sufficiendus adhibendusque in adjutorem præfecti secundi ordinis; exspectans ut sufficiatur præpositus fluviis præfectus; officio fungens et res gerens in Ho kien præfectura Hien hien subpræfectus; auctus uno gradu honorifico; inscriptus his (cum laude in codicibus Tribunalis officiorum civilium), Tchou; edendæ monitionis, declarationis ac prohibitionis causa.

同知 T'òung tchēu. Préfet en second. Dans une préfecture de première classe, il s'appelle 貳府 éul fòu; dans une préfecture de seconde classe, 州同 Tcheōu t'òung.

錄 Lòu. Copier, transcrire, consigner par écrit; recueillir; copie, cahier, registre, annales, recueil, note, catalogue, liste.

2. Super mensam acceptas habeo præfecti litteras, quibus dedit mandata, ac tradidit acceptas criminum judicis T'ao litteras, in quibus scriptum est: « Significanda habeo (quæ sequuntur): « Tcheu li provinciæ subjectos popu« lares inter, si occurrat anni uber « messis, toties gaudent extruere ac « facere Buddhæ ministrorum fana « domosve, Rationis ministrorum fana « domosve, Buddhæ ministrorum « casas aut fana, templa. Per domos « quærunt subsidia. Expendenda

攸關姦拐賭博盜竊失火等事、
在在堪虞、以上兩端、在民間以
為敬神、殊不知廟室屋漏神實
憑之。何必立像肯形、始為尊奉。
豚蹄杯酒神亦享之。何必徵歌
選舞、始致休和。凡人果能存心
好善、神必默佑。況聰明正直之
謂神福善禍淫報應昭著。豈若
鄉里小民、必以搭臺演戲為快
樂耶。本年雨水甚多。惟除被災
較重之數州縣外、其餘均稱中
稔、誠恐無知愚民、仍蹈前項陋
習。自應飭通諭禁以端民俗而

捐 Iuên (Kiuên). Donner, contribution volontaire, demander une contribution ; acheter une charge ou un titre.

祠 Sêu. Sacrifice ou offrande en l'honneur d'un Esprit ; tablette portant le nom d'un défunt, salle des ancêtres, temple de Bouddha.

擅 Chén. Disposer à son gré, gouverner en maître, suivre sa propre volonté, agir arbitrairement, agir sans autorisation.

3. (Præfectus addidit): « Revera, ad erigendas et faciendas spiritibus ædes frustra consumere populi opes, est per leges vetitum valde severe. In agris feliciter obtenta copiosa messe, nisi, occurrente re, temperantes parcant (sumptui), quomodo providebunt sterilitati?

綦 K'i. Vert pâle, bleu pâle ; cordon de soulier ; au plus haut degré.

有 Ioù. Avoir ; fertile, abondant.

大 | Tá †. Moisson très abondante.

4. « Insuper audivi, postquam autumnales fruges copiose advenerunt in aream, quemque pagum viculumque, nullo excepto, colligere tributum ad agendas comœdias. Tunc rursus non solum consumuntur opes et nihil amplius; obscenarum comœdiarum illecebris et incitamentis mores mutati inde offenduntur. Turpes raptiones, cum sponsione lusus, furta, damna ex incendio, ejusmodi res ubique timendæ sunt.

劇 Kí. Rigoureux, pénible ; augmenter, plus, extrêmement ; comédie.

耗 Haó. Diminuer, retrancher, consumer peu à peu, ronger, dépenser, ruiner, détruire.

失 Chêu. Perdre. **| 盜 † taó.** Être dépouillé par un voleur. **| 火 † houŏ.** Perte causée par l'incendie.

5. « Supradictæ duæ res, in plebe, putantur honorare Spiritus. Prorsus ignorant in vestrarum domorum penetralibus Spiritus revera insidere. Num necesse est erigere statuas, imitari effigiem, ut incipiat esse reverens cultus? Porci pede, poculo vini Spiritus etiam gaudent. Num opus

保民財等因。轉行到
縣蒙此合行出示諭
禁。爲此仰闔邑軍民
人等知悉。嗣後毋得
創建神廟演唱戲劇。
務各勤儉務農毋事
嬉遊以節民用而備
荒歉各宜凜遵毋違。
特示。
光緒十二年十一月
初七日
右諭通知
告示

端 Touān. Droit, régulier, correct, bien réglé, bien arrangé, parfait, régler, arranger; bout, extrémité, commencement, principe, fin, premier; raison, prétexte, occasion; particule numérale des affaires, des axiomes, des dogmes,...

6. « Hoc anno pluvialis aqua plurima fuit. Sed exceptis iis, quæ passæ sunt calamitatem gravius, diœcesibus (sive *tcheou* sive *hien* nomine), cæteræ omnes dicuntur collegisse mediocrem messem. Vere timendum est ne ignari rudesque populares rursus insistant pristinis rusticis consuetudinibus. Inde consentaneum est ubique imperare monita et prohibitiones, ad corrigendos populi mores et tuendas populi opes. » Ejusmodi res (scripsit præfectus). Communicans (criminum judicis litteras), misit ad diœcesis tribunal.

較 Kiaó. Examiner, comparer, classer, évaluer, estimer, confronter, réviser, contrôler, juger, critiquer, disputer, rendre la pareille; comparativement, approximativement.

稔 Jènn. Moisson, récolte, année; amasser, accumuler, s'habituer, fréquent, habituel, souvent.

俗 Siŭ. Usage, mœurs publiques; commun, vulgaire, trivial, grossier; le vulgaire; mon.

轉 Tchouèn. Tourner, détour, transporter, transmettre, faire transmettre, changer, interprète, au contraire.

7. Acceptis illis, consentaneum est edere monitum, documentum, prohibitionem. Quamobrem moneo totius diœcesis milites ac cæteros homines ut noscant probe. In posterum non licebit inchoare et exstruere Spiritibus fana, agere cantareve comœdias. Curandum est ut quisque sit diligens ac parcus, incumbat agrorum culturæ, non det operam oblectamentis et discursationibus, (idque præcipitur) ad minuendas populi expensas et comparanda (necessaria in annos) sterilitatis et inopiæ. Quisque debet tremens obsequi, non recedere (ab his præceptis). Speciale monitum. Kouang siu 12 anni 11 mensis septimo die. A dextra (scriptum) documentum ubique noscendum, edicendum, ostendendum.

蒙 Móung. Couvrir, voiler, cacher; empêcher de voir ou de connaître une chose; ignorant, qui commence à apprendre, peu intelligent; tromper, outrager; recevoir, avoir reçu, être redevable, être reconnaissant. | 古 † **kòu.** Mongol. 滿 | 漢 **Màn** † **Hán** Les Mandchoux, les Mongols et les Chinois.

閤 Hŏ. Battant de porte, fermer; tout, entier.

邑 Ĭ. Ville; circonscription, royaume, province, préfecture, sous-préfecture.

歉 K'iòn. Manque, défaut, pénurie.

第三部分 谕旨与奏书

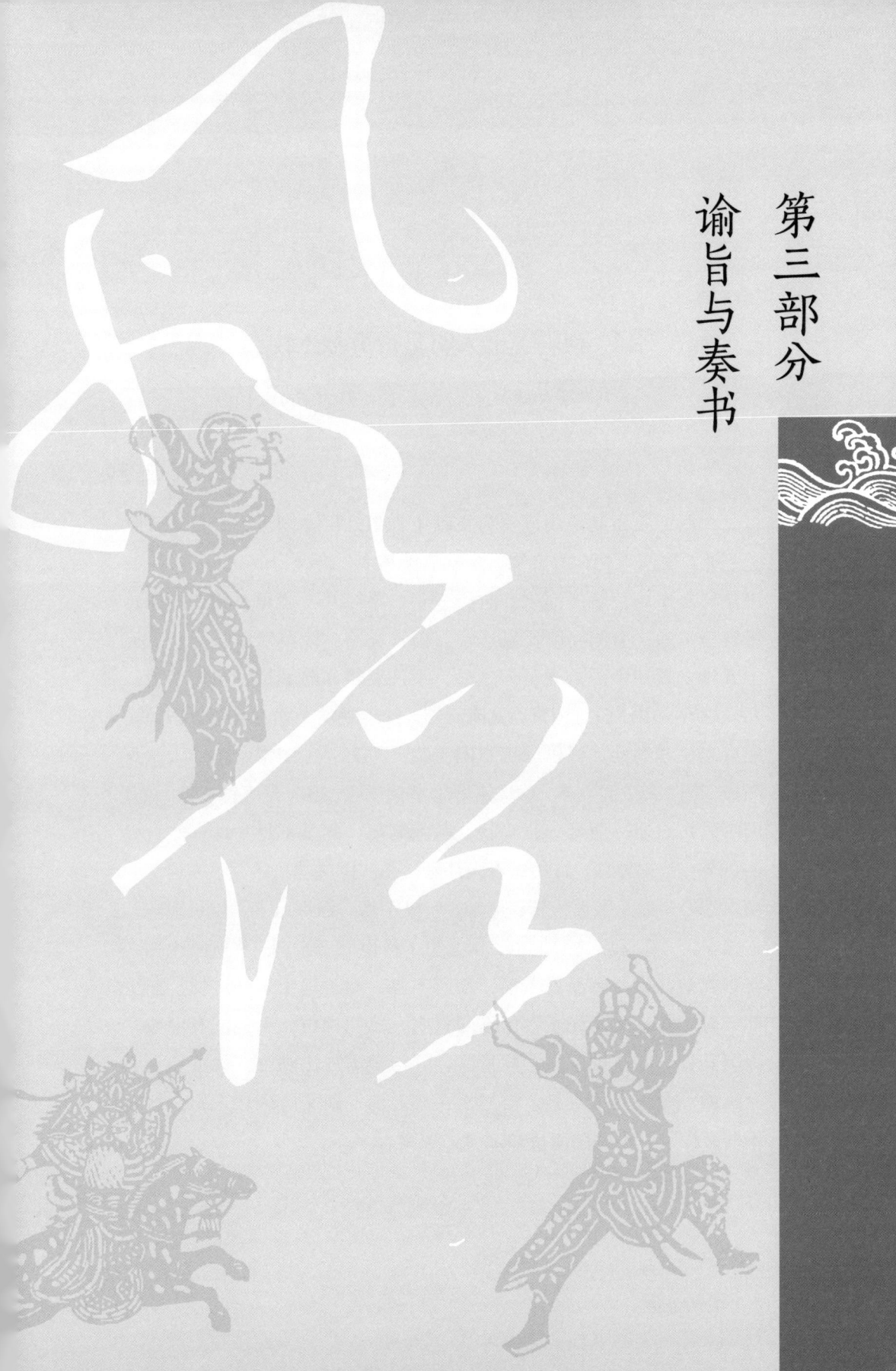

24. 利玛窦上大明皇帝贡献土物奏

利玛窦抵达北京（1601 年 1 月 28 日）

大西洋陪臣利玛窦谨奏为贡献土物事。臣本国极远，从来贡献所不通。逖闻天朝声教文物，窃欲沾被其余，终身为氓，庶不虚生。用是辞离本国，航海而来。时历三年，路经八万余里，始达广东。缘音译未通，有同喑哑，僦居学习语言文字。淹留肇庆、韶州二府十五年，颇知中国古先圣人之学，于凡经籍亦略诵记，粗得其旨。乃复越岭，由江西至南京，又淹五年。伏念堂堂天朝方且招徕四夷，遂奋志径趋阙廷。谨以原携本国土物：所有天主图像一幅、天主母图像二幅、天主经一本、珍珠镶嵌十字架一座、报时自鸣钟二架、《万国图志》一册、西琴一张等物，敬献御前。此虽不足为珍，然自极西贡至，差觉异耳，且稍寓野人芹曝之私。臣从幼慕道，年齿逼艾，初未婚娶，都无系累，非有望幸。所献宝像，以祝万寿，以祈纯嘏，佑国安民，实区区之忠悃也。伏乞皇上怜臣诚悫来归，将所献土物，俯赐收纳。臣益感皇恩浩荡，靡所不容，而于远臣慕义之忱，亦少伸于万一耳。又臣先于本国忝与科名，已叨禄位。天地图及度数，深测其秘。制器观象，考验日晷，并与中国古法吻合。倘蒙皇上不弃疏微，令臣得尽其愚，披露于至尊之前，斯又区区之大愿。然而不敢必也，臣不胜感激待命之至。谨奏。

ÉDITS ET MÉMORIAUX

大西洋陪臣利瑪竇奏爲貢獻土物事。臣本國極遠，從來貢獻所不通逖聞
天朝聲教文物，竊欲霑被其餘，終身爲氓，庶不虛生。用是辭離本國，航海而來，時歷三年，路經八萬餘里，始達廣東。緣音譯未通，有同喑啞。僦居學習語言文字，淹留肇慶韶州二府十五年。頗知中國古先聖人之學，於凡經籍亦略誦記，粗得其旨。乃復越嶺，由江西至南京，又淹五年。伏念堂堂
天朝方且招徠四夷，遂奮志徑趨闕廷。謹以原攜本國土物所有
天主圖像一幅，

1. Ex magno Occidente, additus servus, Riccius Matthæus reverenter ad Imperatorem scribit, tribuendarum et offerendarum suæ regionis rerum causa.

陪 P'éi. Suivre, accompagner, aider, compléter, suppléer, compenser, réparer, aide, second, adjoint, doublure. | 臣 † tch'ênn. Sujet ajouté, celui qui est venu se mettre au nombre des sujets, aide. Cf. 論語 Ch XVI, 2.

2. Servi tui propria regio summe remota est; hucusque tributa et oblata ex ea non venerunt. Procul audivi de imperialis curiæ famosis documentis, pulchris rebus. Immeritus optavi donatus accipere illorum (bonorum) reliquias, tota vita esse populi tui; sperans (fore ut) non inutilis viverem. Propterea valedicens reliqui propriam regionem, navigavi mare et veni. Temporis elabentibus tribus annis, itinere emensus octoginta millia amplius stadiorum, primum appuli ad Kouang toung provinciam.

竊 Ts'iĕ. Dérober, usurper, prendre la liberté de, indigne, votre humble serviteur.

霑 Tchēn. Mouillé, recevoir un bienfait.

3. Primum, vocum significatione non intellecta, eram similis muto. Conducta habitatione, discens studui vocibus et litteris. Moratus sum Tchao k'ing et Chao tcheou in duabus urbibus,

天主母圖像二幅、天主經一本、珍珠鑲嵌十字架一座、報時自鳴鐘二架、萬國圖誌一册、西琴一張、等物敬獻御前。此雖不足爲珍、然自極西貢至、差覺異耳。且稍寓野人芹曝之私。臣從幼慕道、年齒逼艾、初未婚娶、都無繫累、非有望幸、所獻寶像、以祝萬壽以祈純嘏佑國安民實區區之忠悃也伏乞

皇上憐臣誠慇來歸、將所獻土物、俯賜收納。臣益感

皇恩浩蕩靡所不容。而於遠臣慕義之忱、亦少伸於萬一耳。又臣先於本國忝與科名、已叨祿位、天地圖及度數深測其秘、製器觀象、考驗

et notationem unam, europæam citharam unam, hujusmodi res, venerabundus offero coram Imperatore.

闕 K'iuĕ. Porte d'un palais, d'une grande maison, d'un cimetière,... trône impérial, empereur.

幅 Fóu. Largeur d'une pièce d'étoffe; particule numérale des pièces d'étoffe, des cartes géographiques,...

鑲 Siāng. Enchâsser, ajouter une bordure de métal ou d'étoffe.

嵌 K'iĕn. Tomber dans une fosse, enchâsser.

耳 Eùl. Oreille; particule qui sert à former des diminutifs, un peu.

5. Illa licet non tanta sint quæ censeantur pretiosa, tamen, ex extremo Occidente offerenda quum veniant, præter solitum videbuntur rara aliquantulum. Insuper paululum significabunt rustici hominis, qui offert nasturtium aut solis calorem, animum.

芹 K'in. Cresson. 獻|(呂氏秋書) Hién†. Offrir du cresson; petit présent.

曝 Pôu. Soleil dardant ses rayons. 獻|(列子) Hién†. Offrir la douce chaleur du soleil: petit présent offert par un homme pauvre.

齒 Tch'eŭ. Dent, âge.

艾 Ngái. Armoise, absinthe; plus d'à moitié écoulé, vieillesse, fin.

6. Servus tuus a puero appetiit virtutem. Anni mei labentes ad exitum pervenerunt. Nunquam uxorem duxi;

日暑並與中國古法吻合倘蒙
皇上不棄疎微令臣得盡其愚披露於至尊之前、
斯又區區之大願。然而不敢必也。臣不勝感
激待命之至謹奏.

臣惟臣監之曆法、乃堯舜相傳之法也.
皇上所正之位乃堯舜相傳之位也、
皇上所承之統、乃堯舜相傳之統也、
皇上頒行之曆應用堯舜之曆。
皇上事事皆法堯舜豈獨於曆有不然哉。今南懷
仁天主教之人也。焉有法堯舜之
聖君、而法天主教之法也。南懷仁欲毀堯舜相傳
之儀器以改西洋之法也。夫西洋至我

9. Si impetrabo ut Imperator, non respuens me imperitum et humilem, faciat ut possim impendere meum ignarum animum, eumque exserere ac ostendere coram altissimo principe, illud etiam est servuli tui magnum votum. Attamen non ausim quidquam pro certo promittere. Servus tuus gratissimo animo est, et exspectat mandatum tuum vehementer. Reverenter scripsi.

暑 **Kouèi**. Ombre d'un corps, gnomon, cadran solaire.

勝 **Chéng**. Vaincre, surpasser, excellent. || **Chēng**. Être capable de porter un fardeau, de remplir une fonction, de dire ou d'exécuter entièrement.... 不 | **Pŏu** †. Ne pouvoir, n'être pas digne; au-delà des forces, au plus haut degré.

II. 1. Servus tuus considerat sui Tribunalis astronomicas rationes esse ab Iao et Chouenn traditas rationes; Imperator qua præest dignitatem esse ab Iao et Chouenn traditam dignitatem; Imperator quod accepit imperium esse ab Iao et Chouenn traditum imperium; Imperatorem, ad diffundendam temporum rationem, consentaneum esse uti Iao et Chouenn temporum ratione. Imperator in omni re semper imitatur Iao et Chouenn; cur solum de temporum ratione faceret alio modo?

歷 **Lì**. Passer, s'écouler, traverser,

25. 钦天监改历正朔及监职任免事宜

改历正朔（1669年1月）

钦天监杨光先奏疏

臣惟臣监之历法，乃尧舜相传之法也。皇上所正之位，乃尧舜相传之位也。皇上所承之统，乃尧舜相传之统也。皇上颁行之历，应用尧舜之历。皇上事事皆法尧舜，岂独于历有不然哉？今南怀仁，天主教之人也。焉有法尧舜之圣君，而法天主教之法也？南怀仁欲毁尧舜相传之仪器，以改西洋之仪器。夫西洋至我大清国相去八万里，星宿宫度自然各别，岂可以八万里之外国，而毁我尧舜之仪器哉？使尧舜之仪器可毁，则尧舜以来之诗书、礼乐、文章、制度，皆可毁矣。此其人只可称"制器精巧之工匠"，而不贯穿于圣贤之道理；只知说无根之天话，而不知合理数之精微。若用其人，臣未见其可也。

康熙谕旨

奉旨："历法已令诸王、贝勒、大臣等会议。杨光先若实有所见，应于众议之处说出。且前有历法关系国家要务，尔等切勿各执己见之旨甚明。杨光先不候定议，遽称为不可用，阻挠具奏，殊为可恶，理应从重处治。姑从宽免，着饬行该部知道。钦此。"

聖君。而法天主教之法也。南懷仁欲毀堯舜相傳之儀器以改西洋之儀器夫西洋至我

皇上事事皆法堯舜。豈獨於歷有不然哉今南懷仁天主教之人也。爲有法堯舜相傳

皇上頒行之歷。應用堯舜之歷。

皇上所承之統乃堯舜相傳之統也。

皇上所正之位乃堯舜相傳之位也。

臣惟臣監之歷法乃堯舜相傳之法也。

皇上不棄疎微令臣得盡其愚披露於至尊之前。斯又區區之大願然而不敢必也。臣不勝感激待命之至謹奏。

日晷並與中國古法吻合倘蒙

---

9. Si impetrabo ut Imperator, non respuens me imperitum et humilem, faciat ut possim impendere meum ignarum animum, cumque exserere ac ostendere coram altissimo principe, illud etiam est servuli tui magnum votum. Attamen non ausim quidquam pro certo promittere. Servus tuus gratissimo animo est, et exspectat mandatum tuum vehementer.

Reverenter scripsi.

晷 **Kouèi**. Ombre d'un corps, gnomon, cadran solaire.

勝 **Chéng**. Vaincre, surpasser, excellent. ǁ **Chēng**. Être capable de porter un fardeau, de remplir une fonction, de dire ou d'exécuter entière-ment.... 不 ǀ **Pŏu** †. Ne pouvoir, n'être pas digne; au-delà des forces, au plus haut degré.

II. 1. Servus tuus considerat sui Tribunalis astronomicas rationes esse ab Iao et Chouenn traditas rationes; Imperator qua præest dignitatem esse ab Iao et Chouenn traditam dignitatem; Imperator quod accepit imperium esse ab Iao et Chouenn traditum imperium; Imperatorem, ad diffundendam temporum rationem, consentaneum esse uti Iao et Chouenn temporum ratione. Imperator in omni re semper imitatur Iao et Chouenn; cur solum de temporum ratione faceret alio modo?

歷 **Li**. Passer, s'écouler, traverser,

大清國相去八萬里、星宿宮度自然各別。豈可以八萬里之外國。而毀我堯舜之儀器哉。使堯舜之儀器可毀。則堯舜以來之詩書禮樂文章、制度皆可毀矣。此其人祇可稱製器精巧之工匠。而不貫穿於聖賢之道理祇知說無根之天話。而不知合理數之精微。若用其人、臣未見其可也。奉旨。歷法已令諸王貝勒大臣等會議。楊光先若實有所見應於衆議之處說出且前有歷法關係國家要務爾等切勿各執己見之旨甚明。楊光先不候定議遽稱爲不可用阻撓具奏殊爲可惡。理應從重處治。姑從寬免、着飭行、該部知道。欽此。

3. Si Iao et Chouenn astronomica instrumenta delenda sint, tunc quæ Iao et Chouenn regibus posteriora sunt Carmina, Annales, Rituum memoriale, Musicæ memoriale, litteraria opera, statuta legesque omnia delenda sunt.

儀 Î. Règle, forme, modèle, ressemblance, image.

4. Ille homo solum laudandus est ut fabricandorum instrumentorum peritus et ingeniosus artifex; sed non penitus intelligit sapientium virorum præcepta. Solummodo scit loqui inania de cælo verba, sed ignorat obsequentis rationi computationis subtiles arcanasque leges. Quod attinet ad adhibendum illum hominem, servus tuus non censet illum idoneum esse.

製 Tchéu. Tailler un vêtement; inventer, invention, prendre l'initiative, faire, composer.

貫 Kouán. Passer à travers, pénétrer, transpercer, enfiler, objets enfilés ensemble, collier de perles,... série, enchainement, relation, accoutumé.

穿 Tch'ouēn. Ouvrir un passage, percer, enfiler, pénétrer, mettre un vêtement. || Tch'ouén. 串貫 Connaitre parfaitement.

精 Tsīng. Grain de choix; excellent, parfait, subtil, fin, délicat, perspicace.

5 Acceptum est decretum: « De temporum ratione jam jusseram primi secundique ordinis principes, tertii

南怀仁奏疏

远西臣南怀仁谨奏:"为遵旨查对历本,谨据实列册回奏事。本年十一月二十六日,蒙皇上发下钦天监监副吴明烜所造康熙八年《七政民历》二本,着臣查对差错。窃念臣远方孤旅,荷蒙皇上特知之隆,敢不竭力殚心,以求无负我皇上宪天授时之至意?今以臣所推历法,查对本历所载,相去甚远。臣自幼学道,口不言人之短长。兹奉上谕,以《七政民历》着臣查对,不敢不据实开晰明白,免蹈失实之咎。谨将列册一本,并钦发《七政民历》二本,一并缴呈御览,仰凭乾断。臣无任战栗恐惧之至。"

遠西臣南懷仁謹

奏、爲遵

旨查對歷本、謹據實列册回奏事。本年十一月二十六日

蒙

皇上發下欽天監監副吳明烜所造康熙八年七政民歷二本、着臣查對差錯竊念臣遠方孤旅、荷蒙

皇上憲天授時之至意、今以臣所推歷法、查對本歷所載、相去甚遠。臣自幼學道、口不言人之短長、茲奉

上諭、以七政民歷着臣查對、不敢不據實開晰明白、冤蹈失實之咎、謹將列册一本、并

欽發七政民歷二本、一併繳呈

御覽、仰懇

乾斷。臣無任戰慄恐懼之至。

---

8. Longinquus occidentalis servus Nan Houai jenn reverenter scribit litteras; ad (consequendum), obsequenter regiæ voluntati, inspectis calendarii codicibus, reverenter juxta veritatem ordinato libello reddendi responsi effectum.

9. Hujus anni undecimi mensis vigesimo sexto die, accepi ab Imperatore missos deorsum illos, quos astronomicarum observationum præsidis adjutor Ou Ming hiuen confecit, K'ang hi octavi anni solis lunæque et quinque planetarum popularis calendarii duos codices; (et accepi) mandatum ut servus inspiceret conferens an quid erraret.

欽天監 K'ing t'iēn kién. Observation respectueuse des phénomènes célestes; Bureau chargé des observations astronomiques ou Tribunal des mathématiques.

副 Fóu. Aide, second. 監 Kién.
Aide de l'observateur principal.

政 Tchéng. Administration. 七

吏部回复

和硕康亲王臣杰淑等题，为遵旨查对等事。十二月二十六日奉旨："历法关系重大。着议政王、贝勒、大臣、九卿、科道、掌印不掌印官员，会同确定具奏，册并发该部知道。钦此。"钦遵臣等会议得，据南怀仁所称，"吴明烜推算历日种种差错之处，皆系精微"。其是非一时遽难定议，必须差委测验大臣，同钦天监马祜等，将南怀仁、吴明烜推算历日内，可以测验之数款，谁人合天象、不合天象之处。测看完日，再议具题。差委大臣职名，该部具题。可也。

和碩康親王臣傑淑等

題爲遵

旨查對等事。十二月二十六日奉

旨。歷法關係重大。着議政王、貝勒、大臣、九卿、科道、
掌印不掌印官員會同確定具奏。册併發該部
知道欽此欽遵臣等會議得。據南懷仁所稱吳
明烜推算歷日種種差錯之處。皆係精微。其
是非一時遽難定議。必須差委測驗大臣同
欽天監馬祜等將南懷仁吳明烜推算歷日
內。可以測驗之數欽誰人合天象不合天象
之處。測看完日。再議具題。差委大臣職名。該
部具題可也。

13. Mandchou K'ang primi ordinis princeps, servus tuus, nomine Kie chou, et alii litteras scribunt, de (agendo), obsequenter regiæ voluntati, inspectionis et collationis negotio.

14. Duodecimi mensis vigesimo sexto die acceptum est mandatum: « Temporum ratio est maximi momenti. Jubeo eos qui solent deliberare de rebus publicis, primi et secundi ordinis principes, tertii ordinis principes et magnos præfectos, novem Tribunalium supremorum præsides, supremorum Tribunalium et provinciarum censores sive utentes sive non utentes publico sigillo præfectos, convenientes certo statuere, et scribere ad me litteras; (calendarii) codices conjunctim mitti (ad illos).

Idoneum Tribunal (rituum) moneatur. « Reverenda sunt hæc.

科 K'ouŏ. 六 | Lôu †. Six bureaux de censeurs chargés de contrôler les actes des 六 部 lôu póu six ministères. Les présidents portent le titre de 給事中 Ki chóu tchöung.

道 Taó. Circonscription, province. Cinquante-six 御史 iú chèu censeurs contrôlent les actes des officiers établis dans les provinces. Ils sont divisés en quinze bureaux correspondant à quinze taó qui embrassent toute la Chine proprement dite. Les environs de la capitale forment une circonscription à part, nommée 京畿道 King k'i taó.

科道 Cette expression désigne les deux classes de censeurs.

吴明烜被革去钦天监副职

和硕康亲王臣杰淑等题，为遵旨查对等事。臣等会议得，南怀仁因吴明烜推算历日差错，具题之处，奉旨差出大臣，赴观象台测验。立春、雨水、太阴、火星、木星，南怀仁测验，与伊所指仪器，逐款皆符。吴明烜测验，逐款皆错。南怀仁测验既已相符，应将康熙九年一应历日，交与南怀仁推算。吴明烜交与吏部议处。南怀仁应授钦天监何官，听礼部请旨具题，可也。康熙八年二月初五日礼部题，为遵旨查对等事。康熙八年正月二十六日奉旨："南怀仁授钦天监何官，着礼部议奏。钦此。"钦遵臣等会议得，前奉旨差出大臣二十员，赴台测验，逐款皆符；吴明烜测验，逐款皆错。据监正马祐、监副宜塔喇供称，"同奉旨差出大臣二十员，赴台测验，南怀仁所算，逐款皆符；吴明烜所算，逐款皆错""南怀仁所算历日想必是"等语。又据监副胡振钺、李光显供称，"看赴台测验，吴明烜的错，南怀仁的合天象"等语。前因百刻历日，自尧舜以来行之已久，准行在案。今南怀仁推算九十六刻之法，既合天象，自康熙九年起，应将九十六刻之法推行，一应历日，俱交与南怀仁。据杨光先供内，"以百刻推算系中国之法，以九十六刻推算系西洋之法，若将此九十六刻历日颁行，国祚短了""如用南怀仁，不利子孙"等语。查杨光先职司监正，历日差错之处，并不能修理。既屡以推算历日差错，不合天象具题。今将合天象之历日，又坚执西洋之法不可用，大言妄称国祚，情罪重大。为此相应将杨光先革职，交与刑部从重议罪，可也。二月初七日奉旨："杨光先本当依议交与刑部，从重治罪，云云。依议着革职。姑从宽，免交刑部。钦此。"

和碩康親王臣傑淑等

題．爲遵

旨查對等事。臣等會議得南懷仁，因吳明烜推算歷日差

旨差出大臣赴觀象臺測驗立春雨水太陰火星木星南

錯具題之處奉

懷仁測驗與伊所指儀器逐欵皆符。吳明烜測驗逐

欵皆錯南懷仁測驗既已相符應將康熙九年一應

歷日交與南懷仁推算吳明烜交與吏部議處。南懷

仁應授欽天監何官聽禮部請

旨具題可也。

康熙八年二月初五日禮部

題爲遵

旨查對等事。康熙八年正月二十六日奉

---

17. Mandchou K'ang primi ordinis princeps, servus tuus, Kie chou nomine, et alii, litteras scribunt, de (peracto), obsequenter voluntati regiæ, inspectionis et collationis negotio.

18. Servi tui convenerunt, deliberarunt, et compererunt (quæ sequuntur). A Nan Houai jenn propter Ou Ming hiuen in computato calendario errores scriptis litteris notata loca, acceptum est decretum ut delegati emitterentur magni præfecti, qui irent ad astronomicam speculam et explorantes recognoscerent. Quod attinet ad initium veris, pluvialis aquæ tempus, lunam, Martis et Jovis stellas, Nan Houai jenn (computationes), exploratione recognitæ (a nobis), cum illis quæ ipse monstravit astronomicis instrumentis, singulæ et omnes concordant; Ou ming hiuen (computationes) exploratione recogniæ, singulæ et omnes aberrant.

象 Siáng. Éléphant, ivoire; forme, image, figure, ressemblance,

旨。南懷仁授欽天監何官、著禮部議奏。欽此。欽遵臣等會

議得.前奉

旨差出大臣二十員、赴臺測驗、逐欽皆符、吳明烜測驗、逐

旨差出大臣二十員、赴臺測驗、南懷仁所算、逐欽皆符、吳

欽皆錯、據監正馬祜監副宜塔喇供稱同奉

明烜所算、逐欽皆錯.南懷仁所算歷日想必是等語。吳

又據監副胡振鉞、李光顯供稱、看赴臺測驗、吳明烜

的錯、南懷仁的合天象等語。前因百刻歷日、自虞舜

以來行之已久、准行在案。今南懷仁推算九十六刻

之法既合天象、自康熙九年起應將九十六刻之法

推行一應歷日、俱交與南懷仁、據楊光先供內、以百

刻推算係中國之法、以九十六刻推算係西洋之法、

若將此九十六刻歷日頒行、國祚短了、如用南懷仁、

22. Reverenter obsequentes servi tui couvenerunt, deliberarunt et compererunt (ea quæ sequuntur). Jam prius, accepto mandato, delegati et emissi magni præfecti viginti adeuntes speculum, exploratione recognoverunt (illius computationes) singulas et omnes esse rectas; Ou Ming hiuen (computationes) exploratione compererunt singulas et omnes esse falsas.

23. Habetur astronomiæ Tribunalis præsidis Ma Hou et vice-præsidis I T'a la testimonium, qui dicunt se, comitantes accepto mandato delegatos et emissos magnos præfectos viginti, ivisse ad speculum, explorasse et recognovisse; Ferdinadus Verbiest quas computavit, singulas res pariter esse rectas; Ou Ming hiuen quas computavit, singulas res pariter esse falsas; Ferdinandus quod computavit calendarium, se censere certo esse rectum. Ejusmodi verba.

供 Kōung. Exposer, étaler; offrir, fournir, aider; offrande, contribution,

旨。不利子孫等語。查楊光先職司監正,曆日差錯之處,並不能修理,既屢以推算曆日又堅執不合天象具題。今將合天象之曆日,又堅執西洋之法不可用。大言妄稱國祚,情罪重大。為此相應將楊光先革職,交與刑部從重議罪可也。二月初七日奉

旨。楊光先本當依議,交與刑部從重治罪云云。依議著革職。姑從寬免交刑部。欽此。

康熙八年二月二十九日奉

旨。前因曆法精微關係重大,曾有旨令吳明烜、懷仁等詳加對驗,毋得各執所能為是,有違正理。吳明烜既知其是不即以為是,依從仍執己

vulget, regni prosperitatem defecturam jam ; si adhibeat Ferdinandum Verbiest, non fortunaturum esse filios et nepotes. Ejusmodi verba.

27. Inspicientes videmus Iang Kouang sien, qui munere curat observationes præses, calendarii mendosa loca minime posse corrigere ; antea sæpe, ex eo quod computans calendarium erravit, nec convenit cælestibus phænomenis, scripsisse litteras ad Imperatorem ; nunc sumentem consentaneum cælestibus phænomenis calendarium, rursus pertinaciter contendere europæam rationem non esse adhibendam ; magnis verbis inaniter prætendere imperii felicitatem. Talis culpa gravis et magna est. Propter hoc consentaneum est Iang Kouang sien privare munere, tradere pœnarum Tribunali, quod de gravissima deliberet pœna ; decet.

祚 Tsóu. Bonheur, prospérité.

短 Touàn. Court, de peu de durée, défectueux, raccourcir, diminuer, faire défaut, blâmer, inculper, défaut, faute.

28. Secundi mensis septimo die acceptum decretum :

« Iang Kouang sien revera æquum est, ex consulto (Tribunalis rituum), tradere pœnarum Tribunali et gravi plectere pœna ; etc., etc. Ex consulto, jubeo eum exui munere. Interim indulgenter parco, ne tradatur pœnarum Tribunali. » Reverenda sunt hæc verba.

南怀仁被授为钦天监副职

康熙八年二月二十九日奉旨:"前因历法精微关系重大,曾有旨令吴明烜、南怀仁等详加对验,毋得各执所能为是,有违正理。吴明烜既知其是,不即以为是依从,仍执己之错处为是。本当依议革职,从重治罪。姑从宽免,仍留原任。以后着更改前非,实心实意与南怀仁商议,务求合于正理,以造历日。若复颠倒是非,明知其能而忌嫉之,从重治罪。钦此。"

康熙八年二月二十九日吏部题称,"臣等议得礼部疏称,再议得钦天监现有监副二员,应将南怀仁授以监副品级,管理监务,俟监副缺出,将南怀仁补授,请敕吏部题授"等语。相应将南怀仁授为钦天监监副职衔,同理监务,遇监副缺出,再行题补,可也。三月初一日奉旨:"依议,钦此。"

之錯處爲是。本當依議革職從重治罪姑從寬免仍留原任以後着更改前非實心實意與南懷仁商議務求合於正理以造歷日若復顛倒是非明知其能而忌嫉之從重治罪欽此。

康熙八年二月二十九日吏部題稱。臣等議得禮部疏稱再議得欽天監現有監副二員應將南懷仁授以監副品級管理監務俟監副缺出將南懷仁補授請旨欽天監監副職銜同理監務遇監副缺出再行題補可也。三月初一日奉

勅吏部題授。等語相應將南懷仁授爲欽天監監

旨依議此欽

30. « In posterum præcipio ut mutans vitet præterita peccata, sincero animo sinceraque mente cum Verbiest deliberet, nitatur et quærat obsequi rectæ rationi in conficiendo calendario. Si rursus conturbet vera et falsa, et clare cognoscens alterius peritiam, odio et invidia prosequatur eum, graviter punietur ejus culpa. »

Reverenda sunt hæc.

31. Servi tui deliberantes assecuti sunt (ea quæ sequuntur). Rituum Tribunal exponens dixit: « Iterum deliberantes arbitrati sumus, quum in astronomiæ Tribunali nunc sint vice-præsides duo, consentaneum esse Ferdinando Verbiest dare vice-præsidis gradum (non vero nomen seu titulum), ut curans componat astronomicas res; postquam vice-præses deficiens abibit, Ferdinando suffecto dare (vice-præsidis titulum). Rogamus Imperatorem ut jubeat civilium officiorum Tribunal proponere ut detur ei. » Hujusmodi verba.

疏 Chôu. Clair-semé, qui n'est pas dru, qui n'est pas serré; à jour, à claire-voie; éloigné, séparé par la distance ou par le temps, éloigner, relâcher, laisser aller; peu fréquent; interrompu; n'avoir aucune relation; désaccord, inimitié; négliger, estimer peu, mépriser, traiter sans respect; de mauvaise qualité, grossier, vil. ‖ Chóu. Explication détaillée, récit.

刑部提请流放吴明烜

钦天监监正臣马祜谨题，为特参欺诳监副，伏乞敕部处分事。窃惟历官治法，欲合天象，法器自当相合；人臣供职，欲取实效，言行自应相符。监副吴明烜，向因妄奏水星出现，已经拟绞，适遇恩赦获免。又于上年十一月内，在皇上御前，面奏会算勾股表影，及同诸大臣临期测验，又称其实不会，此言不顾行者也。今年正月内，皇上特遣大臣公同测验，彼以回回三百六十度之法，妄测于三百六十五度之仪，此器不合法者也。又黄道宿度，与赤道宿度，各有长短不同。明烜乃以黄道所推七政，用赤道之仪测之，此又器不合法者也。明烜始而毁古法差讹，称回回法善，及用回回法测验，全不合天。复称"古法尧舜相传，岂可废置？"似此恣意妄言，扰乱历典，得蒙皇上宽宥，奉有严旨在案，明烜自应洗心改过，以图报效。乃欺诳性成，怙终不改。本月二十四日，同臣等启奏。皇上面问："南怀仁所推天象，尔会算否？"明烜不会算，又复妄奏会算。君父之前，毫无忌惮，妄肆欺诳。臣等实不能为彼掩也。谨据实题参，伏乞皇上敕部处分，以儆欺诳。谨题。奉旨："吴明烜着革了职，刑部严加议罪，具奏。钦此。"

臣等看得监正马祜等参疏内，称吴明烜向因妄奏水星出现，已经拟绞，适遇恩赦获免。嗣于君父面前毫无忌惮、妄肆欺诳等情。吴明烜不会推天象，皇上问时，谎奏会算是真。查律："凡对制及奏事上书，诈不以实者，杖一百，徒三年。"吴明烜应照律拟。但吴明烜先因妄奏水星出现，拟绞；今经复用，既实不会推天象，皇上问时，不将伊不会情由，据实回奏，反又妄称会算，肆行欺诳。

应将吴明烜，不准折赎，责四十板，并妻子流徙宁古塔，可也。康熙八年七月二十九日奉旨："吴明烜姑从宽免流徙，着责四十板。钦此。"

欽天監監正臣馬祜謹

題。爲特參欺誑監副。伏乞

勅部處分事。竊惟歷官治法。欲合天象。法器自當相合。人

臣供職。欲取實效。言行自應相符。監副吳明烜向因

妄奏水星出現。已經擬絞適遇

恩敕獲免。又於上年十一月內在

皇上御前面奏會算勾股表影及同諸大臣臨期測驗。又

稱其實不會。此言不顧行者也。今年正月內

皇上特遣大臣公同測驗。彼以回回三百六十度之法妄

測於三百六十五度之儀。此器不合法者也。又黃道

宿度與赤道宿度各有長短不同。明烜乃以黃道所

推七政。用赤道宿度之儀測之。此又器不合法者也。明烜

始而毀古法差訛。稱回回法善。及用回回法測驗。全

34. Astronomicarum observationum præses servus tuus Ma Hou reverenter scribit, ad (consequendum) unice accusandi fallacis et vaniloqui astronomicarum observationum vice-præsidis, et demisse rogandi ut jubeas Tribunal pœnarum statuere de ejus sorte, effectum.

參 Ts'ân. Trois personnes ou trois choses associées ou réunies; se trouver avec plusieurs autres; intervalle, séparation; délibérer avec d'autres; participer, aider; faire visite, saluer; accuser un officier.

35. Humilis servus considero a calendarii præfectis adhibitam rationem oportere concordare cum cælestibus phænomenis, rationem et instrumenta necessario inter se oportere concordare, ex regiorum ministrorum impletis officiis oportere obtinere verum effectum, verba et opera necessario oportere inter se concordare.

36. Observationum vice-præses Ou Ming hiuen, antea, quia falso monue-

不合天、復稱古法堯舜之傳、豈可廢置、似此恣意妄言、撓亂歷典得蒙
皇上寬宥奉有
嚴旨在案、明烜自應洗心改過以圖報効、乃欺誑性成、怙終不改、本月二十四日同臣等啟奏、
皇上面問南懷仁所推天象、爾會算否、明烜不會算、又復妄奏會算。
君父之前、毫無忌憚、妄肆欺誑、臣等實不能爲彼掩也、謹據實
題參伏乞
皇上勅部處分以儆欺誑謹
題奉
旨、吳明烜着革了職、刑部嚴加議罪具奏、欽此。

39. Ming hiuen initio deprimens dixit antiquas rationes esse vitiosas, et laudans dixit mahumetanorum rationes esse bonas (ipse gente mahumetanus). Quando, usus mahumetanorum rationibus, exploravit et recognovit, nihil conveniebat cum cælestibus. Rursus laudans dixit: «Antiquas rationes ab Iao et Chouenn traditas num decet abolere et linquere?» (Postquam) ita obsecutus genio suo inaniter locutus est, et miscuit perturbavitque astronomicæ computationis leges, assecutus est obtinere ab Imperatore veniam. Accepta et habita sunt severa decreta; exstant tabulæ.

恣 Tzéu. Suivre une mauvaise inclination, s'abandonner à une passion, laisser-aller, licence.

撓 Jaò. Troubler, molester, mettre le désordre.

40. Ming hiuen certe oportebat purgare animum et corrigere errata, atque ita quærere ut referret gratiam per merita. Sed fallacia et jactantia sua in

臣等看得監正馬祜等參疏內，稱吳明烜，向因妄奏水星出現，已經擬絞適遇
恩赦獲免嗣於
皇上面前時讀奏會算，是真查律凡對制及奏事上書詐不以實者，杖一百徒三年。吳明烜應照律擬。但吳明烜先因妄奏水星出現擬絞，今經復用，既實不會推
象
皇上問時不將併不會情由，據實回奏，反又妄稱會算，肆行欺詐，應將吳明烜不准折贖，責四十板并妻子流徙寧古塔可也。康熙八年七月二十九日奉
旨。吳明烜姑從寬免流徙，着責四十板欽此。

君父面前，毫無忌憚，妄肆欺詐等情。吳明烜不會推天象、
恩赦免嗣於
水星出現已經擬絞適遇

43. Servi tui legentes videre potuerunt in astronomicarum observationum præsidis Ma Hou et aliorum accusationis libello, dici Ou Ming hiuen olim, quia falso monuerat Imperatorem de Mercurii planetæ ortu et apparitione, jam judicatum esse strangulandum; forte occurrente benigna criminum abolitione, obtinuisse veniam; postea in principis patrisque conspectu, minime timentem nec verentem, stulte et libere mentitum esse ac se jactasse. Ejusmodi res.

Ou Ming hiuen nescire computare cælestia phænomena, tamen, Imperatoris interrogantis tempore, falso respondisse se scire computare, est verum.

44. Inspecta lege, quisquis respondens interroganti Imperatori aut monens aliquid misso libello, fallens non utitur veris, plectitur fustis centum ictibus et exsulat tribus annis. De Ou Ming hiuen æquum est ex lege statuere. Sed Ou Ming hiuen prius, quia falso monuerat de Mercurii planetæ ortu et

26. 涉天主教民事件的处理

　　礼部等衙门尚书、降一级、臣顾八代谨题，为钦奉上谕事。该臣等会议得，查得西洋人仰慕圣化，由数万里航海而来。现今治理历法，用兵之际，力造军器火炮，差往阿罗素，诚心效力，克成其事，劳绩甚多。各省居住西洋人，并无为恶、乱行之处，又并非左道惑众，异端生事。喇嘛僧道等寺庙，尚容人烧香行走。西洋人并无违法之事，反行禁止，似属不宜。相应将各处天主堂，俱照旧存留，凡进香供奉之人，仍许照常行走，不必禁止。俟命下之日，通行直隶各省，可也。

　　康熙三十一年二月初三日会题。本月初五日奉旨。依议。

禮部等衙門尚書降一級、臣顧八代謹
題為欽奉
上諭事該臣等會議得查得西洋人仰慕
聖化由數萬里航海而來現今治理歷法用兵之際力造
軍器火砲差往阿羅素誠心効力克成其事勞績甚
多。各省居住西洋人並無為惡亂行之處又並非左
道惑眾異端生事喇嘛僧道等寺廟尚容人燒香行
走。西洋人並無違法之事反行禁止似屬不宜相應
將各處
天主堂俱照舊存留凡進香供奉之人仍許照常行走不必
禁止俟
命下之日通行直隸各省可也。
旨依議。康熙三十一年二月初三日會題。本月初五日奉

III. 1. Rituum Tribunalis aliorumque Tribunalium præses, demissus uno gradu, servus tuus Kou Pa·tai reverenter scribit de reverenter accepti regii edicti negotio.

2. Supradictus servus tuus ejusque collegæ convenire ac deliberare potuerunt. Inspicientes compererunt occidentales homines, suspicientes ac amantes sapientissimorum Imperatorum instituta, ex pluries decem millibus stadiis, trajecto mari, venisse; nunc curantes perficere temporum rationem; utendi armis tempore, laborantes fabricasse militaria instrumenta, bellica tormenta; legatos ivisse ad Russiacos; sincero animo exseruisse vires, et potuisse componere illa negotia. Opera meritaque plurima sunt.

慕 Móu. Aimer et chercher à imiter, désirer, regretter.

化 Houá. Changer, réformer.

3. In quacumque provincia morantur Europæi, prorsus nullus est in quo

道光二十六年正月二十五日奉上谕。"前据耆等奏学习天主教为善之人，请免治罪。其设立供奉处所、会同礼拜、供十字架图像、诵经讲说，毋庸查禁。均已依议行矣。天主教既系劝人为善，与别项邪教迥不相同。业已准免查禁。此次所请，亦应一体准行。所有康熙年间各省旧建之天主堂，除改为庙宇民居者，毋庸查办外，其原旧房屋，如勘明确实，准其给还该处奉教之人。至各省地方官，接奉谕旨后，如将实在习学天主教，而并不为匪者，滥行查拿，即予以应得处分。其有借教为恶，及招集远乡之人，勾结煽诱，或别教匪徒假托天主教之名，借端滋事，一切作奸犯科，应得罪名，俱照定例办理。仍照现定章程，外国人概不准赴内地传教，以示区别。将此谕令知之。钦此。"

道光二十六年正月二十五日奉

上諭。前據耆等奏學習天主教為善之人請免治罪。其設立供奉處所會同禮拜供十字架圖像誦經講說毋庸查禁均已依議行矣。天主教既係勸人為善與別項邪教迴不相同業已准免查禁。此次所請亦應一體准行。所有康熙年間各省舊建之天主堂除改為廟宇民居者毋庸查辦外其原舊房屋如勘明確實准其給還該處奉教之人至各省地方官接奉諭旨後如將實在習學天主教而並不為匪者濫行查拏即予以應得處分。其有藉天主教為惡及招集遠鄉之人勾結煽誘或別教匪徒假託天主教之名藉端滋事一切作奸犯科應得罪名俱照定例

5. Tao kouang 26 an. 1 mens. 25 die acceptum edictum. Antea acceperam a K'i (Kouang toung et Kouang si prætore) et aliis litteras, quibus testabantur eos qui discunt et sequuntur cæli Domini doctrinam, esse probos homines; rogabant ne plecterentur pœna. (Dicebant) eos instituere ad offerendum et colendum loca et ædificia, convenientes simul rite adorare, exponere crucem pictasve imagines, recitare preces aut explicare doctrinam; non expedire inquirendo inhibere. Omnia illa jam ex consulto fiunt.

供 Kōung. Étaler, exposer, offrir.

6. Christiana religio quum pertineat ad hortandos homines ut faciant bonum, a cæteris pravis sectis longissime recedit; et jam concessi ne christiani inquirerentur aut inhiberentur. Hac vice illud quod oratores rogant, etiam congruum est totum annuere ut fiat.

體 T'ì. Corps; un ensemble, un tout complet; la substance ou la

总理各国事务衙门谨奏，为奏明请旨事。窃查传天主教一事，业经准令内地民人行习，并于上年十一月初二日钦奉谕旨："嗣后各该地方官，于凡交涉习教事件，务须查明根由，持平办理。如习教者果系安分守己，谨饬自爱，则同系中国赤子。自应与不习教者一体抚字，不必因习教而有所刻求。等因。钦此。"钦遵行知各省督抚遵办，在案。嗣据法国钦差大臣布尔布隆照会内，称前此各省所以办理不协之故，皆因民间祈神、演戏、赛会等费，向非民教所应出，乃该地方官务令习教与不习教者，一律摊派。教民心实不愿。请行令各该地方官，以后勿再摊派。并据面称传教士，皆系端方之人。谒见地方官，务须示以体面，等语。臣等伏查各省习教民人，虽习天主之教，犹是中国之民，并据法国钦差大臣布尔布隆声称，该教劝人道理，无非尊崇君王、谨守中国法度，等语。自应一律体恤，以示一视同仁之意。况祈神、赛会等事，并非正项差徭可比。该教民既不愿摊派，自未便过为勉强，以致重拂舆情。臣等业已行文各省，以后凡习教之人，于一切应出钱文之事，除正项差徭外，其余祈神、演戏、赛会等费，该教民既不愿与不习教者一律同出，即可免其摊派。至所请传教士谒见地方官，务须示以体面一层。传教士系外国推重之人，地方官自应待以体面，亦经行令各督抚转饬照办。兹复据法国钦差大臣布尔布隆声称，各省接奉前次谕旨并总理衙门咨文后，于凡交涉教民事件，仍未能恪遵办理。臣等查各省地方官办事每多拘泥。法国钦差大臣布尔布隆所称，于接奉谕旨及臣衙门咨文后，未尽认真办理，此等情形，恐亦势所不免。应再请旨饬令各督抚转饬地方官，务照前咨，于凡交涉教民事件，务须迅速持平办理，毋得意为轻重,亦毋得故为迟延,致令教民屈抑。再《法国条约》第十三款内,"所有或写或刻,奉禁天主教各明文,无论何处,概行宽免"等语。查此数语系指从前所奉禁止天主教各文件而言。现在天主教既已弛禁,所有各项明文,已在毋庸议之列。应请查明,一律革除。嗣后如修新例,不再增刊此等禁止明文,并将旧例所载,全行删去。仍将条款内宽免字样,改为革除。庶于此条上下文义,较为联贯。是否可行之处,伏乞皇上训示遵行。谨恭折具奏,请旨。

總理各國事務衙門謹

奏、為奏明請

旨事。竊查傳

天主教一事業經准令內地民人行習,並於上年十一月初二日欽奉

諭旨。嗣後該地方官,於凡交涉習教事件,務須查明根由,特平辦理。如習教者果係安分守己、謹飭自愛,則同係中國赤子,自應與不習教者一體撫字,不必因習教而有所刻求,等因。欽此。欽遵行知各省督撫遵辦在案。嗣據法國欽差大臣布爾布隆照會內稱:前此各省所以辦理不協之故,皆因民間祈神演戲賽會等費辦理,仍照現定章程,外國人概不准赴內地傳教,以示區別。將此諭令知之。欽此。

結 Kié. Nouer, lier, attacher, associer, s'attacher, s'unir, adhérer, se coaguler; contracter un engagement, pacte, contrat; terminer une affaire.

10. Ut olim, juxta nunc statutas præscriptiones, exteræ gentis hominibus generatim non conceditur ut eant in interiorem regionem et tradant doctrinam; idque ad ostendendum discrimen et distinctionem (inter Sinas et exteros). Hoc monitum (præfecti) faciant ut omnes noscant. » Reverenda sunt hæc.

11. Universim curans Sinarum cum singulis exteris regnis negotia Tribunal reverenter scribit, monendi clare et rogandi decreti causa.

12. Infimi servi inspicientes reperimus, de propagandæ catholicæ religionis toto illo negotio, jam concessum esse ut inducerentur interioris regionis incolæ ad illam exercendam. Insuper, superioris anni undecimi mensis secundo die, reverenter acceptum est regium decretum:

天主之教猶是中國之民並據法國欽差大臣布爾布隆聲
稱該教勸人道理無非尊崇
君王．
人雖習

向非民教所應出，乃該地方官務令習教與不習教
者一律攤派，教民心實不願請行令各該地方官以
後勿再攤派並據面稱傳教士皆係端方之人謁見
地方官務須示以體面等語。臣等伏查各省習教民

之意況祈神賽會等事並非正項差徭可比該教民
謹守中國法度等語自應一律體邮以示一視同仁
既不願攤派自未便過為勉強以致重拂輿情。臣等
業已行文各省凡習教之人於一切應出錢文
之事除正項差徭外其餘祈神演戲賽會等費該教
民既不願與不習教者一律同出即可免其攤派至
所請傳教士謁見地方官務須示以體面一層傳教

祈 **K'i**. Prier le Ciel.

15. Servi tui prostrati considerant cujusque provinciæ christianos, etsi exercent christianam religionem, etiam esse Medii regui cives. Insuper audivimus Galliæ legatum ministrum Bourboulon voce dicentem illius religionis, ea quibus hortatur homines, præcepta nulla non esse ut reverentia ac honore prosequantur regem et superiores, diligenter servent Medii regni leges et statuta. Ejusmodi verba. Inde consentaneum est honestos viros; quum adeunt et invisunt locorum præfectos, curandum ostendere et adhibere honorificum modum. Ejusmodi verba.

方 **Fāng**. Carré. rectangulaire; lieu, terrain; régulier, correct, irréprochable; règle, moyen, méthode; distinguer, discerner, comparer; semblable, conforme, convenable; à l'instant même, ne faire que commencer.

謁 **Iĕ**. Faire connaître; faire visite, recevoir un visiteur.

士係外國推重之人地方官自應待以體面亦經行令各督撫轉飭照辦茲復據法國欽差大臣布爾布隆聲稱各省接奉前次

諭旨並總理衙門咨文後於凡交涉教民事件仍未能恪遵辦理臣等查各省地方官辦事每多拘泥法國欽差大臣布爾所稱於接奉

諭旨及臣衙門咨文後未盡認真辦理此等情形恐亦勢所不免應再請

旨飭令各督撫轉飭地方官務照前咨於凡交涉教民事件務須迅速持平辦理毋得意爲輕重亦毋得故爲遲延致令教民屈抑再法國條約第十三欸內所有

天主教各明文無論何處概行寬免等語查此數語係指從前所奉禁止

sunt locorum præfectos, curandum sit excipere illos honorifice, (quod attinet ad) illam rem, quoniam missionarii sunt quos exteræ gentes commendant et magni faciunt viri, locorum præfecti ideo debent tractare illos honorifice; etiam jam misimus mandata ad omnes tum generales tum particulares prætores, ut pro nobis jubeant juxta (illum modum) fieri.

層 Ts'êng. Étage, couche; superposé, répété; particule numérale des choses ajoutées ou superposées.

19. Nunc rursus accepimus a Galliæ legato Ministro Bourboulon dictum, postquam omnium provinciarum prætores traditum acceperunt antea pluries lata decreta, simul et exterarum rerum Tribunalis litteras, in omnibus attinentibus ad christianos rebus, sicut pius, (præfectos) nondum potuisse (animum inducere) ut omnino obsequenter gererent et componerent.

涉 Chě. Traverser l'eau à gué;

同治元年三月初六日，内阁奉上谕。"总理各国事务衙门奏请饬地方官，于交涉教民事件，迅速持平办理一折。前据该衙门具奏，法国天主教原以劝人行善为本，康熙年间，曾经准行，是以降旨，令地方官妥为办理。兹据该衙门奏称，前次明降谕旨之后，复经该衙门行文各省，地方官于奉文后，未尽认真妥办等语。着各该督抚转饬地方官，照依此次所奏，于凡交涉教民事件，务须迅速持平办理，不得意为轻重，以示一视同仁之意。折内所请各节，均着依议行。钦此。"

天主教各文件而言現在
天主教既已弛禁所有各項明文
應請查明一律革除嗣後如修新例不再增
刊此等禁止明文並將舊例所載全行刪去
仍將條欵欽內寬免字樣改為革除庶於此條
上下文義較爲聯貫是否可行之處伏乞
皇上訓示遵行謹恭摺具
奏請
旨。

同治元年三月初六日內閣奉
上諭。總理各國事務衙門奏請飭地方官於交涉
教民事件迅速持平辦理一摺前據該衙門具
奏法國
天主教原以勸人行善爲本。康熙年間。曾經准行有

屈 K'iŭ. Courber, plier, soumettre, humilier, affliger, opprimer, traiter injustement, contraindre, s'abaisser, daigner, inviter.

抑 Ĭ. Comprimer, opprimer, accabler, contraindre, vexer, abaisser, humilier, injustice, calomnie.

22. Præterea, in facti cum Gallia fœderis decimo tertio capite (dicitur): « Quas habent, sive scriptæ, sive incisæ (et impressæ), acceptæ quibus prohibetur christiana religio, omnes publicæ litteræ, in quocumque loco, simul indulgenter deponuntur (i. e. non erunt in usu). » Ejusmodi verba.

欵 K'ouàn. Désir, sincère, dévoué; article, paragraphe, objet, somme d'argent; ressource, moyen; particule numérale des affaires, des objets,...

23. Inspicientes comperimus illa aliquot verba ad designanda olim accepta, quibus prohibita est catholica religio, omnia edicta, dici. Nunc quum catholica religio jam desierit prohiberi, quas habemus, omnes publicæ litteræ jam inter illas, de quibus non agendum est, repositæ sunt. Æquum est rogare ut perquisitæ clare, pari modo deletæ tollantur; ut deinceps, si conficiatur novus codex legum, non incidantur hujusmodi prohibentes publicæ litteræ; et ut antiquus legum codex illæ quas continet, omnes deletæ tollantur; ut insuper, in fœderis capite, *indulgenter deponun-*

以降旨令地方官妥爲辦理茲據該衙門奏稱
前次明降諭旨之後復經該衙門行文各省地
方官於奉文後未盡認眞妥辦等語著各該督
撫飭飾地方官照依此次所奏於凡交涉教民
事件務須迅速持平辦理不得意爲輕重以示
一視同仁之意摺內所請各節均著依議行欽
此

同治九年六月初二日奉
上諭。前因天津地方有匪徒迷拐幼孩牽涉教堂
民間懷疑起釁將法國領事官羣毆斃命焚毀
教堂並斃命多人兼誤殺俄國商人情形甚屬
可憫業經降旨將崇厚及辦理不善之地方官

妥 **T'ouǒ**. Tranquille, paisible, en sûreté, ferme, solide, stable, bien conditionné, arranger convenablement.

27. « Nunc accipimus ab eodem Tribunali litteras quibus dicit, antea pluries palam datis edictis, rursus jam idem Tribunal misisse litteras in omnes provincias; locorum præfectos, acceptis litteris, nondum omnino inspexisse accurate, nec convenienter res composuisse. Ejusmodi verba.

28. « Jubemus omnium provinciarum tum generales tum particulares prætores pro nobis monere locorum præfectos, ut sequantur ea quæ hac vice proposita sunt nobis; in omnibus pertinentibus ad christianos rebus, conari oportere ut sine mora juxta æquitatem agant et componant; non licere ad libidinem facere res leviores aut graviores; ut ostendant unius in omnes existimationis et paris beneficentiæ propositum. In libello rogatæ res omnes volumus ut ex Tribunalis consulto fiant. « Reverenda sunt bæc.

平 **P'ing**. Horizontal, de niveau, de même hauteur, en équilibre, bien tempéré, égal, uniforme, uni, sans aspérité, juste, impartial, calme, paisible, ordinaire; commun, vulgaire; aplanir, mettre de niveau, peser, apprécier, tenir la balance égale, pacifier, soumettre, calmer.

均 **Kiūn**. Égal, uni, de niveau,

27. 彻查天津教案以解民疑

（1870年）

同治九年六月初二日奉上谕。"前因天津地方，有匪徒迷拐幼孩，牵涉教堂，民间怀疑起衅，将法国领事官群殴毙命，焚毁教堂，并毙命多人，兼误杀俄国商人，情形甚属可悯。业经降旨，将崇厚及办理不善之地方官，先行交部议处。仍令曾国藩确查具奏，并将迷拐人口匪徒，及为首滋事人犯，严查惩办。因思各国通商以来，遇有交涉事件，皆有条约可循。中外商民相安已久，朝廷一视同仁，但分良莠，不分民教，各处匪徒，如有影射教民，作奸犯科者，即应随时访拿，详细究明，从严惩办。岂可任令愚民传播谣言，妄行生事？此次天津既有民间滋闹之事，恐各省亦所不免，因此怀疑起衅。着各直隶督抚严饬所属地方官，务须剀切晓谕妥为弹压，并将各处通商传教地方随时保护，毋任愚民借端滋事。钦此。"

上諭。同治九年六月初二日奉

上諭。前因天津地方、有匪徒迷拐幼孩、牽涉教堂、民間懷疑起釁、將法國領事官羣毆斃命、焚毀教堂、並戕命多人、兼誤殺俄國商人、情形甚屬可憫、業經降旨、將崇厚及辦理不善之地方官、以降旨、令地方官安爲辦理、茲據該衙門奏稱、前次明降諭旨之後、復經該衙門行文各省地方官、於奉文後未盡認眞安辦等語、著各該督撫、轉飭地方官、照依此次所奏、於凡交涉教民事件、務須迅速持平辦理、不得意爲輕重、以示一視同仁之意、摺內所請各節、均著依議行、欽此。

妥 T'ouŏ. Tranquille, paisible, en sûreté, ferme, solide, stable, bien conditionné, arranger convenablement.

27. « Nunc accipimus ab eodem Tribunali litteras quibus dicit, antea pluries palam datis edictis, rursus jam idem Tribunal misisse litteras in omnes provincias ; locorum præfectos, acceptis litteris, nondum omnino inspexisse accurate, nec convenienter res composuisse. Ejusmodi verba.

28. « Jubemus omnium provinciarum tum generales tum particulares prætores pro nobis monere locorum præfectos, ut sequantur ea quæ hac vice proposita sunt nobis ; in omnibus pertinentibus ad christianos rebus, conari oportere ut sine mora juxta æquitatem agant et componant ; non licere ad libidinem facere res leviores aut graviores ; ut ostendant unius in omnes existimationis et paris beneficentiæ propositum. In libello rogatæ res omnes volumus ut ex Tribunalis consulto fiant. « Reverenda sunt hæc. .

平 P'ing. Horizontal, de niveau, de même hauteur, en équilibre, bien tempéré, égal, uniforme, uni, sans aspérité, juste, impartial, calme, paisible, ordinaire ; commun, vulgaire ; aplanir, mettre de niveau, peser, apprécier, tenir la balance égale, pacifier, soumettre, calmer.

均 Kiŭn. Égal, uni, de niveau,

先行交部議處、仍令曾國藩確查具奏、並將迷拐人口匪徒及爲首滋事人犯、嚴查懲辦。因思各國通商以來、遇有交涉事件、皆有條約可循。中外商民相安已久、朝廷一視同仁。但分良莠不分民教、各處匪徒、如有影射教民作奸犯科者、卽應隨時訪拏、詳細究明、從嚴懲辦、豈可任令愚民傳播謠言、妄行生事。此次天津旣有民間滋鬧之事、恐各省亦所不免。因此懷疑起釁、着各直隸督撫嚴飭所屬地方官、務須剴切曉諭、安爲彈壓、並將各處通商傳教地方、隨時保護、毋任愚民藉端滋事。欽此。

釁 Hín. Sacrifice sanglant, frotter un objet avec le sang d'une victime; fente, défaut, faute; désaccord.

2. Quocirca cogitamus, ex quo cum singulis gentibus commutantur merces, quoties accidit commune negotium, toties esse conventa servanda. Sinæ et exteri, tum mercatores tum populares, inter se conversantur pacifice jamdiu. Regia curia eodem modo considerat, pari beneficentia prosequitur omnes; solum discernit bonos et malos, non discernit populares et christianos.

莠 Ióu. Mauvaise herbe qui ressemble au millet; hypocrite, mauvais.

3. Inter cujusvis loci nefarios homines, si sint qui in umbra sagittis impetant christianos, agentes perfida violent leges; statim oportet juxta tempus inquirere, apprehendere, minuta cura scrutari et dispicere, severe corripere et punire. Num decet sinere illos facere ut rudis plebs diffundat seratque inanes rumores, stolide agat et commoveat tumultum?

播 Pouò. Semer, disperser, publier, bannir, rejeter.

謠 Iaó. Chanter seul; dire du mal, calomnie, mauvais bruit.

滋 Tzēu. S'étendre comme un liquide, croître, propager, beaucoup, arroser, imbiber, gratifier, protéger, souiller, suc, savoureux.

4. Hac vice, T'ien tsin quum fuerit in populo turbatio, timendum est ne in quaque provincia, quin possit vitari, propter hoc concipiantur suspiciones et oriatur discordia. Edicimus ut omnium recte subjectarum provinciarum (id est, decem et octo provinciarum Siniæ) prætores tum generales tum particulares districte moneant, quos subditos habent, locorum præfectos curare debere ut diligentissime significent, edicant

大学士、直隶总督、一等侯、臣曾国藩，兵部左侍郎、通商大臣、臣崇厚跪奏为查明天津滋事大概情形恭折，仰祈圣鉴事。窃臣国藩于六月初九日，静海途次，承准军机大臣字寄，六月初八日奉上谕。"曾国藩奏起程赴津、筹办情形一折，等因。钦此。"臣等伏查此案起衅之由，因奸民迷拐人口，牵涉教堂，并有挖眼剖心作为药材等语。遂致积疑生忿，激成大变，必须确查虚实，乃能分别是非曲直，昭明公道。臣国藩抵津以后，逐细研讯教民迷拐一节。王三虽经供认授药与武兰珍，然尚时供时翻。又其籍在天津，与武兰珍原供在宁津者不符，亦无教堂主使之确据。至仁慈堂查出男女一百五十余名口，逐一讯供，均称习教已久，其家送至堂中豢养，并无被拐情事。至挖眼剖心，则全系谣传，毫无实据。臣国藩初入津郡，百姓拦舆递禀数百人。亲加推问挖眼剖心有何实据，无一能指实者。询之天津城内外，亦无一遗失幼孩之家控告有案者。惟此等谣传，不特天津有之，即昔年之湖南江西，近年之扬州天门，及本省之大名广平，皆有檄文揭帖，或称教堂拐骗丁口，或称教堂挖眼剖心，或称教堂诱污妇女。厥后各处案虽议结，总未将檄文揭帖之虚实剖辨明白。此次详查挖眼剖心一条，竟无确据。外间纷纷言有眼盈坛，亦无其事。盖杀孩坏尸、采生配药，野番凶恶之族尚不肯为，英法各国岂肯为此残忍之行？以理决之，必无其事。天主教本系劝人为善。圣祖仁皇帝时，久经允行。倘戕害民生若是之惨，岂能容于康熙之世？即仁慈堂之设，其初意亦与育婴堂、养济院略同，专以收恤穷民为主，每年所费银两甚巨。彼以仁慈为名，而反受残酷之谤，宜洋人之忿忿不平也。至津民所以积疑生忿者，则亦有故。盖见外国之堂终年肩闭，过于密秘，莫能窥测底里。教堂、仁慈堂皆有地窟，系从他处募工修造者。臣等亲履被烧堂址，细加查勘，其为地窟，不过隔去潮湿，庋置煤炭，非有他用。而津民未尽目睹，但闻地窟深邃，各幼孩幽闭其中。又中国人民有至仁慈堂治病者，往往被留，不令复出。仁慈堂收留无依子女，虽乞丐、穷民及疾病将死者，亦皆收入。又堂中院落既多，或念经，或读书，或佣工，或医病，分类而处，有子在前院而女在后院。女在仁慈堂，而子在河楼教堂，往往经年不一相见。加以本年四五月间，有拐匪用药迷人之事。适于是时，堂中死人过多，由是浮言大起。本自熟闻各处檄文揭帖之言，信以为确据，而又积疑于中，各怀恚恨。迨至拐匪牵涉教堂，而众怒已不可遏。迨至府县赴堂查询王三，丰领事对官放枪，而众怒尤不可遏。是以万口哗噪，同时并举，猝成巨变。其浮嚣固属可恶，而其积疑则非一朝一夕之故矣。今既查明根原，惟有仰恳皇上明降谕旨，通饬各省，俾知从前檄文揭帖所称教民挖眼剖心、戕害生民之说，多属虚诬，布告天下，咸使闻知，一以雪洋人之冤，一以解士民之惑，并请将津人致疑之端，宣示一二。天津风气刚劲，人多好义，其仅止随声附和者，尚不失为义忿所激，自当一切置之不问。其行凶首要各犯及乘机抢夺之徒，自当捕拿严惩以儆将来。在中国戕官毙命尚当按名拟抵，况伤害外国多命，几开边衅，刁风尤不可长。记名臬司丁寿昌现署天津道缺，即以缉凶事件委之，该署道督同府县办理，当可胜任。至武兰珍犯供既已牵涉教堂，经臣崇厚饬令地方官赴堂查验，实为解释众疑起见。近日江南亦有教堂迷拐之谣，亦即如此办理。其后丰大业之死，教堂公馆之焚，变起仓猝，非复人力所能禁止。惟地方酿成如此巨案，究系官府不能化导于平时，不能预防于先事。现已将道、府、县三员，均行撤任，听候查办。由臣国藩拣员署理。其杀毙人口，现经确查姓名实数。惟仁慈堂尚有女尸五具未经寻获，其余均妥为棺殓，交英国领事官李蔚海收存。俄国之人，已由俄国领事官孔气验明掩埋。谨开列清单，恭呈御览。

法国公使罗叔亚业经到津，议及赔修教堂事宜，臣等拟即派员经理。余俟有端绪，续行陈奏。其误毙俄国之人命，误毁英美两国之讲堂，亦俟议结，另行具奏。所有查明大概情形，谨恭折先行会奏，伏乞皇太后、皇上圣鉴训示。谨奏。

ÉDITS ET MÉMORIAUX

上諭。

聖鑒事竊
奏爲查明天津滋事大概情形恭摺仰祈
兵部左侍郎通商大臣 臣崇厚跪
大學士直隸總督一等侯 臣曾國藩

軍機大臣字寄 臣國藩於六月初九日靜海途次承准
此。臣等伏查此案起釁之由因奸民迷拐人
曾國藩奏起程赴津籌辦情形一摺等因。欽
口等涉教堂並有挖眼剖心作爲藥材等語
遂致積疑生忿激成大變必須確查虛實乃
能分別是非曲直昭明公道。臣國藩抵津以
後逐細研訊教民迷拐一節王三雖經供認在天
授藥與武蘭珍然尚時供時翻又其藉在
津與武蘭珍原供在甯津者不符亦無教堂

5. Consili privati præses, Tcheu li provinciæ summus prætor et primi orpinis *heou*, servus Tsang Kouo fan; rei militaris Tribunalis primus assessor et cum (exteris) mercaturæ summus præfectus, servus Tch'oung Heou, genibus flexis seribunt; ad (assequendum), inquisitarum ac dispectarum T'ien tsin turbationis præcipuarum rerum reverenter scriptam narrationem, humiliter rogandi ut Sapientes (Imperatrix et Imperator) legant, effectum.

左 **Tsouŏ**. Gauche; le côté le plus honorable; le premier de deux; mauvais, vicieux. 右十 **ioù**. La gauche et la droite; de tous côtés; les assistants, l'entourage de quelqu'un; le plus honorable et le moins honorable; le premier et le second de deux officiers de même grade.

概 **Kái**. Règle, mesure, modération, manière, espèce; ensemble, entièrement, absolument, généralement, en resumé; plan général.

6. Infimus servus Kouo fan, sexti mensis nono die, in Tsing hai viator hospitans, accepi a Consilii summi magnis ministris litteras quibus privatum tradebant sexti mensis octavo die acceptum regium mandatum: « Tseng Kouo fan scripsit (in qua nuntiavit) sui profectus, ut adiret T'ien tsin et quæreret res componere, adjuncta, unam epistolam. » Ejusmodi res. Reverenda sunt hæc.

主使之確據。至仁慈堂查出男女一百五十
餘名口。逐一訊供均稱習教已久其家送至
堂中蒙養並無被拐情事。至挖眼剖心則全
係謠傳毫無實據。臣國藩出入津郡百姓攔
興遞稟數百人。親加推問挖眼剖心有何實
據無一能指實者。詢之天津城內外亦無一
遺失幼孩之家控告有案者。惟此等謠傳不
特天津有之即昔年之湖南江西近年之楊
州天門及本省之大名廣平皆有檄文揭帖
或稱教堂拐騙丁口。或稱教堂挖眼剖心或
稱教堂誘污婦女。厥後各處議結總未
將教堂揭帖之虛實剖辨明白此次詳查挖
眼剖心一條竟無確據。外間紛紛言有眼盈
罎亦無其事。蓋殺孩壞屍採生配藥野番兒

fatetur modo retrectat. Insuper ejus domicilium est in T'ien tsin; quod cum Ou Lan tch'enn (dictis), qui primum testatus est (ejus domicilium) esse in Gning tsin, non concordat. Neque est, (quo pateat) eum fuisse a missionariis dominis missum, firmum indicium.

9. Quod attinet ad Charitatis hospitia, inquirentes comperimus pueros puellasque fuisse amplius centum et quinquaginta. Singillatim interrogati ut testarentur, omnes affirmarunt se exercuisse religionem jamdiu, a suis familiis ductos esse ad hospitia nutriendos et educandos; minime fuisse abductionis scelus. Quod attinet ad effossos oculos et secta corda, omnino est inani rumore traditum; ne minimum quidem est firmum indicium.

據 Kiú. Appuyé sur, reposer sur; se faire un appui de, s'aider de, se servir de, mettre son appui ou sa confiance en; appui, aide, secours, garantie, gage, assurance, caution, preuve; selon, d'après, conformément à; appuyer ou mettre la main sur un objet, s'emparer, prendre, avoir sous la main, avoir reçu, avoir obtenu.

豢 Houan. Nourrir des animaux domestiques avec des grains; attirer.

10. Servus Kouo fan ubi primum ingressus est T'ien tsin urbem, populares sistentes vehiculum tradiderunt supplices libellos pluries centum homines. Ipsemet diligenter inquisivit et interrogavit, an de effossis oculis desectisque cordibus esset quodnam firmum indicium. Nemo fuit qui posset indicare

天主教本係勸人爲善。
聖祖仁皇帝時久經允行。倘戕害民生若是之慘。豈能容於康熙之世。即仁慈堂之設。其初意與育嬰堂養濟院略同。專以收邮窮民爲主。每年所費銀兩甚鉅。彼以仁慈爲名。而反受殘酷之謗。宜洋人之念念不平也。至津民所以積疑過於密秘。莫能窺測底裏。教堂仁慈堂皆有地窨。係從他處募工修造者。臣等親年爲閉過於密秘。莫能窺測底裏。教堂仁慈履發燒堂址。細加查勘。其爲地窨不過隔去潮濕。庋置煤炭。非有他用。而津民未盡目睹。但聞地窨深邃。各幼孩幽閉其中。又中國人

惡之族。尙不肯爲。英法各國。豈肯爲此殘忍之行。以理决之必無其事。

14. Catholica religio sua natura est quæ hortetur homines ad agendum bonum. Cheng tsou jenn imperatoris (K'ang hi) tempore, diu jam concessum est ut exerceretur. Si lædens noceret hominum vitæ tam atrociter, quomodo potuisset tolerari K'ang hi ætate? De Charitatis domus institutione, illorum primum propositum etiam cum nostris puerorum hospitiis et pauperum hospitiis summatim concordat; unice habent excipere et curare egenos pro re præcipua. Quotannis quas expendunt, argenti unciæ bene multæ sunt. Illi utuntur Charitate pro nomine; et contra patiuntur crudelis sævitiæ calumniam. Par est Europæos ferre indigne, non pacate.

nere remedia, sylvestrium barbarorum et scelestorum hominum genera ipsa non ferunt facere; Angli, Galli, quæque gens, quomodo ferrent facere illas sævas crudelesque actiones? Juxta rationem si judicemus illud, certe non fuit illud factum.

採 **Ts'ài**. Cueillir, recueillir, choisir. 採生 Prendre des personnes vivantes, comme l'herboriste 採藥 cueille des plantes médicinales.

配 **P'éi**. S'unir par le mariage, s'associer; époux, épouse, compagnon; unir, associer, assortir, combiner, composer; se conformer à; conforme, semblable, égal; envoyer en exil.

番 **Fān**. Fois, changer, étranger.

民有至仁慈堂治病者往往被留不令復出．
仁慈堂收留無依子女雖乞丐窮民及疾病
將死者亦皆收入又堂中院落既多或念經
或讀書或傭工或醫病分類而處有于在前
院．而女在後院．女在仁慈堂而于在河樓教
堂往往經年不一相見．加以本年四五月間．
有拐匪用藥迷人之事適於是時堂中死人
過多．由是浮言大起本自熟聞各處檄文揭
帖之言信以爲確據而又積疑於中各懷文
恨．迫至拐匪牽涉教堂而衆怒已不可遏．
至府縣赴堂查詢王三豐領事對官放鎗而
衆怒尤不可遏．是以萬口譁譟同時並舉．猝
成巨變．其浮囂固屬可惡而其積疑則非一
朝一夕之故矣．今旣查明根原惟有仰懇

17. Præterea inter Sinas erant qui adibant Jenn ts'eu t'ang ad curandos morbos; semper hospitio excipiebantur, nec jubebantur rursus exire. Jenn ts'eu t'ang hospitio excipiebantur destituti subsidio pueri et puellæ. Ipsi mendici, egeni, et ægroti jamjam morituri etiam omnes hospitio admittebantur. Etiam in religiosis domibus cavædia et domicilia erant multa, sive ad recitandas preces, sive ad studendum libris, sive ad mercede faciendum opus, sive ad curandos morbos. Separatis sexibus habitabant. Erant pueri in anteriori domicilio et puellæ in posteriori domicilio. Puellæ erant in Jenn ts'eu t'ang, et pueri in Ho leou kiao t'ang (Lazaristarum domo, cui erat contigua ædes consulis). Semper, elabentibus annis, ne semel quidem mutuo se videbant.

往 **Wàng**. Aller, s'en aller, s'avancer; passé, auparavant. ┃┃††. Dans le passé, toujours jusqu'à présent, ordinairement, le plus souvent.

落 **Lŏ**. Tomber, descendre, décroitre, mourir; négliger, omettre, interrompre, rejeter; fin, issue, résultat, profit, perte, demeure; haie.

經 **Kīng**. Chaîne d'un tissu; faire un tracé, tracer un plan, chercher ou combiner les moyens pour arriver à une fin, disposer, régler, règle, loi, ordinaire; livre qui fait loi; prière; passer par, faire route par, avoir l'expérience

皇上明降諭旨通飭各省俾知從前檄文揭帖所稱教民挖眼剖心戕害生民之說多屬虛誣布告天下咸使聞知一以雪洋人之冤一以解士民之惑並請將津人致疑之端宣示一二天津風氣剛勁人多好義。其僅止隨聲附和者尚不失為義忿所激自當一切置之不問。其行兇首要各犯及乘機搶奪之徒尚當捕拏嚴懲以儆將來。在中國戕官斃命尚屬按名擬抵況傷害外國多命幾開邊釁刀鈇尤不可長。記名臬司丁壽昌現署天津道缺風即以緝兇事件委之該署道督同府縣辦理當可勝任。至武蘭珍犯供既已牽涉教堂經臣崇厚飭令地方官赴堂查驗實為解釋羣疑起見。近日江南亦有教堂迷拐之謠亦即

ÉDITS ET MÉMORIAUX

20. Nunc postquam inquirentes dispeximus radicem et originem, solum restat ut suspicientes rogemus Imperatricem et Imperatorem ut, publico dato decreto, ubique jubeant omnium provinciarum prætores facere notum illos, quos antea excitantes libelli et indicantia folia vulgabant, scilicet a christianis effossos oculos, desecta corda et læsam hominum vitam, rumores multo probabilius esse falsas calumnias; diffundere monita per totum imperium; universi facere ut audiant et noscant; tum ad delendam Europæis illatam injuriam, tum ad solvendas litteratorum plebisque suspiciones. Etiam rogamus ut ex T'ien tsin incolarum excitatarum suspicionum causis ubique pervulgent unam alteramve.

剖 P'éóu. Couper un objet par le milieu en deux parties, diviser; mettre à découvert, exposer clairement; juger.

布 Póu. Toile; monnaie; étaler, divulguer, faire connaître, raconter.

冤 Iuên. Injustice, tort.

21. T'ien tsin incolæ more et indole sunt rigidi et acres. Homines multi amant justitiam. Qui vix tantummodo sequentes cantum et sese addentes socios concinuerunt, etiam non caruerunt sensu æquitatis quo ira excitata est; procul dubio oportet una omnes relinquere illos, nec reos facere. Qui commissorum scelerum duces et præci-

如此辦理．其後豐天業之死．教堂公館之焚．
變起倉猝非復人力所能禁止．惟地方釀成
如此巨案究係官府不能化導於平時不能
預防於先事．現已將道府縣三員均行撤任
聽候查辦．由臣國藩揀員署理．其殺斃人犯
現經確查獲其姓名實數．惟仁慈堂尚有女屍五口．
具未經尋獲．其餘均安爲棺殮交英國領事
官李蔚海收存．俄國之人已由俄阿領事官
孔氣驗明掩埋．謹開列清單恭呈
御覽．法國公使羅叔亞業經到津議及賠修教堂
事宜。臣等擬卽派員經理．餘俟有端緒續行
奏。
陳其悚斃俄國之人命．悚毀英美兩國之講堂．
亦俟議結另行具

multitudinis suspiciones ortum consilium. Paucis ante diebus, in Kiang nan etiam fuerat, religiosas domos fascinasse et abduxisse, rumor; etiam statim illo modo res composita erat.

解 Kiài. Diviser, séparer, découper; dissoudre, dissiper, relâcher, ouvrir, délier, détacher, ôter. débarrasser, délivrer, déposer, quitter ; débrouiller une affaire.
 || Kiái. Conduire ou envoyer à un tribunal une personne ou une chose ; envoyer à la capitale un officier sorti de charge.
25. Postea Fontanier (consulis) mors religiosarum domorum et publici hospitii (in quo habitabat consul) incendium, turbatio orta repente, non fuerunt rursus ea quæ hominum vires possent reprimere et inhibere. Nostro quidem judicio, incolarum æstu exorta ejusmo li magna causa, re penitus indagata, est id quod magistratus non valent solvere et avertere solito tempore ; nec possunt præcavere ante factum.

究 Kióu. Examiner à fond une affaire ou une question, scruter.

導 Taó. Conduire, diriger, montrer.
26. Nunc jam (regia curia) præfectum generalem, præfectum et subpræfectum tres magistratus pariter amovit ab officio, expectaturos donec res inspecta composita sit; per servum Kouo fan sunt electi magistratus qui res gererent.

撤 Tchĕ. Faire paraître, mettre dehors ; enlever, desservir la table.

同治九年六月二十六日奉上谕。"曾国藩崇厚奏查明天津滋事大概情形一折。据称研讯教民迷拐人口一节。王三虽经供认授药与武兰珍,然尚时供时翻,亦无教堂主使确据。仁慈堂查出男女一百五十余名口,均称其家送至堂中豢养,并无被拐情事。至挖眼剖心一条,经曾国藩于抵津时,亲加推问,百姓无能指实。询知天津城内外,亦无遗失幼孩控告之案,此等情形,如湖南江西、扬州天门及直省之大名广平,皆有檄文揭帖纷传不一。厥后各处结案,总未将檄文揭帖之虚实剖辨明白。津民平日熟闻各处檄文揭帖之言,已信为实。而又因外国堂门终年扃闭,教堂仁慈堂,皆有地窖,为去潮湿、置煤炭之用。治病者被留不出,并收留无依人口及疾病将死之人等情,蓄疑莫解。本年四五月间,适有拐匪用药迷人之事,牵涉教堂。民人见领事官丰大业对官放枪,遂致万口哗噪,同时并举。其实挖眼剖心、戕害生民之说,多属虚诬,毫无实据等语。此案迭谕曾国藩会同崇厚持平办理。现据该督等奏称,此事均系谣传。津人致疑之由,昭然共见。外省地方,遇有谣言群疑,亦可消释。至匪徒迷拐幼孩人口,例禁本严。惟恐日久玩法,着刑部于此等凶犯到案时,即议以加等治罪。嗣后直省地方,如拿有迷拐人口匪徒,亦着照刑部所议,从重处治,以禁凶残。京师为首善之区,尤宜搜查匪类,并着步军统领衙门,随时缉访,遇有此等匪徒,即行拿交刑部,加等治罪。钦此。"

奏所有察明大概情形謹恭摺先行會
皇太后
皇上聖鑒訓示謹
奏伏乞
奏。

上諭曾國藩崇厚奏察明天津滋事大概情形一
摺據稱研訊教民迷拐人口一節王三雖經供
認授藥與武蘭珍然向時供時翻亦無教堂主
使確據仁慈堂察出男女一百五十餘名口均
稱其家送至堂中蒙養並無被拐情事至挖眼
剖心一條經曾國藩於抵津時親加推問百姓

同治九年六月二十六日奉

---

30. De illis qui errore exstinxerunt Russiaci vitam, et qui errore diruerunt Anglorum Americanorumque templa, etiam postquam ex deliberatione causa finita erit, speciatim scribemus litteras.

31. De iis quas habemus, exploratis et compertis præcipuis rebus, accurate et reverenter scripta narratione, prius simul monemus. Prostrati rogamus Imperatricem et Imperatorem ut legant, doceant, moneant. Reverenter scripsimus.

覽 Làn. Regarder, examiner, lire.

32. T'oung tcheu noni anni sexti mensis vigesimo sexto die, acceptum est regium decretum. Tseng Kouo fan et Tch'oung Heou monuerunt nos de exploratis compertisque T'ien tsin turbationis præcipuis rebus, una narratione.

奉 Fòung. Recevoir un objet d'un supérieur, recevoir avec respect, recevoir ou avoir reçu un ordre ou un mandat; présenter ou envoyer un objet à un supérieur, offrir avec respect, aider un supérieur, s'acquitter d'un service; flatter, chercher à obtenir les bonnes grâces, suivre, se conformer.

33. Accepimus dictum (i. e. Nobis dixerunt) se inquisivisse et interrogasse de illa, quod christiani fascinaverint abduxerintque homines, accusatione; Wang San licet confessus sit se dedisse pharmaca Ou Lan tchenn, tamen adhuc modo fateri modo retractare; et nullum esse, quo pateat eum a missionnariis

無能指實。詢知天津城內外、亦無遺失幼孩控告之案。此等情形、如湖南江西揚州天門、及直省之大名廣平、皆有揭文揭帖紛傳不一。嗣後各處結案、總未將揭文揭帖之虛實剖辨明白。津民平日熟聞各處揭文揭帖之言、已信爲實。而又因外國堂門終年扃閉。教堂仁慈堂、皆有地窖、爲去潮濕置煤炭之用。治病者被留不出。並收留無依人口、及疾病將死之人等情蓄疑莫解。本年四五月間、適有拐匪用藥迷人之事。牽涉教堂。民人見領事官豐大業對官放鎗、遂致萬口譁噪、同時並舉。其實挖眼剖心、戕害生民之說、多屬虛誣、毫無實據等語。此案送諭會國藩會同崇厚持平辦理。現據該督等奏稱、此

35. Quod attinet ad provincias Hou nan et Kiang si, ad urbes Iang tcheou (in Kiang sou) et T'ien menn (in Hou pe), et ad Tcheu li provinciæ urbes Tai ming fou et Kouang p'ing fou, in omnibus illis locis fuerunt per excitantes libellos et indicantia folia sparsi rumores non pauci. Deinde cujusque loci judices diremerunt lites ; nunquam excitantium libellorum et indicantium foliorum falsa aut vera aperientes distinxerunt clare. T'ien tsin inco'æ quotidie sæpe audientes cujusque loci excitantium libellorum et indicantium foliorum dicta, jam crediderunt esse vera.

紛 Fēnn. Embrouillé, mêlé; objets de différents genres mêlés ensemble; nombreux, en grande quantité.

辨 Pién. Distinguer, séparer, discerner, juger, décider.

帖 T'iĕ. Billet, carte de visite. 揭 Kiĕ †. Lettre d'un officier à un autre de même rang ; lettre d'information ; écrit diffamatoire.

36. Et insuper, quia exterorum hominum domorum januæ toto anno pessulis clausæ erant; quia in missionariorum domo et in Charitatis domo pariter erant fossæ ad amovendæ uliginis et aquæ deponendique carbonis usum; quia curandi ægroti hospitio excipiebantur nec exibant; et quia excipiebantur auxilio destituti homines, atque ægroti jamjam morituri homines;

文宗顯皇帝聖誕、經臣部援案、於五月十八日具奏.

本日奉

光緒二年三月二十日禮部片、

再恭查同治二年六月初九日、

事均係謠傳、津人致疑之由、昭然共見、外省地方、遇有謠言聾疑、亦可消釋、至匪徒迷拐幼孩人口、例禁本嚴、惟恐日久玩法、著刑部於此等兇犯到案時、即議以加等治罪、嗣後直省地方、如拏有迷拐人口匪徒、亦著照刑部所議從重處治、以禁兇殘、京師為首善之區、尤宜搜查匪類、並著步軍統領衙門、隨時緝訪、遇有此等匪徒、即行拏交刑部、加等治罪、欽此。

40 T'ien tsin incolarum suspicionum causæ manifeste omnes patent. In exterarum provinciarum locis, si eveniat ut sint vagi rumores et multitudinis suspiciones, etiam poterunt deleri et solvi.

致 Tchéu. Offrir, présenter, transmettre, envoyer; dévouer, donner ou employer une chose en faveur de quelqu'un; faire venir, attirer, exciter; arriver à, parvenir à, but où l'on tend, terme où l'on arrive; au plus haut degré, atteindre ou faire parvenir au plus haut degré, parfait; examiner à fond; donner sa démission.

消 Siaô. Détruire, anéantir, effacer, dissoudre, fondre, digérer, dissiper, diminuer, consumer, user, employer, dépenser, dépense; dépérir.

41. Quod nefarii homines fascinent et abducant pueros, illud leges prohibent necessario severe. Solum timendum est ne tempore diuturno illudant legibus. Jubemus pœnarum Tribunal, quum hujusmodi scelesti rei adducti fuerint ad judices, tunc deliberare ut majori gradu statuatur pœna. Deinceps, in recte subjectis provinciis, si apprehendantur, qui fascinaverint et abduxerint pueros, nebulones, etiam volumus ut, ex pœnarum Tribunalis consulto, gravis statuatur pœna, ad reprimenda sæva scelera.

42. Urbs regia est primum corrigendus locus; magis decet quærere et

28. 礼部奏皇帝祭祖事宜

祭祖典仪（1876年4月14日）

光绪二年三月二十日礼部片：

再恭查同治二年六月初九日，文宗显皇帝圣诞，经臣部援案，于五月十八日具奏。本日奉上谕，礼部奏"敬拟文宗显皇帝圣诞礼节服色，请旨遵行"各等语。本年六月初九日，文宗显皇帝圣诞，朕御龙袍、龙褂，挂朝珠，虔诣奉先殿、寿皇殿行礼。随从人员，均着穿蟒袍补服，挂朝珠。是日，隆福寺、飨殿殿门外，着派世铎敬谨行礼，余依议。钦此。

今本年三月二十三日，穆宗毅皇帝圣诞，皇上恭诣奉先殿行礼，是否并诣寿皇殿行礼之处，谨附片请旨。

事均係謠傳、津人致疑之由、昭然共見、外省地方遇有謠言聚疑、亦可消釋、至匪徒迷拐幼孩人口、例禁本嚴、惟恐日久玩法、着刑部於此等兒犯到案時、即議以加等治罪、嗣後直省地方如拏有迷拐人口匪徒、亦着照刑部所議從重處治、以禁兇殘、京師為首善之區、尤宜搜查匪類、並着步軍統領衙門、隨時緝訪、遇有此等匪徒、即行拏交刑部加等治罪、欽此。

光緒二年三月二十日禮部片、再恭查同治二年六月初九日、

文宗顯皇帝聖誕經臣部援案、於五月十八日具奏、

本日奉

40 T'ien tsin incolarum suspicionum causæ manifeste omnes patent. In exterarum provinciarum locis, si eveniat ut sint vagi rumores et multitudinis suspiciones, etiam poterunt deleri et solvi.

致 Tchéu. Offrir, présenter, transmettre, envoyer; dévouer, donner ou employer une chose en faveur de quelqu'un; faire venir, attirer, exciter; arriver à, parvenir à, but où l'on tend, terme où l'on arrive; au plus haut degré, atteindre ou faire parvenir au plus haut degré, parfait; examiner à fond; donner sa démission.

消 Siaō. Détruire, anéantir, effacer, dissoudre, fondre, digérer, dissiper, diminuer, consumer, user, employer, dépenser, dépense; dépérir.

41. Quod nefarii homines fascinent et abducant pueros, illud leges prohibent necessario severe. Solum timendum est ne tempore diuturno illudant legibus. Jubemus pœnarum Tribunal, quum hujusmodi scelesti rei adducti fuerint ad judices, tunc deliberare ut majori gradu statuatur pœna. Deinceps, in recte subjectis provinciis, si apprehendantur, qui fascinaverint et abduxerint pueros, nebulones, etiam volumus ut, ex pœnarum Tribunalis consulto, gravis statuatur pœna, ad reprimenda sæva scelera.

42. Urbs regia est primum corrigendus locus; magis decet quærere et

上諭．禮部奏敬擬
文宗顯皇帝聖誕禮節服色．請旨遵行．各等語．本年
六月初九日．
文宗顯皇帝聖誕．朕御龍袍龍褂．掛朝珠．虔詣
奉先殿．
壽皇殿行禮．隨從人員．均着穿蟒袍補服．掛朝珠．
是日
隆福寺．
饗殿殿門外．着派世鐸敬謹行禮．餘依議．欽此．
穆宗毅皇帝聖誕
皇上恭詣
奉先殿行禮是否並詣
壽皇殿行禮之處．謹附片請
旨．

2. « Rituum Tribunal scripsit se reverenter deliberasse de Wenn tsoung hien imperatoris natalisdiei cæremoniis et vestium qualitate, et rogavit decretum cui obsequenter ageretur. Singula hujusmodi dicta (scripsit),

3. « Hujus anni sexti mensis nono die, qui Wenn tsoung hien imperatoris augustæ nativitatis anniversarius dies est, ego (indutus) imperiali draconibus picta stola et draconibus picta tunica, (ad collum) appensis aulæ regiæ in circulum coactis gemmis, reverenter adibo Foung sien palatium ac Cheou houang palatium, et peragam cæremonias. Comitantes præfectos omnes jubeo induere draconibus pictam stolam, insignibus pictam tunicam, et ad collum appendere aulæ regiæ in circulum coactas gemmas.

袍 P'aô. Longue tunique doublée ou ouatée.

蟒 Màng. Serpent python qu'on trouve dans le lun nan et l'Annam.

蟒袍 p'aô. Tunique officielle ornée de figures de dragons.

補 Pòu. Insignes brodés, par devant et par derrière, sur la tunique des officiers.

服 Fòu. Vêtement, deuil ; soumettre, se soumettre, obéir, ajouter foi ; prendre sur soi, soigner, supporter,

29. 皇帝谕令亲王祈雨

祈雨（1876 年 4 月 5 日）

光绪二年三月十一日奉上谕。"前因京师雨泽稀少，业经设坛祈祷。迭次亲诣大高殿拈香，并派恭亲王奕䜣等分诣时应宫等处拈香。连日天时干旱，仍未渥沛甘霖。现在节逾清明，农田待泽尤殷，朕心益深焦盼，允宜再申虔祷，以迓和甘。朕于本月十四日，亲诣大高殿拈香；着仍派礼亲王世铎诣觉生寺拈香；时应宫，着仍派恭亲王奕䜣；昭显庙，着仍派孚郡王奕𨤲；宣仁庙，着仍派惠亲王奕详；凝和庙，着仍派贝勒载澂拈香；并着仍派睿亲王德长诣黑龙潭拈香，派那尔苏诣白龙潭拈香；并着派辅国公载濂诣清漪园龙神祠，载瀛诣静明园龙神祠拈香。所有大高殿、觉生寺常常住宿，并轮班住宿，上香行礼。仍着原派之王大臣等敬谨将事。钦此。"

上諭。前因京師雨澤稀少、業經設壇祈禱、迭次親詣

大高殿拈香、並派恭親王奕訢等分詣

時應宮等處拈香、連日天時乾旱、仍未渥沛甘霖、現在節逾清明、農田待澤尤般、朕心益深焦盼、允宜再申虔禱、以迓和甘、朕于本月十四日

親詣

大高殿拈香、著派恭親王奕訢

時應宮、著派恭親王奕訢

昭顯廟、著派孚郡王奕譓

宣仁廟、著派惠親王奕詳

凝和廟、著派貝勒載瀓拈香、並著仍派睿親王德長詣

王德長詣

VI. 1. Kouang siu secundi anni tertii mensis undecimo die acceptum decretum. « Antea, quia in urbe regia pluvialis aqua rara et tenuis, jam, erectis aris, rogavimus, precati sumus. Pluries ipse adiens Maximi Altissimi fanum, digitis tenui (i. e. obtuli) aromata; et delegavi Koung primi ordinis principem, I hin nomine, aliosque, qui seorsim adirent Cheu ing koung aliaque loca, oblaturi aromata. Continuis diebus anni tempus fuit siccum et arens; ut prius, nondum irrorans large decidit commoda pluvia. Nunc anni tempus præterivit Liquidam lucem. Culti agri requirunt humorem magis vehementer. Ego animo magis alte anxio exspecto. Vere oportet rursus iterum reverenter precari ad implorandam cæli temperiem commodam.

因 **In**. Cause, à cause de, parce que, se servir, employer, profiter de, par le moyen de, base, fondement, appui, soutien, secours, avoir ou donner pour base ou pour fondement, mettre son appui ou sa confiance en, suivre, se conformer à, continuer, s'accommoder à, selon, comme auparavant, article, paragraphe, objet.

師 **Chêu**. Maître qui enseigne, modèle, multitude, armée, capitale d'un royaume.

黑龍潭拈香、派那爾蘇詣
白龍潭拈香並着派輔國公載濂詣清漪園
龍神祠載瀛詣靜明園
龍神祠拈香、
大高殿覺生寺常常住宿並輪班住宿、上香行禮、仍
着原派之王大臣等敬謹將事欽此。

大高殿叩禱、
上諭。前因京師入夏以來、天時亢旱、即經降旨設
壇祈禱。猶未渥沛甘霖、復經降旨、于本月二十
日親詣
大高殿叩禱、
凝和廟拈香、並派恭親王奕訢詣
社稷壇恭代行禮、派惇親王奕誴等詣

光緒二年閏五月十八日奉

潭 T'àn. Eau profonde; profond, vaste, spacieux.

輔 Fòu. Les deux côtés d'une voiture, os malaire; aider, aide, second, ministre d'État. 國公 Prince du sixième rang.

漪 I. Rides sur l'eau, vagues.

凝 Ning. Gelé, congelé, coagulé, ferme solide; arrêter, fixer, accomplir, compléter; abondant, intense.

3. Qui sunt in Ta kao tien et in Kio cheng seu, tum qui semper habitant et pernoctantur, tum qui per vices habitant et pernoctantur, adolebunt aromata et peragent cæremonias. Rursus jubeo prius delegatos principes summosque præfectos reverenter et diligenter perficere illam rem. » Reverenda sunt hæc verba.

輪 Liùn. Roue, tourner comme une roue, à tour de rôle.

班 Pán. Distribuer, publier, étaler, arranger, mettre en ordre, classer, assigner à chacun son rang ou sa place, rang, classe, compagnie. 輪 | Par bandes et à tour de rôle.

住 Tchóu. S'arrêter, faire arrêter, cesser, faire cesser, demeurer, habiter,

宿 Siŭ. S'arrêter la nuit en voyage pour prendre son repos, se reposer une nuit dans un endroit, endroit où l'on passe la nuit en voyage, constellation,

30. 皇帝谕令亲王报谢天神地祇

雨后报谢（1876年7月9日）

　　光绪二年闰五月十八日奉上谕。"前因京师入夏以来，天时亢旱，即经降旨设坛祈祷，犹未渥沛甘霖。复经降旨，于本月二十日亲诣大高殿叩祷，凝和庙拈香；并派恭亲王奕䜣诣社稷坛恭代行礼；派惇亲王奕誴等诣天神坛、地祇坛、太岁坛；派礼亲王世铎等分诣觉生寺、时应宫等处，拈香致祭；并于黑龙潭开坛，同申祈祷。十七日甘澍滂沱，农田深透。仰荷昊慈垂佑，寅感实深。从此渥泽优沾，更冀频邀鸿贶。允宜敬谨报谢，用答天麻。二十三日朕亲诣大高殿、凝和庙拈香；并仍派恭亲王奕䜣诣社稷坛，恭代行礼，着先期斋宿，于是日分诣行礼；并派克勤郡王普祺诣白龙潭，拈香报谢；黑龙潭，着毋庸开坛，派郑亲王庆至前往拈香报谢；大高殿、觉生寺，即行撤坛。所有讽经道众僧众，着内务府照例给赏。钦此。"

黑龍潭拈香派那爾蘇詣
白龍潭拈香並著派輔國公載濂詣清漪園
龍神祠拈香載瀛詣靜明園
龍神祠拈香所有
大高殿覺生寺常常住宿並輪班住宿上香行禮仍
著原派之王大臣等敬謹將事欽此。

光緒二年閏五月十八日奉
上諭。前因京師入夏以來，天時亢旱，卽經降旨設
壇祈禱。猶未渥沛甘霖，復經降旨，于本月二十
日親詣
大高殿叩禱。
凝和廟拈香。並派恭親王奕訢詣
社稷壇恭代行禮。派惇親王奕誴等詣

潭 T'ân. Eau profonde; profond, vaste, spacieux.

輔 Fóu. Les deux côtés d'une voiture, os malaire; aider, aide, second, ministre d'État. | 國公 Prince du sixième rang.

漪 Ī. Rides sur l'eau, vagues.

凝 Ning. Gelé, congelé, coagulé, ferme solide; arrêter, fixer, accomplir, compléter; abondant, intense.

3. Qui sunt in Ta kao tien et in Kio cheng seu, tum qui semper habitant et pernoctantur, tum qui per vices habitant et pernoctantur, adolebunt aromata et peragent cæremonias. Rursus jubeo prius delegatos principes summosque præfectos reverenter et diligenter perficere illam rem. » Reverenda sunt hæc verba.

輪 Liûn. Roue, tourner comme une roue, à tour de rôle.

班 Pán. Distribuer, publier, étaler, arranger, mettre en ordre, classer, assigner à chacun son rang ou sa place, rang, classe, compagnie. 輪 | Par bandes et à tour de rôle.

住 Tchóu. S'arrêter, faire arrêter, cesser, faire cesser, demeurer, habiter,

宿 Siŭ. S'arrêter la nuit en voyage pour prendre son repos, se reposer une nuit dans un endroit, endroit où l'on passe la nuit en voyage, constellation,

天神壇、
地祇壇、
太歲壇、派禮親王世鐸等分詣覺生寺、
時應宮等處拈香致祭。並于
黑龍潭開壇同甲祈禱十七日甘澍滂沱、農田
深透。仰荷
昊慈垂佑寅感實深。從此渥澤優霑、更冀頻邀
鴻貺允宜敬謹報謝用答
天庥。二十三日朕親詣
大高殿、
天壇廟拈香。並仍派恭親王奕訢詣
社稷壇恭代行禮。着先期齋宿于是日分詣行禮。
並派克勤郡王普祺詣
白龍潭拈香報謝。

祇 K'i. Esprit qui préside à la terre; grand. || Tchēu. Seulement.

壇 T'án. Tertre sur lequel on fait des offrandes ou des sacrifices.

祭 Tsí. Offrir de la viande ou d'autres comestibles à une divinité ou aux mânes d'un défunt, offrir un sacrifice à une divinité.

2. « Decimo septimo die bona opportunaque pluvia large effusa est; culti agri alte imbuti sunt. Quum suspicientes acceperimus a cælesti Bonitate demissam opem, reverenter movemur (ad gratiam habendam) vere alte. Ex illo perfuso humore et copiosa pluvia, magis speratur nos semper impetraturos maxima dona. Vere æquum est reverenter et diligenter agere gratias, ut respondeamus cælesti tutelæ. Vigesimo tertio die, ego ipse adibo Ta Kao tien et Ning houo miao, oblaturus aromata. Et cursus delego Koung primi ordinis principem, I hin nomine, qui adeat Che tsi t'an et reverenter pro me exsequatur cæremonias;... Jubeǒ ante statutum diem abstinentes manere; ipso die divisim ire et peragere cæremonias.

澍 Tchóu. Pluie bienfaisante.
滂 P'āng. Pluie torrentielle.
沱 T'ouô. Bras de rivière; couler, pluie abondante.
透 T'eóu. Pénétrer, passer à

黑龍潭、著毋庸開壇.派鄭親王慶至前往拈香報謝。

大高殿覺生寺、即行撤壇。所有諷經道眾僧眾、著內務府照例給賞欽此。

光緒二年閏五月十八日奉

上諭。直隸邯鄲縣龍神廟祈雨靈驗前經奉

旨加封

靈應聖井龍神。本年因京師雨澤稀少、迎請鐵牌來京供奉

大光明殿。昨日甘澍滂敷郊原霑足。寅感實深。著再加封

靈應昭佑聖井並著南書房翰林恭書匾額一方、交李鴻章祗領敬謹懸掛以答

神庥。欽此。

donner une réponse, informer, annoncer, information, annonce, messager.

謝 Sié. Remercier; refuser, renvoyer, congédier; quitter, s'en aller, dire adieu, quitter sa charge; faire des excuses; tomber, dépérir, déchoir.

諷 Fóung. Lire ou réciter en chantant; blâmer, critiquer.

眾 ou 衆 Tchóung. Troupe, foule, multitude, le peuple, tous.

內務府 Néi óu fòu. Intendance de la maison impériale.

VIII. Kouang siu secundi anni alterius quinti mensis 18 die acceptum decretum. «In Tcheu li Han tan hien draçonis spiritus fano rogata pluvia, mirus effectus sequitur. Olim jam accepto decreto, auctus (honoribus), renuntiatus est *Mire votis respondentis sacri putei draco deus*. Hoc anno, quia in urbe regia pluvialis aqua rara et tenuis, occurrentes rogavimus ut (ex draconis puteo) ferrea tabella veniret Pekinum, quæ proponeretur et honoraretur in Ta kouang ming tien. Hesterno die bona et opportuna pluvia large decidit; late circa urbem campus imbutus est copiose. Reverenter movemur (ad gratiam habendam) vere alte. Edico ut rursus auctus honoribus, (puteus) renuntietur *Mire votis respondens et patefaciens auxilium sacer puteus*. Insuper jubeo Australis scholæ *han lin* reverenter scribere tabulam unam, tradendam Li

31. 皇帝谕令官员报谢龙神

报谢邯郸龙神（1876年7月9日）

光绪二年闰五月十八日奉上谕。"直隶邯郸县龙神庙祈雨灵验，前经奉旨加封灵应圣井龙神。本年因京师雨泽稀少，迎请铁牌来京，供奉大光明殿。昨日甘澍滂敷，郊原沾足，寅感实深。着再加封灵应昭佑圣井，并着南书房翰林恭书匾额一方，交李鸿章祗领，敬谨悬挂，以答神庥。钦此。"

黑龍潭、著毋庸開壇、派鄭親王慶至前往拈香報謝。

大高殿覺生寺、即行撤壇。所有諷經道衆僧衆、著內務府照例給賞欽此。

上諭直隷邯鄲縣龍神廟祈雨靈驗。前經奉

旨加封

靈應聖井龍神。本年因京師雨澤稀少、迎請鐵牌來京、供奉

大光明殿昨日甘澍滂敷郊原霑足寅感實深。著再加封

靈應昭佑聖井.並著南書房翰林恭書匾額一方,交李鴻章祇領敬謹懸掛以答

神麻欽此.

---

donner une réponse, informer, annoncer, information, annonce, messager.

謝 Sié. Remercier; refuser, renvoyer, congédier; quitter, s'en aller, dire adieu, quitter sa charge; faire des excuses; tomber, dépérir, déchoir.

諷 Fóung. Lire ou réciter en chantant; blâmer, critiquer.

衆 ou 眾 Tchóung. Troupe, foule, multitude; le peuple, tous.

內務府 Néi óu fòu. Intendance de la maison impériale.

VIII. Kouang siu secundi anni alterius quinti mensis 18 die acceptum decretum. «In Tcheu li Han tan hien draconis spiritus fano rogata pluvia, mirus effectus sequitur. Olim jam accepto decreto, auctus (honoribus), renuntiatus est *Mire votis respondentis sacri putei draco deus*. Hoc anno, quia in urbe regia pluvialis aqua rara et tenuis, occurrentes rogavimus ut (ex draconis puteo) ferrea tabella veniret Pekinum, quæ proponeretur et honoraretur in Ta kouang ming tien. Hesterno die bona et opportuna pluvia large decidit; late circa urbem campus imbutus est copiose. Reverenter movemur (ad gratiam habendam) vere alte. Edico ut rursus auctus honoribus, (puteus) renuntietur *Mire votis respondens et patefaciens auxilium sacer puteus*. Insuper jubeo Australis scholæ *han lin* reverenter scribere tabulam unam, tradendam Li

32. 李鸿章请旨表彰孝行

追授荣誉——孝道（1876年）

光绪二年四月二十九日，李鸿章片：

再据长芦运司林述训等禀称："孝女马庆翠，安徽怀宁县人，候选同知马字武之女、天津府知府马绳武胞侄女，随时在直许字候补知县方宝善之子、候选盐大使方崇仁为室。庆翠性至孝，事亲必竭其诚。每以难报劬劳，祝损己年以益亲寿。同治十一、十三等年，其父母相继病笃。庆翠躬奉汤药，昼夜扶持，历久不懈，并刲股和药以进。亲病获痊，实其孝思所感。乃未及于归，于光绪元年九月病殁，时年二十一岁。由该司等查明公禀，援案请奏前来。臣查各省孝子、孝女刲股疗亲，均蒙旌表有案。今孝女马庆翠两次刲股疗亲，至性过人。相应请旨准其旌表，以彰孝行。除饬取册结咨部，并咨安徽抚臣查照外，伏乞圣鉴训示。谨附片具奏。"

军机大臣奉旨。着准其旌表，礼部知道。钦此。

光緒二年四月二十九日。李鴻章片、
再據長蘆運司林述訓等、稟稱孝女馬慶翠、
安徽懷甯縣人、候選同知馬字武之女、
府知府馬繩武胞姪女、隨時在直許字候補
知縣方寶善之子候選鹽大使方崇仁為室。
慶翠性至孝事親必竭其誠每以難報劬勞。
稹損己年以益親壽同治十一十三等年其
父母相繼病篤慶翠躬奉湯藥晝夜扶持歷
久不懈並割股和藥以進。親病獲痊實其孝
思所感。乃未及于歸于光緒元年九月病歿
時年二十一歲。由該司等查明公稟援案請
奏前來。臣查各省孝子孝女割股療親均蒙
旌表。有案。今孝女馬慶翠兩次割股療親至性過

IX. 1. Li Houng tchang schedula. — Præterea, accepi a Tch'ang lou vecti salis inspectore Lin Chou hiun et aliis litteras, in quibus laudant piam in parentes filiam Ma K'ing ts'ouei, Ngan houei provinciæ Houei ning hien incolæ, qui exspectat ut eligatur adjutor præfecti, Ma Tzeu ou filiam, T'ien tsin præfecturæ præfecti Ma Cheng ou germanam neptem, quæ congruo tempore, in Tcheu li provincia, promissa est nuptura exspectantis munus *tcheu hien* Fang Pao cheu filio, qui exspectat ut eligatur salis vectigalium inspector, Fang Tch'oung jenn, ut esset uxor. K'ing ts'ouei natura erat maxime pia; operam præbens parentibus, certe totum adhibuit suum studium.

運司 Iún sēu. Contrôleur des droits sur le sel pour toute une province.

鹽大使 Receveur des droits sur le sel dans une sous-préfecture.

稟 Pĭn. Informer un supérieur, pétition, rapport, recevoir quelque chose d'un supérieur.

字 Tzéu. Lettre, nom qu'un jeune homme recevait à l'âge de vingt ans et une fille à l'âge de quinze ans; se dit d'une fille qui accepte des fiançailles.

室 Chĕu. Maison, chambre, famille, épouse.

2. Sæpe, quia non poterat reddere vicem pro (parentum) labore et fatiga-

人相應請

旨准其旌表以彰孝行．除飭取册結咨部並咨安
徽撫臣查照外伏乞
聖鑒訓示．謹附片具奏軍機大臣奉
旨着准其旌表禮部知道欽此．

光緒二年閏五月初一日李鴻章片．
再據通州知州高建勳詳報寄寓該州之貞
女周潘氏係浙江山陰縣人已故從九品潘
位東女乃許字浙江富陽縣人湖南桃源縣
巡檢周浩江之子周霞軒爲室．未及迎娶、周
霞軒于同治九年在伊父任所病歿．時該貞
女年二十八歲即涕泣毀妝誓不他字．以道

femore, ægros curarunt parentes, omnes donatos esse honorificis monumentis; exstant publicæ tabulæ. Nunc pia filia Ma K'ing ts'ouei bis, fosso femore, curavit parentes, ita ut natura superaverit homines cæteros.

旌 **Tsīng**. Guidon, signaler par une marque distinctive, honorer d'une inscription ou d'un arc-de-triomphe.

5. Consentaneum est rogare decretum quo concedatur ut illa monumento honoretur, ad insigniendas pias actiones. Præterquam quod jussi colligere codices et scripta testimonia, monui Tribunal rituum et certiorem feci Ngan houei provinciæ prætorem servum, ut legentes (meas litteras) cognoscerent; prostratus rogo Imperatricem et Imperatorem ut aspiciant (hanc schedulam), doceant, moneant. Reverenter addita schedula scripsi litteras.

彰 **Tchāng**. Beau, orné avec art, orner, briller, manifester, publier, célébrer, faire briller.

6. Magnum regni Consilium accepit decretum. «Significamus nos concedere ut illa monumento insigniatur. Rituum Trbunal cognoscat.» Reverenda sunt hæc verba.

X. 1. Li Houng tchang schedula. — Præterea, accepi a T'oung tcheou præfecturæ præfecto Kao Kien hiun litteras quibus accurate notam fecit advenam habitantem in illa præfectura castam

33. 李鸿章请旨表彰贞洁

追授荣誉——贞洁（1876年）

光绪二年闰五月初一日，李鸿章片：

再据通州知州高建勋详报，寄寓该州之贞女周潘氏，系浙江山阴县人，已故从九品潘位东女。乃许字浙江富阳县人，湖南桃源县巡检周浩江之子周霞轩为室。未及迎娶，周霞轩于同治九年，在伊父任所病殁。时该贞女年二十八岁，即涕泣毁妆，誓不他字。以道远不能奔丧，遂于通州寓所，设主成服，在室守贞。又据枣强县知县方宗诚详报，该县王房村贞女段庐氏，幼字同县人段永林为室。尚未迎娶，段永林于同治六年病故。时该贞女年十九岁，即过门，执丧礼尽，孝养孀姑。追服满后，母家欲为改字富室。该贞女以死自誓，终不肯从。据官绅族邻人等呈，由该县覆查属实，取具册结，请旌前来。臣查该贞女周潘氏、段庐氏，或在室守贞，或过门守节，皆已寒暑迭更，矢志不二。其坚操苦节，与历年京外臣工奏准旌表之案相符。应请旨敕部将该贞女等旌表，以维风化。除册结咨部外，谨附片具陈，伏乞圣鉴训示。谨奏。

军机大臣奉旨。周潘氏、段庐氏，均着准其旌表，礼部知道。钦此。

人相應請

旨准其旌表以彰孝行除飭取册結咨部並咨安
徽撫臣查照外伏乞
聖鑒訓示謹附片具奏軍機大臣奉
旨着准其旌表禮部知道欽此。

光緒二年閏五月初一日李鴻章片。
再據通州知州高建勳詳報寄寓該州之貞
女周潘氏係浙江山陰縣人已故從九品潘
位東女乃許字浙江富陽縣人湖南桃源縣
巡檢周浩江之子周霞軒爲室未及迎娶周
霞軒于同治九年在伊父任所病歿時該貞
女年二十八歲即涕泣毀妝誓不他字以道

femore, ægros curarunt parentes, omnes donatos esse honorificis monumentis; exstant publicæ tabulæ. Nunc pia filia Ma K'ing ts'ouei bis, fosso femore, curavit parentes, ita ut natura superaverit homines cæteros.

旌 Tsīng. Guidon, signaler par une marque distinctive, honorer d'une inscription ou d'un arc-de-triomphe.

5. Consentaneum est rogare decretum quo concedatur ut illa monumento honoretur, ad insigniendas pias actiones. Præterquam quod jussi colligere codices et scripta testimonia, monui Tribunal rituum et certiorem feci Ngan houei provinciæ prætorem servum, ut legentes (meas litteras) cognoscerent; prostratus rogo Imperatricem et Imperatorem ut aspiciant (hanc schedulam), doceant, moneant. Reverenter addita schedula scripsi litteras.

彰 Tchāng. Beau, orné avec art, orner, briller, manifester, publier, célébrer, faire briller.

6. Magnum regni Consilium accepit decretum. «Significamus nos concedere ut illa monumento insigniatur. Rituum Trbunal cognoscat.» Reverenda sunt hæc verba.

X. 1. Li Houng tchang schedula. — Præterea, accepi a T'oung tcheou præfecturæ præfecto Kao Kien hiun litteras quibus accurate notam fecit advenam habitantem in illa præfectura castam

遠，不能奔喪。遂于通州寓所，設主成服，在室守貞。又據康強縣知縣方宗誠詳報，該縣王房村貞女段廬氏，幼字同縣人段永林為室。尚未迎娶，段永林于同治六年病故。時該貞女年十九歲，即過門執喪禮，盡孝養孀姑，迫服滿後母家欲為改字富室。該貞女以死自誓，終不肯從。據官紳族鄰人等呈，由該縣覆查屬實取具册結請

旌前來。臣查該貞女周潘氏段廬氏，或在室守貞，或過門守節，皆已寒暑迭更，矢志不二，其堅操苦節，與歷年京外臣工奏准

旌表之案相符，應請

旨勅部將該貞女等

旌表，以維風化。除册結咨部外，謹附片具陳伏乞

in T'oung tcheou habitato loco, constituit tabellam sponsi mortui, perfecit luctum, in domo servavit castitatem.

故 Kóu. Cause, motif, à cause de, c'est pourquoi ; chose, événement, action, effet ; à dessein, de propos délibéré ; ancien, vieux, tombé en désuétude ; mort, deuil.

3. Etiam accepi a Tsao k'iang diœcesis subpræfecto Fang Tsoung tch'eng litteras quibus accurate notam fecit illius diœcesis Wang fang pagi castam mulierem Touan Lou cheu, quæ juvenis desponsata est ejusdem diœcesis homini Touan loung lin in uxorem. Antequam obviam iens uxorem duceret, Touan loung lin, T'oung tcheu sexto anno, morbo mortuus est, Tunc illa casta puella, annis decem et novem nata, statim transiit in sponsi domum, suscipiens res funereas, omnes perfecit cæremonias, pie curavit viduam socrum.

養 Iàng. Nourrir, entretenir, soigner, cultiver, instruire, diriger. || Iáng. Fournir à un supérieur ce qui lui est nécessaire, prendre soin de ses parents.

4. Postquam luctus tempus expletum est, materna familia voluit facta mutatione despondere illam in divite familia. Illa casta puella ad mortem ipsa juravit se nunquam esse consensuram. Accepi præfectorum, optimatum, consanguineorum, vicinorum homiunm

聖鑒訓示謹
奏軍機大臣奉
旨周潘氏段盧氏均著准其旌表禮部知道欽此

光緒五年二月十五日奉
上諭。劉坤一奏請將已故藩司優卹予諡並將事
跡宣付史館一摺。前廣東布政使楊慶麟由翰
林洊擢藩司克盡厥職此次因痛母情切遽以
身殉實屬可憫著交部照例議卹至易
名之典出自特恩非臣下所得率請楊慶麟平
日循分供職並無異常勞勩所請予諡並將事
跡宣付史館之處殊屬不合。劉坤一著交部議
處。欽此。

scriptam relationem prostratus rogo ut Imperatrix et Imperator aspiciant, doceant, moneant. Reverenter scripsi.

7. Supremum regni Consilium accepit decretum : « Tcheou P'an cheu et Touan Lou cheu ambæ significamus nos concedere ut monumentis insigniantur. Rituum Tribunal cognoscat. » Reverenda sunt hæc verba.

XI. 1. Kouang siu quinti anni secundi mensis decimo quinto die acceptum decretum : « Liou K'ouenn i nobis scripsit, et rogavit ut mortuum ærarii quæstorem large munerantes donaremus posthumo nomine, et ejus facta exemplaque pervulgantes traderemus historicorum collegio ; unam epistolam (scripsit).

郵 ou 恤 Siŭ. Chagrin, inquiétude, sollicitude, souci ; prendre à cœur ; avoir compassion, secourir ; avoir compassion d'un officier défunt, et lui décerner un honneur ou accorder une faveur à quelqu'un de ses parents.

予 Iŭ. 余. Je, moi. ∥ Iŭ. 與. Donner, accorder, permettre.

諡 Chéu. Nom ou titre posthume, qu'on donne aux empereurs, aux impératrices, aux grands hommes.

史 Chèu. Historien, annaliste, histoire, annales, chronique. 國 ∣ 館 Kouŏ † kouàn Bureau des annalistes ou historiographes impériaux.

2. « Pristinus Kouang toung provinciæ ærarii curator Iang K'ing lin ex *han*

34. 奉上谕驳回夸大事实

驳回荣誉（1879年3月7日）

光绪五年二月十五日奉上谕。"刘坤一奏请将已故藩司优恤予谥，并将事迹宣付史馆"一折。前广东布政使杨庆麟由翰林洊擢藩司，克尽厥职。此次因痛母情切，遽以身殉，实属可悯。着交部照布政使例议恤。至易名之典，出自特恩，非臣下所得率请。杨庆麟平日循分供职，并无异常劳勚。所请"予谥，并将事迹宣付史馆"之处，殊属不合。刘坤一着交部议处。钦此。

光绪五年二月二十九日奉上谕。吏部奏遵议总督处分一折。两广总督刘坤一应得降二级留任处分。着不准抵销。钦此。

聖鑒訓示謹
奏軍機大臣奉
旨周潘氏段盧氏均着准其旌表禮部知道欽此

光緒五年二月十五日奉
上諭劉坤一奏請將已故藩司優卹予諡並將事
跡宣付史館一摺前廣東布政使楊慶麟由翰
林洊擢藩司克盡厥職此次因痛母情切遽以
身殉實屬可憫着交部照例議卹至易
名之典出自特恩非臣下所得率請楊慶麟平
日循分供職並無異常勞勣所請予諡並將事
跡宣付史館之處殊屬不合劉坤一着交部議
處欽此

scriptam relationem prostratus rogo ut Imperatrix et Imperator aspiciant, doceant, moneant. Reverenter scripsi.

7. Supremum regni Consilium accepit decretum : «Tcheou P'an cheu et Touan Lou cheu ambæ significamus nos concedere ut monumentis insigniantur. Rituum Tribunal cognoscat.» Reverenda sunt hæc verba.

XI. 1. Kouang siu quinti anni secundi mensis decimo quinto die acceptum decretum: «Lioù K'ouenn i nobis scripsit, et rogavit ut mortuum ærarii quæstorem large munerantes donaremus posthumo nomine, et ejus facta exemplaque pervulgantes traderemus historicorum collegio; unam epistolam (scripsit).

邮 ou 恤 Siŭ. Chagrin, inquiétude, sollicitude, souci; prendre à cœur; avoir compassion, secourir; avoir compassion d'un officier défuut, et lui décerner un honneur ou accorder une faveur à quelqu'un de ses parents.

予 Iû. 余. Je, moi. || Iù. 與. Donner, accorder, permettre.

諡 Chéu. Nom ou titre posthume, qu'on donne aux empereurs, aux impératrices, aux grands hommes.

史 Chèu. Historien, annaliste, histoire, annales, chronique. 國︱館 Kouŏ † kouàn Bureau des annalistes ou historiographes impértaux.

2. « Pristinus Kouang toung provinciæ ærarii curator lang K'ing lin ex han

光緒五年二月二十九日奉

上諭。吏部奏遵議總督處分一摺、兩廣總督劉坤一應得降二級留任處分、着不准抵銷。欽此。

光緒五年正月二十一日、御史戈靖片、再鄉試年老諸生、但能三塲完竣、不問文字佳否、即為奏請賞給副榜舉人、會塲完竣、則賞給司業編檢職銜、所以勵皓首窮經之儒、典至渥也。其初每省不過一二人、或多至四五人。而近來各省所報老生、多倍於前。臣前官禮部、每見老生學册、有甫經入學、即填註七十、八十、九十者。一遇科塲各省撫臣、即援例奏請

4. Kouang siu 5 anni 2 mensis 29 die acceptum regium decretum. « Civilium officiorum Tribunal nobis scripsit, in qua dixit se obsequentem deliberasse de provinciarum summi prætoris statuenda sorte, unam epistolam. Kouang toung et Kouang si provinciarum summus prætor Liou K'ouenn i debet demitti duobus gradibus et manere in magistratu, juxta sententiam statuta ejus sorte. Declaramus non concedere ut pœnam redimat. » Reverenda sunt hæc verba.

鎖 Siaō. Faire fondre un métal; diminuer, déchoir, dépérir; dépenser, dépense. 抵 | Tǐ †. Se racheter d'une peine par argent, payer une amende; retrancher à un officier, en commutation d'une peine, les 紀 錄 kì lŏu mentions honorables ou les 加 級 kiā, kì degrés honorifiques qu'il a mérités précédemment.

XII. 1. Censoris Louo Tsing schedula. — Præterea, in provincialibus certaminibus, ætate provecti baccalaurei modo possint trium certaminum scriptiones conficere, (provinciæ prætor) non quærens utrum illorum scriptiones elegantes sint necne, statim rogat ut Imperator beneficio concedat ut renuntientur additiciæ tabulæ kiu jenn. In urbe regia certaminibus absolutis, (rogatur ut Imperator) illis donet aut regiæ scholæ magistrorum aut Han lin compositorum collatorumve gradum. Illa est qua

35. 请奏严防考生虚报年龄

确认老生身份（1879 年）

光绪五年正月二十一日，御史戈靖片：

再乡试年老诸生，但能三场完竣，不问文字佳否，即为奏请赏给副榜举人。会场完竣，则赏给司业编检职衔，所以励皓首穷经之儒典至渥也。其初每省不过一二人，或多至四五人，而近来各省所报老生，多倍于前。臣前官礼部，每见老生学册，有甫经入学，即填注七十、八十、九十者。一遇科场，各省抚臣，即援例奏请恩赏。难保其不虚填年岁，冒充年老，滥窃荣名。在部臣止凭学册之填注，从无有驳斥者。臣谓自今以后，饬下礼部欲核老生之年岁，须查其入学年分。已满三十年以后者为真，即再宽为定限，必入学已过二十年或十年以后者，方准奏请恩赏。其甫经入学，虽填注八十、九十者，概为驳斥，是亦慎重名器之一端也。理合附片具陈，伏乞圣裁。臣戈靖谨奏。

光緒五年二月二十九日奉
上諭。吏部奏遵議總督處分一摺、兩廣總督
一應得降二級留任處分、著不准抵銷。欽此。

光緒五年正月二十一日、御史戈靖片、
再鄉試年老諸生、但能三塲完竣、不問文字
佳否、即爲奏請

賞給副榜舉人、會塲完竣、則
賞給司業編檢職銜、所以勵皓首窮經之儒、典至
渥也。其初每省不過一二人、或多至四五人。至
而近來各省所報老生、多倍於前。臣前官禮
部、每見老生學册、有甫經入學、即填註七十
八十九十者。一遇科塲、各省撫臣、即援例奏
請

4. Kouang siu 5 anni 2 mensis 29 die acceptum regium decretum. « Civilium officiorum Tribunal nobis scripsit, in qua dixit se obsequentem deliberasse de provinciarum summi prætoris statuenda sorte, unam epistolam. Kouang toung et Kouang si provinciarum summus prætor Liou K'ouenn i debet demitti duobus gradibus et manere in magistratu, juxta sententiam statuta ejus sorte. Declaramus non concedere ut pœnam redimat. » Reverenda sunt hæc verba.

鎮 Siaō. Faire fondre un métal; diminuer, déchoir, dépérir ; dépenser, dépense. 抵 | Tǐ †. Se racheter d'une peine par argent, payer une amende; retrancher à un officier, en commutation d'une peine, les 紀 錄 kì lŏu mentions honorables ou les 加 級 kiā kǐ degrés honorifiques qu'il a mérités précédemment.

XII. 1. Censoris Louo Tsing schedula. — Præterea, in provincialibus certaminibus, ætate provecti baccalaurei modo possint trium certaminum scriptiones conficere, (provinciæ prætor) non quærens utrum illorum scriptiones elegantes sint necne, statim rogat ut Imperator beneficio concedat ut renuntientur additiciæ tabulæ *kiu jenn*. In urbe regia certaminibus absolutis, (rogatur ut Imperator) illis donet aut regiæ scholæ magistrorum aut Han lin compositorum collatorumve gradum. Illa est qua

恩賞難保其不虛填年歲冒充老年濫竊榮名在部臣止憑學冊之填註從無有駁斥者。臣謂自今以後飭下禮部欲核老生之年歲須查其入學年分已滿三十年以後者爲眞即再寬爲定限必入學已過二十年或十年以後者方准奏請

恩賞其甫經入學雖填註八十九十者概爲駁斥。是亦愼重名器之一端也。理合附片具陳伏乞

聖裁。臣戈靖謹

奏。

光緒五年七月十七日奉

上諭。國子監司業張之洞奏請修省以弭災變敬陳管見一摺。本年六月以來。金星晝見。五月中旬甘肅地震爲

bant provincialia certamina, omnium provinciarum prætores statim, innitentes usui, ad Imperatorem scribebant, rogantes ut beneficio donaret illos. Difficillimum erat affirmare illos non falso addidisse ætatis annos, nec simulasse se ætate provectos, ut injuste subriperent honorificum nomen. In Rituum Tribunali magistratus unice innitebantur catalogorum additis notis; nunquam fuit quem disceptantes rejicerent.

駁 Pouŏ. Discuter, juger.

斥 Tch'ĕu. Rejeter, écarter, éloigner, observer de loin, apparaître.

3. Servus proponit ut deinceps statuatur ut, quum rituum Tribunal volet inquirere senum baccalaureorum ætatem, interrogare debeat illi lauream adepti sint a quot annorum numero; illis quos explevisse triginta annos verum erit, et rursum largius statuto temporis limite, illis qui certe lauream adepti erunt a viginti decemve amplius annis, primum concedatur ut rogetur

36. 皇帝谕令官吏修省以防天谴

天谴（1879年9月3日）

光绪五年七月十七日奉上谕。"国子监司业张之洞奏请'修省，以弭灾变，敬陈管见'一折。本年六月以来，金星昼见。五月中旬，甘肃地震为灾，陕省毗连处所同时震动。自应恐惧修省，以弭灾沴。着在廷诸臣有言事之责者，于政事缺失，民生利病，懔遵历次谕旨，剀切敷陈，用备采择。至中外臣工，务当振刷精神，实事求是，毋蹈因循疲玩之习。如有因事获咎者，非平日官声卓著之员，各该督抚均不得奏请调遣，及乞恩释回。其来京另候简用大员，引疾归田，朝廷原不欲故为逆亿。第该员等受恩深重，病体痊愈，即应赴缺候简。岂可稍耽安逸，自外生成？小民生计全在廉洁之吏随时培养。近来宦途颇杂，廉吏罕闻，甚至有病国以肥身家，剥民以媚大吏。民生日蹙，职此之由。着各该督抚认真访察，秉公举劾。属吏中如有清操卓著者，即当据实保荐，特加奖擢，以风其余。各省厘卡饷项所资，虽未能一体裁撤，亦应严禁苛索，以恤商民。该司业所称，'宽比较之数，慎任用之人，以约束稽核之权付诸地方府州县官'等语，着各该督抚酌度情形，妥筹办理。又据称'本年河汛甚猛，河南省城外险工可危，请筑月堤，并挖引河，以资保卫'一条，着河东河道总督、河南巡抚会商妥办。折内所称'地震情形，东至西安以东，南过成都以南'等语，何以未见丁宝桢奏报？着该督查明，据实具奏。钦此。"

恩賞難保其不虛填年歲冒充老年濫竊榮名在部臣止憑學冊之填註從無有駁斥者。臣謂自今以後飭下禮部欲核老生之年歲須查其入學年分已滿三十年以後者爲眞即再寬爲定限必入學已過二十或十年以後者方准奏請

恩賞其甫經入學雕填註八十九十者概爲駁斥是亦愼重名器之一端也理合附片具陳伏乞

聖裁。臣戈靖謹

奏。

上諭。國子監司業張之洞奏請修省以弭災變敬陳管見一摺本年六月以來金星晝見五月中旬甘肅地震爲

光緒五年七月十七日奉

斥 Tch'eu. Rejeter, écarter, éloigner, observer de loin, apparaître.

3. Servus proponit ut deinceps statuatur ut, quum rituum Tribunal volet inquirere senum baccalaureorum ætatem, interrogare debeat illi lauream adepti sint a quot annorum numero; illis quos explevisse triginta annos verum erit, et rursum largius statuto temporis limite, illis qui certe lauream adepti erunt a viginti decemve amplius annis, primum concedatur ut rogetur

bant provincialia certamina, omnium provinciarum prætores statim, innitentes usui, ad Imperatorem scribebant, rogantes ut beneficio donaret illos. Difficillimum erat affirmare illos non falso addidisse ætatis annos, nec simulasse se ætate provectos, ut injuste subriperent honorificum nomen. In Rituum Tribunali magistratus unice innitebantur catalogorum additis notis; nunquam fuit quem disceptantes rejicerent.

駁 Pouŏ. Discuter, juger.

災，陝省毗連處所同時震動。自應恐
懼修省，以弭災沴。著在廷諸臣有言
事之責者、於政事關失、民生利病、懍
遵歷次諭旨、剴切敷陳、用備採擇。至
中外臣工務當振刷精神、實事求是。
毋蹈因循疲玩之習。如有因事獲咎
者、非平日官聲卓著之員、各該督撫
均不得奏請調遣及乞恩釋回。其來
京另候簡用大員、引疾歸田、朝廷原
不欲故為逆億。第該員等受恩深重，
病體痊愈、即應赴闕候簡。豈可稍耽
安逸自外生成。小民生計全在廉潔
之吏隨時培養。近來宦途頗雜、廉吏

Veneris stella interdiu visa est. Quinti mensis secunda decade, in Kan siu provinciæ terræ motus fuit calamitas. Chen si provinciæ contigua loca inde eodem tempore commota sunt. Exinde oportet timere, pavere, accurate inspicere, ad inhibendas calamitates et tempestatum injurias. Edicimus ut aulæ regiæ omnes præfecti qui habent monendi de rebus officium, publicæ administrationis defectus et omissiones, ad populi victum commoda et incommoda, cum timore obsequentes decursu temporum sæpe edictæ regiæ voluntati, maxima diligentia fuse exponant, ita præbeant quæ eligamus consilia.

毗 **P'ì**. Seconder, aider, uni, ensemble, contigu.

修 **Siŏu**. Orner, arranger, régler, soigner, préparer, réparer, renouveler, exercer, perfectionner, accomplir, instruire, former, façonner; grand.

弭 **Mì**. Les deux extrémités d'un arc; arrêter, réprimer, empêcher, faire cesser, apaiser, calmer, détruire.

沴 **Lí**. Dégât causé par la pluie, par l'eau; trouble dans la nature, intempérie des saisons, lutte des éléments; pronostic fâcheux dans l'air.

懍 **Lìn**. Effroi, crainte respectueuse

3. Quod attinet ad tum intra tum extra Medium regnum, tum majores tum minores præfectos, conari debent ut excitent et stimulent vires suas, serio conatu sectentur rectum; ne teneant prosequendi et obsequendi vitium, jocandi consuetudinem. Si sint qui ob gesta admiserint culpas, nisi sint qui solito in muneribus exercendis habiti sint præstantes insignesque præfecti; singuli provinciarum tum summi tum particulares prætores omnes prohibentur quin scribentes rogent ut illi in alia loca præfecti mittantur, aut postulent beneficium ut absoluti redeant domum.

精 **Tsīng**. La partie la meilleure ou la plus subtile d'une chose, parfait, subtil, fin, soigné, clair, perspicace;

罕聞甚至有病國以肥身家剝民以
媚大吏民生日蹙職此之由着各該
督撫認眞訪察秉公擧劾屬吏中如
有清操卓著者卽當據實保薦特加
奬擢以風其餘各省釐卡餉項所資
雖未能一體裁撤亦應嚴禁苛索以
恤商民該司業所稱寬比較之數慎
任用之人以約束稽核之權付諸地
方府州縣官等語着各該督撫酌度
情形妥籌辦理又據稱本年河汛甚
猛河南省城外險工可危請築月隄
並桃挖引河以資保衞一條着河東
河道總督河南巡撫會商妥辦摺内

temporibus ad magistratus assequendos viæ valde mixtæ fuerunt. De abstinentibus præfectis raro auditur; res eo devenit ut sint qui extenuent regnum ad saginandos se suosque, et spolient plebem ad emendam gratiam majorum præfectorum. Plebis vita in dies fit miserior, præcipue ob hanc causam.

廉 Liên. Incliné, de côté, latéral, côté, angle saillant; berge, bord élevé; modéré, économe, intègre; examiner.

媚 Méi. Flatter, aimer, être aimé, faveur, plaire, beau, agréable.

蹙 Tsiŭ. Fouler du pied; comprimer, presser, urger, s'empresser; être à l'étroit, indigent, affligé.

6. Jubemus cujusque provinciæ prætorem tum generalem tum particularem recognoscere minute, inquirere, inspicere, juxta æquitatem commendare et accusare. Inter subditos præfectos, si sint qui abstinentia et agendi ratione præstantes clareant, tunc debent, juxta veritatem patrocinantes proponere ut specialiter muneremur et promoveamus, ad præbendum exemplum cæteris.

劾 Hĕ, Hó. Rechercher les fautes de quelqu'un, accuser; faire des efforts, diligent.

7. In cujusque provinciæ portorii *li* teloniis vectigal quod solvunt, etsi nequit simili modo definiri et exigi; tamen oportet severe reprimere injustas exactiones, et ita miserari mercatores ac populum. Supradictus magister quod dixit, augendas esse comparatas ordinatasque quantitates; attente esse præficiendos adhibendosque homines; coercendi, inspiciendi et inquirendi potestatem dandam esse locorum præfectis et subpræfectis, ejusmodi verba; jubemus cujusque provinciæ tum generalem tum particularem prætorem sedulo perpendere rerum conditionem, et diligenter excogitare agendi rationem.

釐 Li. Mettre en ordre, disposer,

ÉDITS ET MÉMORIAUX

所稱地震情形，東至西安以東，南過成都以南，等語何以未見丁寶楨奏報，着該督查明，據實具奏欽此。

吏部稽勳司主事前任河南道監察御史，臣吳可讀跪奏爲以一死泣請懿旨預定大統之歸以舉今生忠愛事竊罪臣聞治國不諱亂安國不忘危，危而可諱可忘則進苦口於堯舜爲無疾之呻吟陳隱患於聖明爲不祥之舉動罪臣前因言事忿激自甘蒙我或斬或囚經王大臣會議奏請傳臣質訊乃

9. In litteris quæ supradictus magister narrat, terræ motus adjuncta, versus orientem usque ad Si ngan fou urbis orientem, et versus meridiem transivisse ad Tch'eng tou fou urbis meridiem; hujusmodi dicta; de iis quare nondum vidimus Ting Pao tcheng scriptum nuntium? Jubemus illum summum prætorem inquirere clare, et juxta veritatem scribere relationem. Reverenda sunt hæc verba.

XIV. 1. Civilium officiorum Tribunalis, de recognoscendis meritis curans, adjutor, antea curans de Ho nan provincia censor, servus Ou K'o tou genibus flexis scribit; ad (assequendum), ope unius mortis (id est, cum periculo vitæ suæ), cum lacrymis rogandi ut Imperatrices benigno decreto prius statuant imperii successionem, atque ita finis imponendi in hac vita fidelitati et amori suo, effectum.

吏 Lí. Officier, magistrat, envoyé, ministre.

稽 Kī. Examiner, délibérer, comparer, combiner un plan, compter; retenir, différer, tarder; arriver. ‖ K'ì. Saluer en se mettant à genoux et en inclinant la tête jusqu'à terre.

主事 Tchòu chéu. Régler les affaires; nom donné aux secrétaires des 六 部 lōu póu.

察 Tch'ă. Examiner, 都 院 Tōu iuén. Cour des 御 史 iú chèu

37. 吏部主事上谏入承大统俗制事宜

帝位继承（1876年）

吏部稽勋司主事、前任河南道监察御史、臣吴可读跪奏，为以一死泣请懿旨，预定大统之归，以举今生忠爱事。窃罪臣闻治国不讳乱，安国不忘危。危乱而可讳可忘，则进苦口于尧舜，为无疾之呻吟，陈隐患于圣明，为不祥之举动。罪臣前因言事忿激，自甘或斩或囚。经王大臣会议奏请，传臣质讯，乃蒙我先皇帝曲赐矜全，既免臣于以斩而死，复免臣于以囚而死，又复免臣于以传讯而触忌触怒而死。犯三死而未死，不求生而再生，则今日罪臣未尽之余年，皆我先皇帝数年前所赐也。乃天崩地坼，忽遭十三年十二月初五日之变。即日钦奉两宫皇太后懿旨："大行皇帝龙驭上宾，未有储贰，不得已，以醇亲王之子承继文宗显皇帝为子，入承大统，为嗣皇帝。俟嗣皇帝生有皇子，即承继大行皇帝为嗣。特谕。"罪臣涕泣跪诵，反覆思维，窃以为两宫皇太后一误再误。为文宗显皇帝立子，不为我大行皇帝立嗣。既不为我大行皇帝立嗣，则今日嗣皇帝所承大统，乃奉我两宫皇太后之命，受之于文宗显皇帝，非受之于大行皇帝也。而将来大统之承，亦未奉有明文，必归之承继之子。即谓懿旨内，既有"承继为嗣"一语，则大统之仍归继子，自不待言。罪臣窃以为未然。自古拥立推戴之际，为臣子所难言。我朝二百余年，祖宗家法，子以传子，骨肉之间，万世应无间然。况醇亲王公忠体国，中外翕然称为贤王，观王当时一奏，令人忠义奋发之气勃然而生。言为心声，岂能伪为？罪臣读之，至于歌哭不能已已。倘王闻臣有此奏，未必不怒臣之妄而怜臣之愚，必不以臣言为开离间之端。而我皇上仁孝性成，承我两宫皇太后授以宝位，将来千秋万岁时，均能以我两宫皇太后今日之心为心。而在廷之忠佞不齐，即众论之异同不一。以宋初宰相赵普之贤，犹有首背杜太后之事。以前明大学士王真之为国家旧人，犹以黄珫请立景帝太子一疏，出于蛮夷而不出于我辈为愧。贤者如此，遑问不肖？旧人如此，奚责新进？名位已定者如此，况在未定？不得已于一误再误中，而求一归于不误之策。惟有仰乞我两宫皇太后再行明白，降一谕旨，将来大统仍归承继大行皇帝嗣子。嗣皇帝虽百斯男，中外及左右臣工，均不得以异言进。正名定分，预绝纷纭。如此则犹是本朝祖宗来，子以传子之家法，而我大行皇帝未有子而有子，即我两宫皇太后未有孙而有孙。异日绳绳缉缉，相引于万代者，皆我两宫皇太后所自出，而不可移易者也。罪臣所谓"一误再误，而终归于不误者"，此也。彼时罪臣即以此意拟成一折，由都察院转进呈底，奏底具已就草。伏思罪臣业已降调，不得越职言事。且此何等事？此何等言？出之亲臣重臣大臣，则为深谋远虑；出之疏臣远臣小臣，则为干进希名。又思在诸臣中，忠直最著者，未必即以此事为可缓，言亦无益而置之。故罪臣且留以有待。洎罪臣以查办废员内，蒙恩圈出引见，奉旨以主事特用，仍复选授吏部，迩来又已五六年矣。此五六年中，环顾在廷，仍未有念及于此者。今逢我大行皇帝永远奉安山陵，恐遂渐久渐忘，则罪臣昔日所留以有待者，今则迫不及待矣。仰鼎湖之仙驾，瞻恋九重；望弓剑于桥山，魂依尺帛。谨以我先皇帝所赐余年，为我先皇帝上乞懿旨数行于我两宫皇太后之前。惟是临命之身，神志瞀乱。折中词意，未克详明，引用率多遗忘，不及前此未上一折一二，缮写又不能庄正。罪臣本无古人学问，岂能似古人从容？昔有赴死而行不复成步者，人曰："子惧乎？"曰："惧。"曰："既惧，何不归？"曰："惧吾私也，死吾公也。"罪臣今日亦犹是。鸟之将死，其鸣也哀；人之将死，其言也善。罪臣岂敢比曾参之贤，即死，其言亦未必善。

惟望我两宫皇太后、我皇上怜其哀鸣，勿以为无疾之呻吟、不祥之举动，则罪臣虽死无憾。宋臣有言："凡事言于未然，诚为太过；及其已然，则又无所及，言之何益？"可使朝廷受未然之言，不可使臣等有无及之悔。今罪臣诚愿异日臣言之不验，使天下后世笑臣愚，不愿异日臣言之或验，使天下后世谓臣明。等杜牧之罪言，虽逾职分；效史鳅之尸谏，只尽愚忠。罪臣尤愿我两宫皇太后、皇上体圣祖世宗之心，调剂宽猛，养忠厚和平之福，任用老成。毋争外国之所独争，为中华留不尽；毋创祖宗之所未创，为子孙留有余。罪臣言毕于斯，愿毕于斯，命毕于斯。再罪臣曾任御史，故敢昧死具折，又以今职不能专达，恳由臣部堂官代为上进。罪臣前以臣衙门所派随同行礼司员内，未经派及罪臣，是以罪臣再四面求臣部堂官大学士宝鋆，始添派而来。罪臣之死为宝鋆所不及料想，宝鋆并无不应派而误派之咎。时当盛世，岂容有疑于古来殉葬不情之事？特以我先皇帝龙驭永归天上，普天同泣，故不禁哀痛迫切。谨以大统所系，贪陈偻偻，自称罪臣以闻。谨具奏。

　　光绪五年四月十一日，钦奉慈安端裕康庆昭和庄敬皇太后、慈禧端佑康颐昭豫庄诚皇太后懿旨。本日王大臣等遵议已故主事吴可读"请豫定大统之归"一折，并尚书徐桐、翁同龢、潘祖荫，翰林院侍读学士宝廷、黄体芳，国子监司业张之洞，御史李端棻另议各节，览奏大略相同。前于同治十三年十二月初五日降旨，俟嗣皇帝生有皇子，即承继大行皇帝为嗣，原以将来继绪有人，可慰天下臣民之望。第我朝圣圣相承，皆未明定储位。彝训昭垂，允宜万世遵守。是以前降谕旨，未将继统一节，宣示具有深意。吴可读所请"豫定大统之归"，实于本朝家法不合。皇帝受穆宗毅皇帝付托之重，将来诞生皇子，自能慎选元良，缵承统绪。其继大统者，为穆宗毅皇帝嗣子，守祖宗之成宪，示天下以无私。皇帝亦必能善体此意也。所有吴可读原奏及王大臣等会议折，徐桐、翁同龢、潘祖荫联衔折，宝廷、张之洞各一折，并闰三月十七日及本日谕旨，均着另录一分存毓庆宫。至吴可读，以死建言，孤忠可悯。着交部照五品官例议恤。钦此。

所稱地震情形東至西安以東南過成都以南等語何以未見丁寶楨奏報着該督查明據實具奏欽此。

吏部稽勲司主事前任河南道監察御史臣吳可讀跪請

奏爲以一死泣請

懿旨預定大統之歸以舉今生忠愛事竊罪臣聞治國不諱亂安國不忘危危亂而可諱可忘則進苦口於堯舜爲無疾之呻吟陳隱患於聖明爲不祥之舉勲罪臣前因言事忿激自甘蒙我斬或囚經王大臣會議奏請傳臣質訊乃

9. In litteris quæ supradictus magister narrat, terræ motus adjuncta, versus orientem usque ad Si ngan fou urbis orientem, et versus meridiem transivisse ad Tch'eng tou fou urbis meridiem; hujusmodi dicta; de iis quare nondum vidimus Ting Pao tcheng scriptum nuntium? Jubemus illum summum prætorem inquirere clare, et juxta veritatem scribere relationem. Reverenda sunt hæc verba.

XIV. 1. Civilium officiorum Tribunalis, de recognoscendis meritis curans, adjutor, antea curans de Ho nan provincia censor, servus Ou K'o tou genibus flexis scribit; ad (assequendum), ope unius mortis (id est, cum periculo vitæ suæ), cum lacrymis rogandi ut Imperatrices benigno decreto prius statuant imperii successionem, atque ita finis imponendi in hac vita fidelitati et amori suo, effectum.

吏 Lí. Officier, magistrat, envoyé, ministre.

稽 Kī. Examiner, délibérer, comparer, combiner un plan, compter; retenir, différer, tarder; arriver. || K'ì. Saluer en se mettant à genoux et en inclinant la tête jusqu'à terre.

主事 Tchòu chéu. Régler les affaires ; nom donné aux secrétaires des 六部 lòu póu.

察 Tch'ǎ. Examiner, 都院 Tōu iuén. Cour des 御史 iú chèu

EDITS ET MÉMORIAUX

先皇帝曲賜矜全。既免臣於以斬而死，復免臣於以傳訊而觸忌觸怒而死。犯三死而未死，不求生而再生，則今日罪臣未盡之餘年，皆我先皇帝數年前所賜也。乃天崩地拆，忽遭十三年十二月初日之變，即日欽奉大行皇帝龍馭上賓。未有儲貳，不得已以醇親王之子承繼文宗顯皇帝爲子，入承大統爲嗣皇帝，俟嗣皇帝生有皇子，即承繼大行皇帝爲嗣，特諭罪臣涕泣跪誦，反覆思維，竊以爲兩宮皇太后一誤再誤，爲文宗顯皇帝立子，不爲我大行皇帝立嗣。既不爲我

et servare integrum (i. e. non decollatum). Postquam condonavit mihi ne decollatus morerer, iterum condonavit mihi ne in carcere morerer; et rursus condonavit mihi ne a judicibus arcessitus et interrogatus, excitarem imperatoris odium, excitarem iram (per responsa imperatori omnino ingrata) et morerer.

矜 King. Avoir compassion, chercher à soulager la douleur de quelqu'un; user avec réserve, ménager, préserver, garantir, respecter, craindre, se tenir en garde, veiller sur soi, se vanter, s'enorgueillir.

斬 Tchàn. Trancher, couper, rogner, décapiter, retrancher.

觸 Tch'ŏu. Frapper avec les cornes; heurter, attaquer, se précipiter sur; affronter, exciter; rencontrer, encourir; transgresser, souiller, traiter sans respect, importuner.

4. Offendi tria mortis genera, et non mortuus sum; non quæsivi vitam, et rursus vixi. Ita hodie quos reus servus nondum complevit, reliqui anni sunt quos noster mortuus imperator, ante hos aliquot annos, donavit.

犯 Fán. Heurter, attaquer, braver, résister, offenser; franchir, aller au-delà; empiéter, outrepasser, transgresser, violer; commettre une faute; se jeter dans un péril.

5. Deinde quasi cælum ruisset et terra scissa esset, repente incurrimus

大行皇帝立嗣則今日
嗣皇帝所承大統乃奉我
兩宮皇太后之命受之於
文宗顯皇帝非受之於
大行皇帝也而將來大統之承亦未奉有明文必歸
懿旨內既有承繼爲嗣一語則大統之仍歸繼子自
之承繼之子即謂
大行皇帝也而將來大統之承亦未奉有明文必歸
不待言罪臣竊以爲未然自古擁立推戴之
際爲臣子所難言我朝二百餘年
祖宗家法子以傳子骨肉之間萬事應無間然況
親王公忠體國中外翕然稱爲賢王觀王當
時一奏令人忠義奮發之氣勃然而生言爲
心聲豈能僞爲。臣讀之至於歌哭不能已
已倘王聞臣有此奏未必不恕臣之妄而憐

sorem. Quum non nostro nuper mortuo imperatori constituerint successorem, nunc successor imperator quod accepit imperium, ex accepto nostrarum duarum Imperatricum mandato, accepit a Wenn tsoung hien Imperatore, non accepit a nostro nuper mortuo imperatore. Et in futurum, imperii hæreditas, nondum acceptum est publicum decretum quo certe obtingat (præsentis) hæredis filio.

嗣 **Séu**. Succéder, continuer, adopter, successeur, héritier, descendant.

承 **Tch'êng**. Offrir un objet à un supérieur; honorer, flatter; recevoir un objet d'un supérieur, recevoir un héritage, succéder, continuer, imiter; recevoir ou prendre la charge de, prendre soin; supporter, soutenir, servir de base.

繼 **Kí**. Continuer, succéder, ensuite; adopter, adoptif.

8. Licet dicatur, in imperatricum edicto quum sit « succedet tanquam hæres » unum dictum, imperium solito more obventurum esse hæredis (præsentis) filio, quin necesse sit dicere; reus servus sibi sumit censere illud nondum certum esse. Antiquitus illa, quibus turba stipans constituebat, promovebat et reverebatur imperatores, tempora sunt de quibus subditus non potest loqui. In nostra præsenti regia familia, ducentis amplius annis, avorum domes-

臣之愚、必不以臣言爲開離間之端。而我
皇上仁孝性成承我
兩宮皇太后授以寶位將來千秋萬歲時均能以我
兩宮皇太后今旦之心爲心而在廷之思慮不齊卽衆論之
異同不一以宋初宰相趙普之賢猶有首背杜太后
之事以前明大學士王直之爲國家舊人猶以黃玹
請立景帝太子一疏出於蠻夷而不出於我輩爲愧。
賢者如此舊人如此奚責新進名位已定
者如此況在未定不得已於一誤再誤中而求一歸
於不誤之策惟有仰乞我
兩宮皇太后再行明白降一諭旨將來大統仍歸承繼
大行皇帝嗣子
嗣皇帝雖百斯男中外及左右臣工均不得以異言進。正

---

meæ simplicitatis; certe non arbitrabitur mea verba fore dissidii (domestici) causam. Et noster imperator, bonus et pius natura factus, qui accepit a nostris duabus Imperatricibus donari pretioso solio, in posterum, mille autumnorum et decies mille annorum spatio, pariter poterit ex nostrarum duarum imperatricum præsenti voluntate facere voluntatem suam. Sed in aula regia sinceri homines et adulatores non sunt consimiles, et populi sermonum discrepantia non una est.

11. Licet uteretur, regiæ familiæ Soung initio, regni ministri Tchao P'ou sapientia, tamen (Tchao P'ou) habuit, ut primus resisteret Tou imperatrici, rem. Licet uteretur, sub proxime extincta regia familia Ming, magnus consiliarius Wang Tchenn ut esset regni antiquus minister, tamen censuit, qua Houang Hiuen (dux barbarorum) roga-

本朝名定分，預絕紛紜如此，則猶是祖宗來子以傳子之家法。而我大行皇帝未有子而有子，即我兩宮皇太后未有孫而有孫。異日繩繩緝緝相引於萬代者，皆我兩宮皇太后所自出，而不可移易者也。罪臣所謂一誤再誤，而終歸於不誤者，此也。彼時罪臣即以此意擬成一摺，由都察院轉進呈。底奏底具已就草。伏思罪臣業已降調不得越職言事。且此何等事，此何等言。親臣重臣大臣則為深謀遠慮。出之疏臣遠臣小臣，則為干進希名。又思在諸臣中，忠直最著者，未必即以此事為可緩，言亦無益而置之。故罪臣且留以待，洎罪臣以查辦廢員內蒙

斯 Sēu. Particule euphonique.
14. Statuto nomine, definita sorte, prius amota confusione, hac ratione, tunc adhuc vigebit a præsentis familiæ regiæ avis veniens, qua filius tradit imperium filio, domestica lex. Et noster nuper mortuus imperator, qui nondum habet filium, habebit filium; etiam nostræ duæ Imperatrices, quæ nondum habent nepotem, habebunt nepotem. Elabentibus diebus, sine intermissione invicem succedentes per decies mille generationes, (imperatores) omnes erunt ex nostris duabus Imperatricibus orti, nec licebit mutare. Reus servus quod dixit, semel iterumque errasse et tandem reverti ad rectam viam, illud est.

繩 Chêng. Corde, cordeau de charpentier, règle, régler, modérer, corriger, réprimer, réprimander, continuer. 子孫⸺(詩大雅. Vos descendants se succéderont sans interruption.

ÉDITS ET MÉMORIAUX

恩圈出引
見奉
旨以主事特用仍復選授吏部邇來又已五六年
矣此五六年中瓊顧任廷仍未有念及於此
者今逢我
大行皇帝永遠奉安
山陵恐遂漸久漸忘則罪臣昔日所留以有待者今
則迫不及待矣仰
鼎湖之
仙駕瞻戀
九重望
弓劍於
橋山魂依尺帛謹以我
先皇帝所賜餘年為我
先皇帝上乞

17. Quando reus servus, ex interrogandorum puniendorumque dejectorum præfectorum numero, accepto regio beneficio, circulari nota designatus, ductus est ut videret imperatorem, accepto decreto, in Tribunalis adjutorem speciatim adhibendus fuit, sicut prius, rursus electus donatus est magistratu in officiorum civilium Tribunali; modo abhinc et elapsi sunt quinque sexve anni.

泊 **Kí**. Jus, humecter, imbiber, arriver, quand.

麼 **Féi** Menacer ruine, cesser d'exister, cesser d'agir, abolir, quitter, renoncer à, omettre, négliger, refuser, rejeter, enlever, destituer, détrôner.

圈 **K'iuên**. Cercle, circonférence; enfermer dans un cercle; marquer une lettre d'un petit cercle; se dit de l'empereur qui, sur une liste d'officiers présentés à son choix, marque d'un petit cercle rouge les noms de ceux qu'il choisit.

18. His quinque sexve annis, circum aspiciens in aula, (vidi), sicut prius, non esse qui cogitaret de illa re. Nunc quum advenerit ut nuper mortuus imperator in perpetuum reverenter sit depositus in colle, timendum est ne deinde, paulatim elabente tempore, paulatim obliviscantur (illam rem). Ideo reus servus, præteritis diebus quod reliquit exspectans, nunc compulsus non potest ad aliud tempus remittere.

懿旨數行於我兩宮皇太后之前惟是臨命之身神志瞀亂摺中詞意未克詳明引用率多遺忘不及前此未上一摺一二繕寫又不能莊正罪臣本無古人學問豈能似古人從容昔有赴死而行不復成步者人曰子懼乎曰懼既懼何不歸曰懼吾私也死吾公也罪臣今日亦猶是鳥之將死其鳴也哀人之將死其言也善罪臣豈敢比曾參之賢卽死其言亦未必善惟望我兩宮皇太后我皇上憐其哀鳴勿以爲無疾之呻吟不祥之舉動則罪臣雖死無憾宋臣有言凡事言於未然誠爲太過及其已然則又無所及言之何益可使朝廷受未然之言不可使臣等有無及之悔今罪臣誠願異日臣言之

20. Sed vere, pertingente vitæ finem corpore, mentis acies obscura et turbida est. In his litteris, verbis sententias non potui evolvere clare; citanda adhibendaque valde multa omissa et oblita sunt. (Hæ litteræ) non assequuntur pristinam illam non traditam epistolam. Semel iterumque descripsi, nec potui composite et recte.

瞀 Meóu. Regarder attentivement, tenir les yeux baissés; vue trouble, peu intelligent, peu perspicace.

繕 Chén. Réparer, préparer; écrire un rapport, transcrire, copier.

莊 Tchouāng. Végétation abondante; extérieur bien composé, respectueux; orné avec élégance; feindre, simuler, contrefaire.

21. Reus servus revera non habet antiquorum virorum eruditionem. Quomodo posset imitari antiquorum virorum tranquillitatem? Olim fuit qui adi-

不驗。使天下後世笑臣愚。不願異日臣言之或驗。使天下後世謂臣明。等杜牧之罪言。雖逾職分。效史鰌之尸諫。祇盡愚忠。罪臣尤願我

兩宮皇太后

皇上體

聖祖

世宗之心調劑寬猛。篤忠厚和平之福。任用老成。毋爭外國

祖宗之所未創爲中華留不盡毋創之所獨爭爲子孫留有餘。罪臣言畢於斯。願畢於斯。

不能專達。懇由臣部堂官代爲上畢於斯。再罪臣曾任御史故敢昧死具摺又以今職

進。罪臣前以臣衙門所派隨同行禮司員內未經派及

罪臣。是以罪臣再四面求臣部堂官大學士寶鋆始

24. Nunc reus servus vere optat aliis diebus servi dicta non fieri, et facere ut totius imperii futurae generationes irrideant servi simplicitati. Non optat aliis diebus servi dicta forsan fieri, et facere ut totius imperii futurae generationes dicant servum perspicacem fuisse. Imitans Tou Mou ingratam sinceritatem, etsi excesserit officii sui limites; imitans historici Ts'iou cadaveris monitionem; reverenter integram exsero rudem fidelitatem.

Au sujet de l'historiographe 魚 Iú ou 鱄 Ts'iôu, voyez 論語 Liùn iù, Chap. XV, 6.

25. Reus servus etiam cupit nostras duas Imperatrices nostrumque Imperatorem induere Cheng tsou (K'ang hi) et Chéu tsoung (Ioung tcheng) animum; ex æquo contemperare clementiam et severitatem; fovere fidelitatem, probitatem, concordiam, æquitatem, quæ sunt maxima bona; in magistratibus adhibere ætate maturos et perfecctos viros;

先皇帝龍馭永歸天上普天同泣故不禁哀痛迫切謹以大統所繫貪陳慺慺自稱罪臣以聞謹具奏、

添派而來罪臣之死爲寶鋆所不及料想寶鋆並無不應派而誤派之咎時當盛世豈容有疑於古來殉葬不情之事特以我

光緒五年四月十一日欽奉

慈安端裕康慶昭和莊敬皇太后

慈禧端佑康頤昭豫莊誠皇太后懿旨本日王大臣等遵議已故主事吳可讀請豫定大統之歸一摺並尙書徐桐翁同龢潘祖蔭翰林院侍讀學士寶廷黃體芳國子監司業張之洞御史李端棻另議各節覽奏大略相同前於同治

咎 Kióu. Faute, défaut, erreur, blâmer, inculper; châtiment céleste.

28. Tempus præsens quum sit prospera ætas, quomodo posset esse suspicio illius antiquorum, qui vitam suam profuderunt ut se adderent humato principi, inhumanæ actionis? Sed quia noster nuper mortuus imperator draconibus vectus in perpetuum reversus est ad cælum, et totus orbis simul luget, ideo non valeo ferre luctus et doloris me vehementiam.

verant reum servum; ideo reus servus multoties coram rogavit sui Tribunalis et Consilii privati præsidem Pao Iun, qui tum primum addens delegavit; et veni. Rei servi mors erit id quod Pao Iun non potuit conjicere; Pao Iun et non obnoxius erit, quod aliquem non delegandum errore delegaverit, accusationi.

料 Leaó. Mesurer, compter; penser, réfléchir, faire attention, prévoir, conjecturer, évaluer, estimer; combiner, soigner, pourvoir; matière.

十三年十二月初五日降旨、俟嗣皇帝生有皇子、即承繼

大行皇帝爲嗣、原以將來繼緒有人可慰天下臣民之望。

第我朝

聖聖相承皆未明定儲位

彜訓昭垂允宜萬世遵守。是以前降諭旨、未將繼統一節、宣

示具有深意、吳可讀所請、豫定大統之歸、實於本朝

家法不合。皇帝受穆宗毅皇帝付託之重、將來誕生皇子、自

能慎選元良續承統緒、其繼大統者爲穆宗毅皇帝嗣子、

祖宗之成憲、示天下以無私、皇帝以必能善體此意也。所有

吳可讀原奏及王大臣等會議摺、徐桐翁同龢潘祖蔭聯

銜摺、寶廷張之洞各一摺、並閏三月十七日及本日諭旨、

均着另錄一分存毓慶宮。至吳可讀、以死建言孤忠可憫。

着交部照五品官例議卹。欽此。

31. « Olim T'oung tcheu decimi tertii anni duodecimi mensis quinto die edidimus decretum: « Quando successor « imperator (Kouang siu) genitum « habebit regium filium, tunc succedet « (hic filius) nuper mortuo imperatori « (T'oung tcheu) ut hæres filius; » revera ut in posterum successurus esset aliquis qui posset explere imperii præfectorum et popularium exspectationem. Sed a nostræ familiæ imperatorum, qui invicem successerunt, ullo nondum, qua clare statueretur hæres imperii, lex, instructio, declaratio relicta est, quam certe oporteat decies mille generationes sequi et servare. Quam ob rem, olim edentes decretum, nondum de successionis imperii illa quæstione pervulgavimus, monuimus, scripsimus alte cogitata. Ou K'o tou quod proponit, ut prius statuatur summi imperii hæres, vere cum nostræ regiæ familiæ domestica lege non convenit.

32. « Imperator (Kouang siu) accepit.

38. 山东监察御史请奏两宫皇太后免除亲王差使事宜

太上皇与两宫皇太后（1876年6月）

光绪二年闰五月初六日，山东道监察御史、臣潘敦俨跪奏，为请仍开除亲王差使，用示优异，以维礼教而解群疑，仰祈圣鉴事。窃维名位以天子为尊，伦纪以君父为重，此千古不易之常经，一日不可稍忽者也。恭读同治十三年十二月慈安端裕康庆皇太后、慈禧端佑康颐皇太后懿旨："前据醇亲王奕譞奏旧疾复发，恳赐矜全。当谕令王公、大学士、六部九卿，妥议具奏。兹据奏称，该王因伤痛过甚，触发旧疾，哀恳出于至诚，不得不量为体恤。拟请将该王所管各项差使，均予开除。等因。钦此。"又恭读光绪元年十二月慈安端裕康庆皇太后、慈禧端佑康颐皇太后懿旨："皇帝冲龄践阼，亟宜乘时典学，日就月将，以裕养正之功，而端出治之本。着钦天监于明年四月内选择吉期，皇帝在毓庆宫入学读书。皇帝读书课程及毓庆宫一切事宜，着醇亲王妥为照料。等因。钦此。"以醇亲王忠勤素著，何敢固求安逸，有负朝廷倚畀之隆？皇上仁存性成，不欲继绪诞膺，致薄一体天亲之谊。故于醇亲王入对时，则临之以虚位。此固行权于一时，非所以昭示于万世也。但四海臣庶不能周知，恐不免北面而朝之惑。且现在之政事及一切差使，安得以出自皇太后，遂谓于皇上无与乎？若必待亲政之年，再将醇亲王差使开除，原无不可。惟朝仪既异乎百僚，醇亲王谅有不安之隐。而夹辅仍侪乎诸邸，我皇上能无追悔之时？莫如收回成命，遂其初心，予以宽闲，听其休沐，成不事之志，为不召之臣。庶几主恩不失其所尊，主义不忘乎所重，名位、伦纪两无所妨矣。臣愚昧之见，是否有当？伏乞皇太后、皇上圣鉴训示。谨奏。

光绪二年闰五月初六日，潘敦俨片：

再京师雨泽稀少，旱象已成。业经下诏求言，兼筹抚恤矣。今者皇上尚在冲龄，皇太后日理万机，曾无失德。何以再三祈祷，迄未渥沛甘霖？伏维我朝最重节孝，凡有节妇孝子，一经奏请，无不仰邀恩施，予以旌表。因思孝哲毅皇后于光绪元年二月二十日崩逝，在穆宗毅皇帝升遐百日之内，四海莫不惊悼。道路传闻异辞，或谓悲痛致疚，或谓绝粒伤生。如果属实，是以母仪天下之德，而有首阳之风百折不回，矢以身殉。凛然奇节，湮没不彰，何以慰在天之灵？何以副兆民之望？亢旱之由原不专系乎此，然倘能特旨表扬，以光潜德，未始非感召之一端也。应否改定谥号之处，出自圣裁。臣罔识忌讳，谨附密陈。伏乞皇太后、皇上圣鉴。谨奏。

光绪二年五月二十六日，奉慈安端裕康庆皇太后、慈禧端佑康颐皇太后懿旨："御史潘敦俨奏请'开除亲王差使'一折。前因醇亲王奏旧疾复发，恳赐矜全，当允王公、大学士、六部九卿之议，将醇亲王所管各项差使开除。即神机营事务，亦改派伯彦讷谟祜等管理，仅令醇亲王随时会商筹办。惟菩陀峪工程重大，仍令前往照料，亦该亲王职分所当为。嗣因皇帝入学读书，特派照料毓庆宫事宜，亦非寻常差使可比。至每年七月、十月、万寿及元旦令节，均令诣寿康宫行礼，毋庸随班庆贺。并加以亲王世袭罔替，所以体恤而优崇者，原与诸王廷臣迥别。该御史于朝廷用意，未能深悉，持论致多失当。所奏着毋庸议。另片奏请'表扬毅皇后，以光潜德'等语，览奏深堪诧异。本朝恭上列后谥号，均系恪遵成宪敬谨举行。孝哲毅皇后已加谥号，岂可轻议更张？该御史逞其臆见，率行奏请，已属糊涂。并敢以传闻无据之辞，登诸奏牍，尤为谬妄。潘敦俨着交部严加议处。钦此。"

光緒二年閏五月初六日山東道監察御史
臣潘敦儼跪
奏爲請仍開除親王差使用示優異以維禮教
而解羣疑仰祈
聖鑒事竊維名位以
天子爲尊倫紀以
君父爲重此千古不易之常經一日不可稍忽者
也恭讀同治十三年十二月
慈安端裕康慶皇太后
慈禧端佑康頤皇太后懿旨前據醇親王奕譞奏舊
疾復發懇賜矜全當諭令王公大學士六部九卿
安議具奏茲據奏稱該王因傷痛過甚觸發舊疾
哀懇出于至誠不得不量爲體恤擬請將該王所

XV.

1. Chan toung regionis inspiciens inquirensque imperialis censor, servus vester P'an Touenn ien genibus flexis scribit, ad (assequendum) rogandi ut, solito more, amoveantur et tollantur primi ordinis principi mandata exsequenda, et ita ostendatur magnum discrimen, consulatur officiis et documentis, ac solvantur multitudinis suspiciones, et reverenter precandi Imperatrices et Imperatorem ut inspiciant, effectum.

優 Iōu. Vaste, large, abondant, beaucoup, intense, généreux, libéral, éminent, excellent, indulgent.

維 Wéi. Corde, lien; principe, loi, règle; point cardinal, vertu cardinale; lier, unir; considérer, aviser, penser à, réfléchir, prévoir, pourvoir.

2. Humilis servus considerat inter præclaras dignitates, imperatoris dignitatem esse maximam; inter officiorum mutuorum leges, ad regis patrisve (auctoritatem pertinentes leges) esse gravissimas. Illæ sunt ab antiquis nunquam mutatæ perennes regulæ, quas ne uno quidem die licet paululum negligere.

倫 Liùn. Espèce, ordre, classe, relation sociale, devoirs réciproques attachés aux cinq relations sociales, règle: raison, cause.

紀 Kì. Démêler, mettre en ordre, arranger, régler, règle, loi; période de douze années; dizaine, nombre; inscrire, annales, mémoires.

管各項差使、均予開除等因欽此、又恭讀光緒元
年十二月
慈安端裕康慶皇太后
慈禧端佑康頤皇太后懿旨皇帝冲齡踐祚、亟宜乘
時典學日就月將、以裕養正之功、而端出治之本。
着欽天監於明年四月內、選擇吉期、皇帝在毓慶
宮入學讀書。皇帝讀書課程及毓慶宮一切事宜、
着醇親王奕譞爲照料。等因欽此、以醇親王忠勤素
著、何敢固求安逸、有負
朝廷倚畀之隆。
皇上仁孝性成不欲
繼緒誕膺、致薄一體天親之誼。故於醇親王入對
時、則臨之以虛位。此固行權於一時、非所以

omnes publicas res pariter sineremus amoveri et tolli.» Hujusmodi res. Reverenda sunt hæc verba.

5. Etiam reverenter lego Kouang siu primi anni duodecimo mense datum Ts'eu ngan touan iu k'ang k'ing Imperatricis et Ts'eu hi touan iou k'ang i Imperatricis benignum decretum: «Imperator puerilibus annis potitus est dignitate; propere oportet uti tempore et dirigere ejus studia, ut quotidie progrediatur, quoque mense proficiat; ita ut (compleatur) ample excolendæ rectitudinis opus, et incipiat oriri regiminis radix, i. e. virtus.

冲 Tch'ôung. Jeune; profond.

齡 Ling. Année de vie, âge,

宜 Î. Convenable, raisonnable, juste, utile, commode, accommodant, accommoder, traiter comme il convient, arranger, agir convenablement, mettre en ordre.

乘 Chêng, Tch'êng. Atteler, être ou voyager en voiture ou à cheval, conduire une voiture; monter, s'élever, surpasser; profiter de, se servir de; diriger, soigner. || Chéng. Char attelé de quatre chevaux.

就 Tsiòu. Accompli, achever, perfectionner, atteindre son terme, terme, fin; avancer, progresser; aller à, s'approcher; atteindre; suivre, se conformer à; user, se servir, profiter de; aussitôt, à l'instant; quand même, bien que.

昭示於萬世也。但四海臣庶不能周知、恐不免北面而朝之惑。且現在之政事、及一切差使安得以出自皇太后、遂謂於皇上無與乎。若必待親政之年、再將醇親王差使開除、原無不可。惟朝儀既異乎百僚、醇親王諒有不安之隱。而夾輔仍儕乎諸邸我皇上能無追悔之時、莫如收回成命、遂其初心、子以寬閒、聽其休沐、成不寧之志、爲不召之臣。庶幾主恩不失其所尊、主義不忘乎所重、名位倫紀、兩無所妨矣。臣愚昧之見、是否有當、伏乞皇太后皇上聖鑒訓示。謹奏。

ætatibus. Sed totius imperii cives forsan non possunt illud omnino intelligere. Forsan non vitatur, quod (Tch'ouenn princeps) septentrioni obversus (i. e. coram imperatore) subjecti reverentiam præstet, suspicio. Imo nunc publicæ res et omnia munia num possunt, proficiscentia ex Imperatricibus, inde dici ad Imperatorem non attinere?

北面 Pĕ mién. Tourner le visage vers le nord, être en face de l'empereur, avoir une audience de l'empereur.

南面 Nân mién. Avoir le visage tourné vers le midi : se dit de l'empereur donnant audience.

9. Si omnino exspectent (Imperatrices) quo Imperator ipse imperium capesset, annum, et tunc Tch'ouenn primi ordinis principis munia amoveant et tollant, reapse non dedecet; sed in aulicis cæremoniis quum non sit similis cæterorum præfectorum, Tch'ouenn

光緒二年閏五月初六日。潘敦儼片。
再京師雨澤稀少、旱象已成業已下
詔求言兼籌撫恤矣。今者
皇上尚在冲齡、
皇太后日理萬幾、曾無失德、何以再三祈禱迄未渥沛甘霖、
伏維我
朝最重節孝。凡有節婦孝子一經奏請無不仰邀
恩施子以旌表因思
孝哲毅皇后於光緒元年二月二十日崩逝、在
穆宗毅皇帝升遐百日之内、四海莫不驚悼道路傳聞異辭。
或謂悲痛致疾、或謂絕粒傷生、如果屬實、是以
母儀天下之德而有首陽之風百折不回矢以身殉凜然奇
節湮沒不彰何以慰

12. P'an Touenn ien schedula. Præterea, in urbe regia pluvialis aqua fuit rara et tenuis; siccitas videtur jam perfecta. Jam missæ sunt regiæ litteræ quibus postulata sunt monita, et quæritur ratio fovendi ac solandi. Nunc Imperator adhuc est in puerilibus annis; Imperatrices quotidie curantes de omnibus rebus, nondum defuerunt virtuti. Qui fit ut, postquam etiam atque etiam precationes et supplicationes factæ sunt, hucusque nondum irrorans large deciderit commoda pluvia?

撫 Fòu. Toucher, manier, caresser de la main, saisir, frapper légèrement, jouer d'un instrument à cordes; faire du bien, entourer de soins, consoler, récompenser, encourager, modérer, régler, gouverner, suivre, s'accommoder.

幾 KI. Subtil, délicat, presque imperceptible, premier indice,

ÉDITS ET MÉMORIAUX

在天之靈、何以副兆民之望。亢旱之由原不專係乎
此、然倘能
特旨表揚以光潛德、未始非感召之一端也。應否
改定諡號之處出自
聖裁。臣罔識忌諱謹附密陳、伏乞
皇太后
皇上聖鑒謹
奏。

光緒二年五月二十六日奉
慈安端裕康慶皇太后、
慈禧端佑康頤皇太后懿旨。御史潘敦儼奏請開除
醇親王差使一摺。前因醇親王奏舊疾復發懇賜矜

---

aspera insignisque castitas, si latens et abscondita non clareat, quomodo consolatio dabitur ejus in cælo animæ? quomodo respondebitur totius populi votis?

儀 í. Règle, précepte, enseignement, modèle. 人秉母 ǀ (千字文) Jŏu fòung mòu †. Recevoir à la maison l'éducation maternelle.

首陽 Cheòu iâng. Montagne située dans le 陝西 Chèn sī. Les deux frères 伯夷 Pĕ i et 叔齊 Chŏu ts'i, fils du prince de 孤竹 Kōu tchŏu dans le nord du Tcheu li, fidèles à la dynastie des 殷 Ȋn, déclarèrent qu'ils ne mangeraient pas le grain des 周 Tcheôu, nouvellement parvenus à l'empire. Ils se retirèrent au pied du mont Cheòu iang dans le Chen si, y vécurent d'herbes sauvages pendant quelque temps, et finirent par mourir de faim. Voy. 論語 Ch. XVI, 12.

兆 Tchaó. Fissures formées sur l'écaille d'une tortue qui a été exposée au feu; pronostic tiré des fissures formées sur l'écaille d'une tortue, augure, présage; indice, symptôme, commencement, forme, apparence; commencer, inaugurer, essayer; limites ou enceinte d'un cimetière ou d'un lieu de sacrifices; un million, un grand nombre. ǀ 民 † min. Grand nombre d'hommes, peuple nombreux.

19. Etsi summæ siccitatis origo et causa non unice est in illa re, tamen,

全當允王公大學士六部九卿之議將醇親王所管各項差使開除即神機營事務亦改派伯彥訥謨祜等管理僅令醇親王隨時會商籌辦惟菩陀峪工程重大仍令前往照料亦該親王職分所當為嗣因皇帝入學讀書特派照料毓慶宮事宜以示尋常差使可比至每年七月十月萬壽及元旦令節均令詣壽康宮行禮毋庸隨班慶賀並加以親王世襲恩眷所以體恤而優崇者原與諸王廷臣迴別該御史于朝廷用意未能深悉持論致多失當所奏著毋庸議另片奏請表楊毅皇后以光潛德等語覽奏深堪詫異本朝恭上列后諡號均係恪遵成憲敬謹舉行孝哲毅皇后已加諡號豈可輕議更

privatorum consiliariorum, sex Tribunalium et trium Curiarum præsidum consulto; et Tch'ouenn primi ordinis princeps quæ curabat, omnimoda munia amoventes sustuleramus. Etiam de urbis regiæ præsidii negotiis, quoque mutantes delegaveramus Pe ien no mo hou et alios qui curarent et regerent. Solum jussimus Tch'ouenn primi ordinis principem, pro temporibus, cum (regni ministris) deliberare et inire consilia.

神機 Chênn kī. Merveilleux instrument: nom donné aux premières armes à feu qui parurent en Chine, dans le courant du quinzième siècle.
神機營 Corps de dix-huit à vingt mille Mandchoux, armés et exercés à la manière européenne, et formant la garnison de Pékin.

19. Sed quum P'ou t'ouo iu (tumuli imperatrici Ts'eu ngan touan in k'ang k'ing ante mortem parati) opus sit maximi momenti, sicut antea, jussimus Tch'ouenn principem prius ire et curare; idque est quod ille princeps officio suo decet facere. Deinde, imperatore inchoante studia et legente libros, specialiter delegavimus eum qui curaret lu k'ing koung scholæ (in qua imperator studet) res congruas, idque non cum consuetis muneribus potest comparari.

工程 Kōung tch'êng. Quantité de travail déterminée, l'ensemble d'un travail. 課 K'ó Tâche déterminée.

張。該御史逞其臆見、率行奏請、已屬糊塗、並敢以傳聞無據之辭、登諸奏牘、尤爲謬妄、潘敦儼着交部嚴加議處、欽此。

慈禧端佑康頤昭豫莊誠皇太后懿旨、前於四月間、派醇親王奕譞巡閱北洋海口。因該親王遠涉風濤、實深眷念。皇帝亦時切塵系、故於召見時、諭知欲派宮監帶領御醫全順隨往、以時調護。當據該親王面稱、總管太監李連英人極謹飭、請派隨往。迨回京時、召見該親王、詢以李連英有無招搖情事。據稱、該總管太監沿途小心伺應、實與府中隨往太監無異、絶無絲毫干預外事。茲據御史朱一

光緒十二年八月二十五日、欽奉

---

esse quæ moveret admirationem. A nostra regia familia reverenter data constitutis imperatricibus posthuma nomina omnia sunt accurate juxta statutas leges reverenter et diligenter proposita et edicta. Hiao tche i imperatrix jam donata est posthumo nomine. Num decet leviter deliberare ut mutatum amplietur? Supradictus censor, confidens suo judicio et sententiæ, præpropere scriptis litteris, rogavit; jam est quid stolidum.

逞 Tch'èng. Marcher vite; orgueilleux, arrogant, plein de suffisance, satisfaire un désir ou une passion, agréer, aimer, favoriser.

臆 I. Poitrine;- pensée, volonté, sentiment; plein, emplir, obstruer.

24. Insuper ausus est traditos et auditos inanes rumores referre in scriptis ad nos litteris; magis est erroneum et stultum. P'an Touen ien jubemus tradi Tribunali pœnarum, quod severe deliberet ut statuatur de eo. Reverenda sunt hæc verba.

登 Têng. Monter, aller à, promouvoir, récolter; placer sur, inscrire.

XVI. 1. Kouang siu duodecimi anni octavi mensis vigesimo quinto die, reverenter acceptum Ts'eu hi imperatricis decretum. Antea, quarto mense, delegavi Tch'ouenn primi ordinis principem, I hiuen nomine, qui perlustrans inspiceret septentrionalis maris portus. Quia ille primi ordinis princeps procul

39. 太后以内廷规制驳寺宦流弊之危词

（1886 年 9 月 22 日）

光绪十二年八月二十五日，钦奉慈禧端佑康颐昭豫庄诚皇太后懿旨："前于四月间，派醇亲王奕谮巡阅北洋海口。因该亲王远涉风涛，实深眷念，皇帝亦时切厪系。故于召见时，谕知欲派宫监带领。御医全顺随往，以时调护。当据该亲王面称总管太监李连英人极谨，饬请派随往。迨回京时，召见该亲王，询以李连英有无招摇情事。据称该总管太监沿途小心伺应，实与府中随往太监无异，绝无丝毫干预外事。兹据御史朱一新奏'遇灾修省，豫防宦寺流弊'一折，忽以李连英随该亲王前往，恐陷唐代监军覆辙，危词耸听，已属拟不于伦。又谓'近来各省水灾，朝廷不无过举，未能感召天和一若，因此一事，竟为咎征'，尤属附会不经。我朝廷优礼近支亲藩，宫廷太监赐予往来，系属常有之事。此次该亲王巡阅洋面，迥非寻常差使可比。特派太监带同御医随行，以示深宫眷注体恤之意，于公事毫无干涉。该御史既未悉内廷规制，又复砌词牵引，语多支离，姑置勿论。惟所称'李连英随至天津，道路哗传，士庶骇愕'，与该亲王面奏各语大相径庭，是否确有实据？又称'深宫或别有不得已之苦衷'，语意尤不可解。以上二节，着朱一新明白回奏，不得稍涉含混。另片奏，'出治之原，莫先无逸；图治之要，莫切求言'等语，自垂帘听政以来，二十余年，无时无事不以国计民生为念，忧勤惕厉，惟日孜孜，未敢稍自暇逸，此天下臣民所共见。至言'官条陈之件，无不虚衷采择。惟言之用否，总以是非为衡'。其是者，固必立见施行。即或撫拾浮词，无关紧要，但使其心无他，亦可存而不论。至于托名忠谠，肆口妄谈，或植党营私，或违道干誉，若不以惩儆，必至颠倒是非，紊乱朝政。况现在言路并无阻塞，即因陈奏失当获咎之员，朝廷宽大为怀，亦多宥其既往，酌量录用。总之，听言行政，悉秉大公正，不在屡下诏书，徒饰观听也。该御史所请明降谕旨之处，应毋庸议。钦此。"

張。該御史逞其臆見率行奏請已屬糊塗並敢以傳聞無據之辭登諸奏牘尤為謬妄潘敦儼着交部嚴加議處欽此

光緒十二年八月二十五日欽奉
慈禧端佑康頤昭豫莊誠皇太后懿旨前於四月間派醇親王奕譞巡閱北洋海口因該親王遠涉風濤實深眷念皇帝亦時切厪系故於召見時諭知欲派宮監帶領御醫全順隨往以時調護當據該親王面稱總管太監李連英人極謹飭請派隨往。迨回京時召見該親王詢以李連英有無招搖情事據稱該總管太監沿途小心伺應寶與府中隨往太監無異絶無絲毫干預外事茲據御史朱一

esse quæ moveret admirationem. A nostra regia familia reverenter data constitutis imperatricibus posthuma nomina omnia sunt accurate juxta statutas leges reverenter et diligenter proposita et edicta. Hiao tche i imperatrix jam donata est posthumo nomine. Num decet leviter deliberare ut mutatum amplietur? Supradictus censor, confidens suo judicio et sententiæ, præpropere scriptis litteris, rogavit; jam est quid stolidum.

逞 Tch'èng. Marcher vite; orgueilleux, arrogant, plein de suffisance, satisfaire un désir ou une passion, agréer, aimer, favoriser.

臆 Ï. Poitrine; - pensée, volonté, sentiment; plein, emplir, obstruer.

24. Insuper ausus est traditos et auditos inanes rumores referre in scriptis ad nos litteris; magis est erroneum et stultum. P'an Touen ien jubemus tradi Tribunali pœnarum, quod severe deliberet ut statuatur de eo. Reverenda sunt hæc verba.

登 Tēng. Monter, aller à, promouvoir, récolter; placer sur, inscrire.

XVI. 1. Kouang siu duodecimi anni octavi mensis vigesimo quinto die, revereuter acceptum Ts'eu hi imperatricis decretum. Antea, quarto mense, delegavi Tch'ouenn primi ordinis principem, I hiuen nomine, qui perlustrans inspiceret septentrionalis maris portus. Quia ille primi ordinis princeps procul

ÉDITS ET MÉMORIAUX

新奏遇災修省，豫防宦寺流弊一摺，忽以李連英隨該親王前往，恐陷唐代監軍覆轍危詞聳聽，已屬擬不于倫，又謂近來各省水災朝廷不無過舉，未能感召天和，我朝因此一事竟為咎徵，尤屬附會不經，係屬常有之事。此次該親王巡閱洋面，朝廷優禮近支親藩宮廷太監賜予往來，若因此一事竟為咎徵⋯⋯非尋常差使可比，特派太監帶同御醫隨行，以示深宮眷注體恤之意，於公事毫無干涉。該御史既未悉內廷規制，又復砌詞牽引謠諑姑置勿論，惟所稱李連英隨至天津道路譁傳士庶駭愕與該親王面奏各語大相逕庭，是否確有實據，又稱

招 Tchaô. Faire signe de venir, inviter, attirer, exciter, travailler à obtenir ‖ Chaô. ｜搖 † iaô. Se remuer, se donner du mouvement. ‖ K'iaô. Révéler, déposer en justice; proposer.

3. Nuper accepi, in qua censor Tchou I sin monuit, advenientæ calamitate, accurate inspiciendum, et præcavenda ac inhibenda eunuchorum gliscentia malefacta, unam epistolam. Subito, quia Li Lien ing secutus est supradictum primi ordinis principem iter facientem; timuit ne (eunuchi) insisterent T'ang familiæ regiæ (eunuchorum) qui inspiciebant exercitus, renovatis viis, et audacibus verbis voluit attentas facere aures; jam fuit assimilare res non ejusdem generis.

危 Wêi. Qui est élevé et menace de tomber, dangereux, danger. ｜言行（論語） Paroles, actions hardies qui mettent leur auteur en péril.

4. Insuper dixit nuper in quaque provincia fuisse inundationem; regiam curiam, quia non careret male gestis, non potuisse moventem adsciscere cæli temperiem, quæ omnino respondet (virtuti). Propter hanc unam rem, omnino videre culpæ e Tectum, illud magis est se consociare (turbæ), et proferre non recta.

若 Jô. Si; comme, de la même manière, semblable, conforme, obéir, imiter, suivre, continuer, favorable, opportun. 曰肅時雨｜（書洪範） Un homme vertueux aura toujours la pluie au temps voulu, selon son mérite.

附 Foú. Adhérer, s'attacher, s'adjoindre, s'associer, ajouter, augmenter, adjoindre, associer; envoyer, transmettre. ｜會 † houéi. S'associer, s'attacher à quelqu'un; adopter les

深宮或別有不得已之苦衷語意尤不可解、以上二節、着朱一新明白回奏、不得稍涉含混、另片奏出治之原、莫先無逸、圖治之要、莫切求言、等語。自垂簾聽政以來、二十餘年、無時無事不以國計民生為念憂勤惕厲、惟日孜孜、未敢稍自暇逸。此天下臣民所共見、至言官條陳之件、無不虛衷採擇。惟言之用否、總以是非為衡、其是者、固必立見施行。即或撫拾浮詞、無關緊要、但使其心無他、亦可存而不論、至於託名忠讜肆口妄談、或植黨營私、或違道干譽、若不以懲儆必至顛倒是非、紊亂朝政。況現在言路並無阻塞、即因陳奏失當獲咎

principis coram me loquentis verbis multum discrepat. Utrum sit necne, vere firmum indicium?

庭 **T'ing.** Cour d'une maison. ‖ T'íng. 逕 ∣ **Kíng** †. Très éloigné.

7. Etiam dicit in penetralibus palatii forte alios esse inevitabiles ægritudinis sensus. Horum verborum sensus magis nequit explicari. De illis superioribus duobus dictis jubeo Tchou I sin clare responsum dare; nec ei licet ullo modo incedere in obscuris et ambiguis.

衷 **Tchōung.** Vêtement qui se porte sous un autre; intérieur, caché, cœur, intelligence, pensée, sentiment.

含 **Hân.** Tenir un objet dans la bouche; contenir, avoir, supporter avec patience. ∣ 混 † **houènn**, ∣ 糊 † **hôu**. Obscur, d'une manière confuse, indécis. ‖ **Hán.** Mettre un objet dans la bouche d'un mort.

8. In separata schedula dixit inter illos quibus procedit recta administratio fontes, nullum esse priorem quam non corpori servire; inter res ad assequendam rectam administrationem necessarias, nihil esse magis necessarium quam quærere monita. Ejusmodi verba dixit.

9. Ex quo, demisso velo, curo administrationem, usque nunc, viginti amplius annis, non fuit hora nec res in qua non de regni opibus populique vita fuerim sollicita, diligens, cavens pericula Unice quotidie labori incumbens, non ausa sum paululum mihi concedere quietis aut commoditatis. Illud est quod totius imperii præpositi et populares omnes viderunt.

計 **Kí.** Compter, calcul, combiner les moyens pour arriver à une fin, projet, expédient, ensemble, somme.

之員朝廷寬大爲懷亦多宥其既往酌量錄用總
之聽言行政悉秉大公正不在屢下詔書徒飾觀
聽也該御史所請明降諭旨之處應毋庸議欽此

光緒六年五月十九日奉
上諭前因崇厚出使俄國違訓越權所議條約諸
多窒碍經廷臣會議罪名定以斬監候實屬罪
有應得乃近聞外間議論頗以中國將崇厚問
罪有關俄國顏面此則大非朝廷本意中國與
俄國和好二百餘年實願始終不渝無失友邦
之誼崇厚奉命出使於中國必不可行之事並
不向俄國詳切言明含糊定議罪由自取朝廷
按律懲辦以中國之法治中國之臣本與俄國

avoir une pensée ou un sentiment, se souvenir, aimer, soigner, aider.

旣 Kí. Déjà, auparavant, dans un temps passé ; après que, quand.

酌 Tchŏ. Verser à boire, délibérer.

量 Leâng. Mesurer, peser ; examiner, évaluer, estimer, juger, délibérer. ‖ Leáng. Mesure de capacité ; capacité, quantité ; règle, limite.

12. Paucis verbis complectar illud : auditis monitis gubernare, totum consistit in servanda magna æquitate et recta via ; non autem in eo quod (regia curia) sæpe edat litteras ad quærenda monita, et solum simulet se legisse et sequi monita. Illius, quod supradictus censor rogat palam edi, decreti propositio ea est de qua non expedit deliberare. Reverenda sunt hæc verba.

XVII. 1. Kouang siu sexti anni quinti mensis decimo nono die acceptum regium decretum. — Antea, quia Tch'oung heou, foris legatus in Russia, recesserat a mandatis, excesserat potestatem, et illud, de quo deliberaverat, fœdus in multis oberat et nocebat ; jam aulæ regiæ magni præfecti, simul deliberantes de pœnæ qualitate, judicarant eum decollandum esse, in carcere exspectaturum (supplicii tempus). Revera pœna erat merita.

窒 Tchĕu. Boucher, obstruer ;

40. 赦免崇厚以睦中俄关系

赦免崇厚（1880年）

光绪六年五月十九日，奉上谕。"前因崇厚出使俄国，违训越权，所议条约诸多窒碍，经廷臣会议罪名定以斩监候。实属罪有应得。乃近闻外间议论，颇以中国将崇厚问罪，有关俄国颜面。此则大非朝廷本意。中国与俄国和好二百余年，实愿始终不渝，无失友邦之谊。崇厚奉命出使，于中国必不可行之事，并不向俄国详切言明，含糊定议，罪由自取。朝廷按律惩办。以中国之法治中国之臣，本与俄国不相干涉。第恐远道传闻，于中国办理此案缘由未能深悉，或因误会而启嫌疑，未免有妨睦谊。兹特法外施恩，将崇厚暂免斩监候罪名，仍行监禁。俟曾纪泽到俄后办理情形若何，再降谕旨。曾纪泽接到此旨，着即将崇厚暂免斩罪知照俄国，并告以中国与俄国和好之据，即此可见。其应议条约，着仍遵前旨，妥慎办理。钦此。"

ÉDITS ET MÉMORIAUX

之員朝廷寬大爲懷亦多宥其既往酌量錄用總
之聽言行政惡秉大公正不在屢下詔書徒飾觀
聽也該御史所請明降諭旨之處應毋庸議欽此

上諭前因崇厚出使俄國違訓越權所議條約諸
多窒礙經廷臣會議罪名定以斬監候實屬罪
有應得乃近間外間議論頗以中國將崇厚問
罪有關俄國顏面此則大非朝廷本意中國與
俄國和好二百餘年實願始終不渝無失友邦
之誼崇厚奉命出使於中國必不可行之事並
不向俄國詳切言明含糊定議罪由自取朝廷
按律懲辦以中國之法治中國之臣本與俄國

光緒六年五月十九日奉

---

avoir une pensée ou un sentiment, se souvenir, aimer, soigner, aider.

旣 Kí. Déjà, auparavant, dans un temps passé ; après que, quand.

酌 Tchŏ. Verser à boire, délibérer.

量 Leâng. Mesurer, peser ; examiner, évaluer, estimer, juger, délibérer. || Leâng. Mesure de capacité ; capacité, quantité ; règle, limite.

12. Paucis verbis complectar illud : auditis monitis gubernare, totum consistit in servanda magna æquitate et recta via ; non autem in eo quod (regia curia) sæpe edat litteras ad quærenda monita, et solum simulet se legisse et sequi monita. Illius, quod supradictus censor rogat palam edi, decreti propositio ea est de qua non expedit deliberare. Reverenda sunt hæc verba.

XVII. 1. Kouang siu sexti anni quinti mensis decimo nono die acceptum regium decretum. — Antea, quia Tch'oung heou, foris legatus in Russia, recesserat a mandatis, excesserat potestatem, et illud, de quo deliberaverat, fœdus in multis oberat et nocebat ; jam aulæ regiæ magni præfecti, simul deliberantes de pœnæ qualitate, judicarant eum decollandum esse, in carcere exspectaturum (supplicii tempus). Revera pœna erat merita.

窒 Tchĕu. Boucher, obstruer ;

不相干涉。第恐遠道傳聞、于中國辦理此案
緣由未能深悉、或因誤會而啟嫌疑、未免有
妨睦誼。茲特法外施恩將崇厚暫免斬監候
罪名仍行監禁。俟曾紀澤到俄後辦理情形
若何再降諭旨曾紀澤接到此旨著即將崇
厚暫免斬罪、知照俄國並告以中國與俄國
和好之據、即此可見其應議條約著仍遵前
旨安愼辦理欽此。

廣西巡撫臣慶裕跪

奏、為恭報越南國使臣進關日期仰祈

聖鑒事竊照越南國王阮福時呈遞咨文、以光
緒七年辛巳、係屆

4. Solum timemus ne, per longinquas vias diffusis rumoribus, a regia Sinarum curia cognitæ et judicatæ illius causæ adjuncta nequeant penitus cognosci; et forte, propter res non recte intellectas, exortis offensionibus et suspicionibus, necessario lædantur concordiæ sensus. Nunc singulariter, præter leges. concesso beneficio, Tch'oung Heou ad tempus remittimus decollandi et in carcere exspectandi pœnam statutam; ut prius, in carcere detinebitur.

悉 Si. Examiner ou connaitre à fond, raconter ou expliquer entièrement; complet, entier, ensemble.

施 Chēu. Étaler, employer. ‖ Chéu. Donner, accorder, permettre. ‖ Chèu. Quitter, relâcher, faire grâce.

5. Postquam Tseng Ki tche pervenerit in Russiam, agendi ratio qualis futura sit, rursus edetur regium mandatum. Quum Tseng Ki tche acceperit allatum hoc decretum, volumus ut statim, Tch'oung heou ad tempus remissam esse decollationis pœnam, moneat Russiacorum regiam curiam; simulque significet Sinarum regni cum Russiacorum regno concordiæ et amicitiæ pignus ex hoc posse videri. Eum, illud de quo debet deliberare fœdus, jubemus rursus ex pristinis decretis apte et attente componere. Reverenda sunt hæc verba.

接 Tsiē. Continuer, unir, rencontrer, recevoir, avoir une entrevue.

XVIII.1. Kouang si provinciæ prætor

41. 广西巡抚报奏越南国王进贡

安南王朝贡（1880年5月）

广西巡抚、臣庆裕跪奏，为恭报越南国使臣进关日期，仰祈圣鉴事。窃照越南国王阮福时呈递咨文，以光绪七年辛巳，系届贡期，请示何时进关等情。经前抚臣据情奏报。光绪六年四月初三日奉旨："着查照向例进关之期，行令该国王遵照办理。钦此。"臣当即遵旨，酌定于本年九月初一日开关，照会该国王遵照。一面派委补用道张桐熙、补用知县林隆安，带同补用巡检朱汉溪，暨咨会提臣冯子材、遴委提标右营游击国梁，前往镇南关，接护来省赴京。旋据该国王咨呈表奏各稿，并据署太平府知府黄咏霓，据报该国使臣阮述等，恭赍贡品，已于九月初一日进关。所进贡品，与陪臣姓名开单，呈送前来。臣现饬接护文武各委员沿途加意照料。约计十月内可抵省城，休息数日，仍令由水路行走，妥为护送前进，以仰副圣主怀柔远人之至意。除俟到省定有起程日期，再行奏闻外，所有遵旨酌定越南使臣进关日期。谨会同两广总督臣张树声，恭折具奏，并照录该国王表奏各稿，暨呈覆公文、开具贡品同使臣姓名清单，恭呈御览。伏乞皇太后、皇上圣鉴。谨奏。

军机大臣奉旨。礼部知道，单四件并发。钦此。

ÉDITS ET MÉMORIAUX

不相干涉、第恐遠道傳聞、于中國辦理此案
緣由未能深悉、或因誤會而啟嫌疑、未免有
妨睦誼、茲特法外施恩、將崇厚暫免斬候
罪名、仍行監禁。俟曾紀澤到俄後、辦理情形
若何、再降諭旨。曾紀澤接到此旨、着即將崇
厚暫免斬罪、知照俄國並告以中國與俄國
和好之據、即此可見其應議條約、着仍遵前
旨安慎辦理欽此。

廣西巡撫臣慶裕跪
奏、爲恭報越南國使臣進關日期、仰祈
聖鑒事、竊照越南國王阮福時呈遞咨文、以光
緒七年辛巳、係屆

4. Solum timemus ne, per longinquas vias diffusis rumoribus, a regia Sinarum curia cognitæ et judicatæ illius causæ adjuncta nequeant penitus cognosci; et forte, propter res non recte intellectas, exortis offensionibus et suspicionibus, necessario lædantur concordiæ sensus. Nunc singulariter, præter leges. concesso beneficio, Tch'oung Heou ad tempus remittimus decollandi et in carcere exspectandi pœnam statutam; ut prius, in carcere detinebitnr.

悉 Sí. Examiner ou connaître à fond, raconter ou expliquer entièrement; complet, entier, ensemble.

施 Chéu. Étaler, employer. ‖ Chéu. Donner, accorder, permettre. ‖ Chèu. Quitter, relâcher, faire grâce.

5. Postquam Tseng Ki tche pervenerit in Russiam, agendi ratio qualis futura sit, rursus edetur regium mandatum. Quum Tseng Ki tche acceperit allatum hoc decretum, volumus ut statim, Tch'oung heou ad tempus remissam esse decollationis pœnam, moneat Russiacorum regiam curiam; simulque significet Sinarum regni cum Russiacorum regno concordiæ et amicitiæ pignus ex hoc posse videri. Eum, illud de quo debet deliberare fœdus, jubemus rursus ex pristinis decretis apte et attente componere. Reverenda sunt hæc verba.

接 Tsié. Continuer, unir, rencontrer, recevoir, avoir une entrevue.

XVIII.1. Kouang si provinciæ prætor

貢期請示何時進關等情。經前撫臣據情奏報。光緒六年四月初三

日奉

旨、着查照向例進關之期、行令該國王遵照辦理。欽此。臣當即遵

旨、酌定於本年九月初一日開關。照會該國王遵照。一面派委補用道

張桐熙補用知縣林隆安帶同補用巡檢朱漢溪曁咨會提臣馮

子材、遴委提標右營遊擊國樑、前往鎮南關、接護來省赴

京。旋據該國王咨呈

表奏各稿並據署太平府知府黃詠霓、據報該國使臣阮述等、恭齎

貢品、已於九月初一日進關。所進

貢品與陪臣姓名開單呈送前來。臣現飭接護文武各委員沿途加

意照料。約計十月內可抵省城。休息數日。仍令由水路行走。妥爲

護送前進以仰副

聖主懷柔遠人之至意。除俟到省、定有起程日期、再行奏

聞外所有遵

queretur. Eodem tempore delegans misi sufficiendum et adhibendum generalem præfectum Tchang T'oung hi, sufficiendum et adhibendum subpræfectum Lin Loung ngan, qui ducerent secum sufficiendum adhibendumque vici

旨酌定越南使臣進關日期．謹會同兩廣總督臣
張樹聲．恭摺具奏，並照錄該國王
表奏各稿曁呈覆公文開具
貢品同使臣姓名清單恭呈
御覽伏乞
皇太后
皇上聖鑒謹
奏軍機大臣奉
旨禮部知道單四件併發欽此。

越南國王．臣阮福時，稽首頓首謹
上言．茲仰見
北極騰輝．南金獻瑞．千重達梯山之路．萬里傾向
日之忱．謹奉

6. Præterquam quod, quum advenerint ad provinciæ urbem præcipuam, et statutus fuerit ineundi itineris dies certus, rursus mittam litteras ad regiam curiam ut sciat; qui fuit, obsequenter decreto, ex deliberatione statutus, ut Annam regni legati ingrederentur claustra, diem, reverenter, consentiens cum Kouang toung et Kouang si provinciarum summo prætore Tchang Chou cheng, humilibus litteris scribo et nuntio; et descriptarum illius regis litterarum singula exemplaria, etiam tum missas tum remissas epistolas, scriptos tributi variarum rerum et legatorum nominum prænominumque claros catalogos reverenter mitto, ut inspiciatis. Prostratus rogo Imperatricem et Imperatorem ut inspiciant. Reverenter scripsi.

照 Tchaó. Considérer, viser, imiter, copier, selon, d'après. | 錄 ✝ lóu. Copié d'après l'original.

* 表 Piaò. Lettre écrite pour offrir à l'empereur des félicitations, des présents ou des remerciements.

稿 Kaò. Tige sèche; brouillon d'un écrit, copie.

覆 Fóu. Renverser, verser, se tourner dans un autre sens, revenir sur ses pas, retourner à, changer de sentiments ou de conduite; au contraire; examiner; informer, lettre, mémorial. || Fóu. Couvrir, protéger.

貢 Kóung. Tribut; offrir un objet

42. 越南国王随贡上表

越南国王、臣阮福时稽首顿首，谨上言：兹仰见北极腾辉，南金献瑞。千重达梯山之路，万里倾向日之忱。谨奉表上进者，伏以黄道天开海甸洽，同文之化，朱维地远，方物循惟正之供，敬展庭香，神驰天阙。钦惟大皇帝陛下，离明继照，益道大光，居正体元，春秋之义大一统；怀侯柔远，中庸之道在九经。奉帝命而式九围，矢文德而洽四国。大人利见，天子用亨。念臣炎邦久列藩服，敬哉有土，世执其功。当边氛甫净之初，正王会来同之日，波不扬于周海，瑞毕辑于虞廷。臣凭仗皇灵，恪循侯度，旅共球而临遣，若觐天颜，喜日月之扬光，永销兵气。庶承休于无斁，长率履以不违。臣不胜瞻天仰圣，激切屏营之至。除另具岁贡品仪，交陪臣阮述等赍递上进外，谨奉表随进以闻。

军机大臣奉旨。览。钦此。

旨酌定越南使臣進關日期，謹會同兩廣總督臣張樹聲恭摺具奏，並照錄該國王表奏各稿暨呈覆公文開具貢品同使臣姓名清單恭呈

御覽伏乞

皇太后

皇上聖鑒謹

奏。軍機大臣奉

旨。禮部知道單四件併發欽此。

越南國王，臣阮福時，稽首頓首謹

上言。茲仰見

北極騰輝，南金獻瑞。千重達梯山之路，萬里傾向

日之忱，謹奉

---

6. Præterquam quod, quum advenerint ad provinciæ urbem præcipuam, et statutus fuerit ineundi itineris dies certus, rursus mittam litteras ad regiam curiam ut sciat; qui fuit, obsequenter decreto, ex deliberatione statutus, ut Annam regni legati ingrederentur claustra, diem, reverenter, consentiens cum Kouang toung et Kouang si provinciarum summo prætore Tchang Chou cheng, humilibus litteris scribo et nuntio; et descriptarum illius regis litterarum singula exemplaria, etiam tum missas tum remissas epistolas, scriptos tributi variarum rerum et legatorum nominum prænominumque claros catalogos reverenter mitto, ut inspiciatis.

Prostratus rogo Imperatricem et Imperatorem ut inspiciant. Reverenter scripsi.

照 Tchaó. Considérer, viser, imiter, copier, selon, d'après. | 錄 † lóu. Copié d'après l'original.

* 表 Piaò. Lettre écrite pour offrir à l'empereur des félicitations, des présents ou des remerciements.

稿 Kaò. Tige sèche; brouillon d'un écrit, copie.

覆 Fóu. Renverser, verser, se tourner dans un autre sens, revenir sur ses pas, retourner à, changer de sentiments ou de conduite; au contraire; examiner; informer, lettre, mémorial. || Fóu. Couvrir, protéger.

貢 Kóung. Tribut; offrir un objet

表

上進者伏以黃道天開海甸洽同文之化朱維
天地遠方物循惟正之供敬展庭香神馳
天闕欽惟
大皇帝陛下離明繼照益道大光居正體元春秋
之義大一統懷侯柔遠中庸之道在九經奉
帝命而式九圍矢文德而洽四國
大人利見臣炎邦久列藩服敬哉有土世執其
天子用享念當邊氛甫淨之初正王會來同之日波不
功揚於周海瑞畢輯於虞廷臣懇仗
皇靈恪循侯度旅共球而臨遣若觀
天顏喜循日月之楊光永銷兵氣庶承休於無斁長
率履以不違臣不勝瞻

10. Ego qui reverenter offero has litteras ad regiam curiam tradendas, prostratus, quia, propter illam sub eclipticæ lineæ cælo et intra vasta maria regiminis unitatem ac earumdum litterarum ope institutionem, australes (terræ) quamvis terræ longinquæ, locorum res consequenter non sunt nisi legitimum tributum; reverenter expositis (et accensis) in atrio meo aromatibus, mente curro ad Imperatoris palatium.

11. Reverenter considero maximum Imperatorem, summam Majestatem; splendentem lucem quæ pergit illustrare (subditas regiones); diffundens actionem suam magnum lumen; manentem in recto (in virtute perfecta) et imitantem primum principium (rerum universarum); ex descripta in *Tch'ouenn ts'iou* annalibus forma, magnum et unicum omnium gentium rectorem; qui diligit principes et benigne excipit longinquos, *Tchoung ioung* doctrina servans novem præcepta; qui accepit a Summo Rege mandatum et informat (exemplo et legibus) novem provincias; qui exserit suas civiles virtutes et sibi conciliat omnia regna; magnum virum quem utile est videre; Cæli Filium, qui ideo (quia benefacit omnibus) fruitur (donis oblatis ab omnibus).

離 Li. Quitter; lumière; sud.

天仰
聖激切屏營之至除另具歲
貢品儀交陪臣阮述等賷遞
上進外謹奉
表隨
進以
聞軍機大臣奉
旨覽欽此。

前大學士署北洋通商大臣一等伯臣李鴻
章跪
奏為臣母葬期已近瀆懇
天恩賞假回籍以安大事恭摺仰祈
聖鑒事竊臣於上年十二月十七日瀝陳下情請

en âge à rendre les mêmes services.

13. Nunc quum finium pestis primum depelli cœperit, maxime his quibus principes congredientes veniunt simul (ad imperatoris aulam) diebus, fluctibus non assurgentibus in Tcheou mari, et tabellis omnibus collectis in Iu (Chouenn imperatoris) aula ; ego servus tuus, confidens Imperatoris bonitati, reverenter obsequor regulorum consuetudini, qui omnes offerunt tabellas ; et jamjam missurus legatos, mihi videor videre Imperatoris vultum.

海不揚波 (韓詩外傳) La mer n'a point de vagues : paix générale.

球 K'iôu. Nom d'une belle pierre; sphère. 受小【大【(詩商頌)

L'empereur reçut les grandes et les petites tablettes des princes.

朕承王之休無斁 (書太甲)
Je ferai revivre en vous les vertus du prince défunt, sans me lasser.

14. Gaudeo quod solis et lunæ (Imperatoris et Imperatricis matris) ascendens lux in perpetuum solverit belli nebulam. Spero nos servaturos pacem indesinenter, semper ductui obsequentes et non resistentes. Servus tuus, summo modo, contemplans cælum et suspiciens Imperatorem, afficitur vehementer timore maximo.

屏 P'ing. Cacher. protéger, cloison. || Pìng. Écarter. 〔營†ing. Craindre.

15. Præterquam quod separatim

43. 李鸿章告假营丧

丧礼（1883 年）

前大学士、署北洋通商大臣、一等伯、臣李鸿章跪奏："为臣母葬期已近，渎恳天恩赏假回籍，以妥大事，恭折仰祈圣鉴事。窃臣于上年十二月十七日，沥陈下情，请假营葬一折。钦奉上谕。'披览所奏，情词恳切，良用恻然。本应俯如所请，宽予假期。惟北洋事务关系紧要，李鸿章措置得宜，朝廷方资倚畀。所有请假营葬之处，俟来年正二月间，再降谕旨。等因。钦此。'仰蒙训勉周详，嘉矜备至。既厪念畿防之要，复曲怜臣下之私，自愧驽庸，渥邀恩眷。跪聆之下，感泣难名。入春以来，静候谕旨。本不敢以哀痛迫切之情，屡渎天听。惟时序如流，河水已解，屈指启窆之期，不过一月有余。而自津及皖，计程遥远。虽轮船便捷，亦须十余日始抵臣乡。且一切附棺之需，非先事摒挡，逐加检点，即礼仪粗具，而造次襄事，终觉不慊于心。《记》曰：'孝子将祭，虑事不可以不豫。'一祀事尚从容筹备，况于先人体魄所藏，而忍有苟简疏略之思乎？此臣月余来眷念松楸、神爽飞越、昕夕引领，以冀恩诏之至。而军书填委，公私交迫于中，辄忽忽如有所失也。方今仰赖圣主威福，防务绥平，中外交涉事宜，未甚吃紧。用敢再申前请，仰恳天恩，赏假数月，俾得赶紧回籍，稍遂负土之私。感荷矜全，实无既极。署督臣张树声现将假满，并请饬令迅即来津，仍旧兼署通商篆务，以便微臣克期就道。所有臣母葬期已近,渎求赏假缘由,理合缮折沥陈,伏乞皇太后、皇上圣鉴训示施行。谨奏。"

光绪九年正月二十九日,奉上谕。"李鸿章奏请'赏假回籍营葬'一折,览奏请词迫切,出于至诚,不得不俯如所请。李鸿章着赏假两个月,回籍营葬。假满后即回署任,用资倚畀。办理北洋通商事务大臣,着张树声暂行署理。钦此。"

仰

聖激切屏營之至。除另具歲
貢品儀交陪臣阮述等齎遞
上進外謹奉
表隨
進以
聞軍機大臣奉
旨。覽欽此。

前大學士署北洋通商大臣一等伯。臣李鴻
章跪
奏。為臣母葬期已近瀆懇
天恩賞假回籍以安大事恭摺仰祈
聖鑒事竊臣於上年十二月十七日瀝陳下情。請

en âge à rendre les mêmes services.

13. Nunc quum finium pestis primum depelli cœperit, maxime his quibus principes congredientes veniunt simul (ad imperatoris aulam) diebus, fluctibus non assurgentibus in Tcheou mari, et tabellis omnibus collectis in lu (Chouenn imperatoris) aula; ego servus tuus, confidens Imperatoris bonitati, reverenter obsequor regulorum consuetudini, qui omnes offerunt tabellas; et jamjam missurus legatos, mihi videor videre Imperatoris vultum.

海不揚波（韓詩外傳）La mer n'a point de vagues: paix générale.

球 K'iòu. Nom d'une belle pierre; sphère. 受小【大【(詩商頌)

L'empereur reçut les grandes et les petites tablettes des princes.

朕承王之休無斁(書太甲)
Je ferai revivre en vous les vertus du prince défunt, sans me lasser.

14. Gaudeo quod solis et lunæ (Imperatoris et Imperatricis matris) ascendens lux in perpetuum solverit belli nebulam. Spero nos servaturos pacem indesinenter, semper ductui obsequentes et non resistentes. Servus tuus, summo modo, contemplans cælum et suspiciens Imperatorem, afficitur vehementer timore maximo.

屏 P'ing. Cacher. protéger, cloison. ‖ Ping. Écarter. ｜營 † ing. Craindre.

15. Præterquam quod separatim

上諭。披覽所奏情詞懇切艮用惻然。本應俯如所請寬予假期惟北洋事務關係緊要李鴻章措置得宜朝廷方資倚畀所有請假營葬之處俟來年正二月間再降諭旨等因欽此仰蒙

訓勉周詳

嘉謨備至既

屢念畿防之要復

曲憐臣下之私自愧駑庸渥邀

恩眷跽唅之下不敢以哀痛廹切之情屢瀆

天聽惟時序如流河冰已解屈指啟窆之期不過

一月有餘而自津及皖計程遙遠離輪船便

捷亦須十餘日始抵臣鄉且一切附棺之需

假營葬一摺欽奉

3. Reverenter accepi regium edictum: « Apertis litteris, legentes ea quæ orator expressit, ex animo dicta, flagitationem instantem, magnum habuimus miserationis sensum. Vere consentaneum esset dignari annuere quod postulavit, benigne concedere commeatus certum tempus. Sed septentrionalis maris rerum administratio est maximi momenti, Li Houng tchang eam stabiliens et constituens, obtinebit recte componere. Regia curia nuper dedit creditum commissumque (illud munus). De illo quem rogavit commeatu ad præparandam humationem, proximi anni primo secundove mense, rursus demittetur decretum. » Hujusmodi res. Reverenda sunt hæc verba.

倚 **Ï.** S'appuyer sur ou contre un objet, mettre son appui ou sa confiance, dépendre de, auprès, appui, soutien.

畀 **Pí.** Donner, accorder. 倚畀 Mettre sa confiance en quelqu'un, et lui donner une charge ou des pouvoirs.

4. Suspiciens accepi documentum et incitamentum omnino plenum, laudem et miserationem quam maximam. Postquam sollicite cogitastis de territorii urbi regiæ proximi (id est, Tcheu li provinciæ) defendendi necessitate, rursus dignantes miserati estis servi infimi privatum dolorem.

曲 **K'iŭ.** Courbe, s'incliner, condescendre, daigner.

非先事摒擋逐加檢點即禮儀粗具而造次
襄事終覺不慊於心記曰孝子將祭慮事不
可以不豫一祀事尚從容籌備之思乎此
魄所藏而忍有苟簡疏略之思乎況於先人體
來覥念松楸神爽飛越昕夕引領以冀
恩詔之至而軍書填委公私交迫於中輒忽忽如
聖主有所失也方今仰賴
威福防務綏平中外交涉事宜未甚吃緊用敢再
天恩賞假數月俾得趕緊回籍稍遂負土之私感
矜全實無既極署督臣張樹聲現將假滿並請
飭令迅即來津仍舊兼署通商篆務以便微臣剋
期就道所有臣母葬期已近瀆求

et præpropere fiet res (humatio); tandem sentiam me non gaudere animo.

摒 **Pìng** Écarter, rejeter.

擋 **Táng**. Arrêter, ne pas admettre.

點 **Tiên**. Point, marquer, noter, désigner, disposer avec soin.

襄 **Siāng**. Aider, exécuter.

8. In Li ki (禮祭義) dicitur: « Pius filius, oblaturus dona mortuis parentibus, præcogitat de re facienda; non fas est non præparare. » Unius oblationis res ipsa sedate meditanda et præparanda est; quanto minus, de illis quibus mortui parentis corpus sensualisque anima recondenda sunt, ferendum est negligenter et incuriose cogitare? Quamobrem servus, jam triginta amplius diebus, amanter cogitat de patria sepultura. Mens mea celeriter volans exsilit (ad regium palatium); diu noctuque, porrecto collo (i. e., vehementer cupiens), exspecto benignarum regiarum litterarum adventum.

魄 **P'é**. Principe vital, principe qui perçoit les sensations; figure, forme, corps; la lune à son déclin.

松楸 (唐詩) **Sōung ts'iōu**. Nom d'un arbre qui vit longtemps, reste toujours vert, et se plante auprès des tombes; sépulture.

爽 **Chouàng**. Clair, briller, éclairer, actif, ardent, avide.

引 **ín**. Tirer à soi un objet, conduire; alléguer, citer; allonger, se

賞假緣由理合繕摺瀝陳伏乞

皇太后

皇上聖鑒訓示施行謹

奏光緒九年正月二十九日奉

上諭。李鴻章奏請賞假回籍營葬一摺覽奏情詞迫切出於至誠不得不俯如所請。李鴻章著賞假兩個月回籍營葬假滿後即回署任用資倚畀辦理北洋通商事務大臣著張樹聲暫行署理欽此。

河南道監察御史。臣劉恩溥跪

奏爲除銅習以肅官方仰祈

聖鑒事竊維洋藥之毒貽患無窮四民之廢業失時毀家蕩產多由於此欲求挽救之方當自官始

篆 Tchouén. Lettres antiques, sceau officiel, charge publique.

11. Quæ habebam, meæ matris humationis tempore jam proximo, rustice rogandi ut donaretur commeatus, adjuncta, rationi consentaneum erat scriptis litteris exprimere et explicare. Demisse postulo Imperatricis et Imperatoris augustum intuitum, documenta, monita, et licentiam agendi (id quod rogo). Reverenter scripsi.

瀝 Li. Filtrer, exprimer une pensée ou un sentiment.

陳 Tch'énn. Ranger en ordre, étaler, disposer, étendre, développer, déployer, employer, montrer, exposer, faire connaître, raconter, publier, vieux, invétéré, longtemps, nombreux.

|| Tchénn. 陣. Soldats rangés en ordre, armée rangée en bataille, bataille.

12. K. S. 9 an. 1 mens. 29 die acceptum regium edictum. — Li Houng tchang litteris rogavit commeatum ut rediret in patriam et præpararet sepulturam; unam epistolam (scripsit). Lectis litteris, (vidimus) affectuum significationem vehementem et ortam ex animo valde sincero. Non possumus non annuere ejus petitioni.

籍 Tsi. Cahier, rôle du cens, domicile, pays natal.

44. 河南道监察御史奏请查禁鸦片

（1883 年）

河南道监察御史、臣刘恩溥跪奏："为除锢习，以肃官方，仰祈圣鉴事。窃维洋药之毒贻患无穷，四民之废业、失时、毁家、鬻产，多由于此。欲求挽救之方，当自官始。欲整顿夫末僚，尤当自大吏始。臣闻近来在京、在外之满汉文武大员等，以老瘾著名者，颇有其人。群言啧啧，岂尽虚诬？此时若即指名，严参援案惩办，虽属情真罪当，然操之过蹙，似非朝廷务存宽大之心。查外间断瘾良方，有七日者，有二十一日者。迟速纵属不同，断无有戒除不能净尽之理。拟请明颁谕旨，严申诰诫。京官自奉旨之日为始，外官自奉文之日为始，凡大员之素有嗜好者，一律勒限三个月，认真断绝，开自新之路，即以昭法外之仁。倘逾限后，怙过不悛，或阳奉阴违，即由例准言事诸臣指名纠劾，请旨罢斥，以儆沉迷，而肃纲纪。并请嗣后遇有查办恩旨。此项人员，概毋庸弃瑕录用。臣愚昧之见，是否有当。伏乞皇太后、皇上圣鉴训示。谨奏。"

光绪八年十二月二十日奉上谕："御史恩溥奏请'除锢习以肃官方'各折片，据称'满汉文武大员以及翰詹科道中，如有吸食洋药者，请勒限三月，概令禁断'等语。官员吸食鸦片，例禁綦严，凡列朝廷，宜知自爱。然如该御史所奏，渐染嗜好之人，恐亦不免。着再严行申儆，嗣后中外文武大小各员，如有吸食鸦片者，务当痛自湔洗，力改前非。倘再阳奉阴违，不知惧悔，一经发觉，定即严行惩办，决不宽贷。钦此。"

賞假緣由、理合繕摺瀝陳伏乞

皇太后

皇上聖鑒訓示施行謹

奏、光緒九年正月二十九日奉

上諭、李鴻章奏請賞假回籍營葬一摺覽奏情詞迫切出於至誠不得不俯如所請李鴻章着賞假兩個月回籍營葬假滿後卽回署任用資倚畀辦理北洋通商事務大臣着張樹聲暫行署理欽此

河南道監察御史臣劉恩溥跪

奏、爲除鋼習以肅官方仰祈

聖鑒事竊維洋藥之毒貽患無窮四民之廢業失時、毀家蕩產多由於此欲求挽救之方當自官始

篆 Tchouén. Lettres antiques, sceau officiel, charge publique.

11. Quæ habebam, meæ matris humationis tempore jam proximo, rustice rogandi ut donaretur commeatus, adjuncta, rationi consentaneum erat scriptis litteris exprimere et explicare. Demisse postulo Imperatricis et Imperatoris augustum intuitum, documenta, monita, et licentiam agendi (id quod rogo). Reverenter scripsi.

瀝 Li. Filtrer, exprimer une pensée ou un sentiment.

陳 Tch'énn. Ranger en ordre, étaler, disposer, étendre, développer, déployer, employer, montrer, exposer, faire connaitre, raconter, publier, vieux, invétéré, longtemps, nombreux.

‖ Tchénn. 陳. Soldats rangés en ordre, armée rangée en bataille, bataille.

12. K. S. 9 an. 1 mens. 29 die acceptum regium edictum. — Li Houng tch'ang litteris rogavit commeatum ut rediret in patriam et præpararet sepulturam; unam epistolam (scripsit). Lectis litteris, (vidimus) affectuum significationem vehementem et ortam ex animo valde sincero. Non possumus non annuere ejus petitioni.

籍 Tsi. Cahier, rôle du cens, domicile, pays natal.

欲整頓夫末僚．尤當自大吏始．臣聞近來在京在外之滿漢文武大員等．以老癮著名者頗有其人．輩言噴噴豈盡虛誣．此時若即指名嚴參援案懲辦．雖屬情眞罪當然操之過蹙似非朝廷務存寬大之心．查外間斷癮良方有七日者．有二十一日者．遲速縱屬不同．斷無有戒除不能淨盡之理。

擬請明頒諭旨、嚴申誥誡京官自奉旨之日爲始．外官自奉文之日爲始．凡大員之素有嗜好者一律勒限三個月．認眞斷絕開自新之路．即以昭法外之仁．倘逾限後．怙過不悛．或賜奉陰違．即由例

旨罷斥．以儆沈迷而肅綱紀．並請嗣後．遇有查辦旨．准言事諸臣指名糾劾．請

rectos facere illos infimos præfectos, magis necesse esse a magnis præfectis incipere. Servus audivit hisce temporibus, in urbe regia et extra urbem, inter tum Man tcheou tum Sinas, tum civiles tum militares magnos præfectos, ob veterem consuetudinem famosos non paucos esse ejusmodi homines. Turbæ dicta clamorosa quomodo essent omnino inanes calumniæ?

癮 In Pustule; mauvaise habitude difficile à corriger.

噴 Tchĕ. Grands cris, crier pour appeler quelqu'un, disputer. 丨丨††. Cris des oiseaux.

3. Hoc tempore si statim, indicatis nominibus, (præfecti) severe accusarentur, et juxta (prius judicatas) causas, corriperentur et punirentur, licet facta essent vera et pœna justa, tamen agendi nimis propera (severitas) videretur non quadrare cum aulæ regiæ, quæ curat servare indulgentiam magnam, animo. Inquirens novi esse apud extranços ad

ÉDITS ET MÉMORIAUX

恩旨,此項人員,槪毋庸棄瑕錄用。臣愚昧之見,是否有當,伏乞

皇太后

皇上聖鑒訓示謹

上諭。御史恩溥奏請除鋤習以肅官方、各摺片,據

奏,光緒八年十二月二十日奉

稱滿漢文武大員,以及翰詹科道中,如有吸食

洋藥者,請勒限三月,概令禁斷等語。官員吸食

鴉片,例禁綦嚴。凡列朝廷,宜知自愛然如該御

史所奏,漸染嗜好之人,恐亦不免。着再嚴行申

儆。嗣後中外文武大小各員,如有吸食鴉片者,

務當痛自湔洗,力改前非,倘再陽奉陰違,不知

懼悔,一經發覺,定卽嚴行懲辦,決不寬貸。欽此。

恬 Hòu. Avoir ou mettre son appui en. | 過 Compter sur l'impunité et continuer à mal faire.

悛 Ts'iūn. Cesser, se corriger.

糾 Kiòu. Corde, unir, rassembler; régler, corriger, accuser, contrôler.

6. Insuper rogo ut, si deinde occurrat erga inquisitos et punitos veniæ decretum, de istius modi præfectis generatim non agatur ut, non habita ratione vitii, eligantur adhibendi. Servi rude cæcumque consilium an expediat necne? Prostratus rogo Imperatricem et Imperatorem ut inspiciant, doceant, moneant. Reverenter scripsi.

瑕 Hià. Nom d'une belle pierre, défaut, tache.

棄 K'i. Quitter, renoncer à, négliger, dédaigner, oublier. | 瑕 † hià. Ne pas tenir compte d'un défaut.

7. Kouang siu octavi anni duodecimi mensis vigesimo die acceptum decretum. — Censor Ngenn p'ou monens rogavit ut tolleretur inveterata consuetudo, ut reverenter servarentur administrationis statuta, separatis litteris et schedula. Ex ejus dictis, inter Mantcheou Sinasque, civiles militaresque magnos præpositos, usque ad Han lin collegii et Curiæ instutionis præfectos, Tribunalium supremorum et provinciarum censores, si sint qui sugentes hauriant fumum europæi pharmaci; rogavit ut, præfinito spatio trium mensium, omnes juberentur abstinere et

45. 甄录言官以彰圣德

择选贤士（1883年）

吏部右侍郎奴才锡珍跪奏，为吁请甄录言官，以彰圣德，恭折具陈，仰祈圣鉴事。窃维达聪明目，盛治所由开；补过拾遗，臣职所当尽。方今朝廷厚遇谏臣，迩言必察。天下仰圣意之所向。故凡有言责者，嘉谟嘉犹，争思入告。诚一时之盛也。第风气所趋，易滋揣摩。久之恐言路，亦每况而愈下。与其待言者之杂出不纯，而重烦诰诫，莫若择向来持论公平，具有胆识者，甄而录之，使天下晓然于朝廷之意。奴才略举一二人，是否有合，伏维圣裁。窃思迩年以来，应辟门之典而励敢言之气者，实始于已革侍郎宝廷。宝廷上疏，蒙采纳者甚多。虽放言极论，未免伤时，而存心忠爱。其意无他。固未敢言，内挟私臆，外猎直声。且能言人所不能言，敢言人所不敢言，近年无二也。奴才愚以为摈而弃之，未免可惜。合无仰恳皇太后、皇上天恩，眷其在箧之书，宽其既往之咎，弃瑕录用，量授一官，畀以言责，仍使之言。则该革员被濯自新，披肝胆，捐顶踵，所以图报高厚鸿慈者，当有倍蓰于曩昔矣。且朝廷尝因其言而拔擢之，未尝因其言而罪之也。如蒙录用，天下必不因其以亵渎获谴，而朝廷复优容之，以为过举。必以我皇太后、皇上笃念直臣，厪思纳谏，宥一眚而录旧，示天下以无私。颂美盛德，传之无穷，愿圣明垂意焉。又湖北荆宣施道于荫霖，操行峻洁，讲求正学。官翰林时，尝上封章明允笃诚。疏通知远，其所长也。该员服官外省，未尝不优然。当广开言路之时，求有器识闳远、持论公平，如该员者，未易数觏。可否改以京秩，使忠说居内，亦朝廷悬韬建树之盛轨也。奴才为选择言臣起见，非敢瞻徇私交，有所几幸。谨据以人事君之义，冒昧上陈。不胜悚切屏营之至。伏乞皇太后、皇上圣鉴。谨奏。

　　光绪九年四月初一日奉上谕。"锡珍奏请，将已革侍郎宝廷弃瑕录用，湖北荆宣施道于荫霖改授京秩等语。前因宝廷尚属敢言，是以不次，超擢简授侍郎，乃于差次，不知检束，自蹈愆尤。当照部议革职，实属咎有应得。至获咎人员，弃瑕录用，其权操之自上。锡珍何得遽为乞恩？于荫霖，以京察一等，简授道员，正所以资历练，朝廷量材授职。京外皆须得人。所请改授京秩之处，亦属非是。锡珍着传旨申饬。钦此。"

吏部右侍郎奴才錫珍跪

奏，為籲請甄錄言官，以彰

聖德，恭摺具陳仰祈

聖鑒事，竊維達總明目，盛治所由開，補過拾遺臣職所當盡。方今

朝廷厚遇諫臣，謳言必察，天下仰

聖意之所嚮，故凡有言責者，嘉謨嘉猷，爭思入

告，誠一時之盛也。第風氣所趨，易滋瑞摩，久之恐言路亦每況而愈下。

與其待言者之雜出不純，而重煩誥誡，莫若擇向來持論公平，具有

膽識者甄而錄之，使天下曉然於

朝廷之意。奴才略舉一二人，是否有合，伏維

聖裁。竊思邇年以來，應闕門之典而勵敢言之氣者，實始於已革侍郎寶

廷。寶廷上疏蒙

採納者甚多，雖放言極論，未免傷時，而存心忠愛，其意無他。固未敢言，內

XXI. 1.- Civilium officiorum Tribunalis secundus assessor, servus Si Tchenn, genibus flexis, scribit, ad (assequendum) suppliciter rogandi ut eligantur et inscribantur monituri præfecti, ad illustrandam regiam virtutem, reverenter

挟私臆外,獵直聲,且能言人所不能言,敢言人所不敢言,近年無二也。奴才愚以爲擯而棄之,未免可惜,合無仰懇

皇太后

皇上天恩,聽其在籤之書,寬其既往之咎,桑瑕錄用,量授一畀,以言責,仍使之言,則該革員被濯自新,披肝胆,捐頂踵所以

圖報

高厚鴻慈者,當有倍蓰於曩昔矣。且

皇太后

皇上天恩,聽其在籤之書,寬其既往之咎,桑瑕錄用,量授一畀,以言責,仍使之言,則該革員被濯自新,披肝胆,捐頂踵所以

圖報

高厚鴻慈者,當有倍蓰於曩昔矣。且

皇太后

皇上篤念直臣,屢思納諫,宥一管而錄舊,示天下以無私,頌美盛德傳之無窮。願

prostratus sperans regiam sententiam?

4. Humilis servus considero, hisce annis usque nunc, obsequi aperiendæ (ad danda consilia ac monita) januæ legi et excitare fortiter loquendi studium, certe cœptum est a destituto assessore Pao T'ing. Inter ea quæ fuerunt a Pao T'ing proposita consilia, assecuta sunt ut eligerentur et adhiberentur plurima. Licet libere loquens et penitus disserens, fuerit quo non vitaverit lædere tempus, tamen servavit animi fidelitatem et amorem; ejus animus non fuit alius.

5. Certe non ausus est loquendo in mente habere privatos sensus, et exterius venari (quærere) sinceritatis

ÉDITS ET MÉMORIAUX

鄂明垂意焉。又湖北荆宜施道于蔭霖操行峻潔、
講求正學、官翰林時、嘗上封章明允篤誠、疏
通知遠其所長也。該員服官外省、未嘗不優
然當廣開言路之時、求有器識閎遠持論公
平、如該員者、未易數覯可否改以京秩使忠

朝廷懸鞀建樹之盛軌也。奴才為選擇言臣起見、
謹居內亦
義冒昧上陳不勝悚切屏營之至。伏乞
非敢瞻徇私交有所幾幸謹據以人事君之

皇太后
皇上聖鑒謹
奏。光緒九年四月初一日奉
上諭錫珍奏請將已革侍郎寶廷棄瑕錄用、湖北
荆宣施道于蔭霖改授京秩等語、前因寶廷尚

magistratum; et monere omnes cives de sua æquitate. Celebrabunt laudabuntque præclaras virtutes, tradent memoriam earum sine fine, et optabunt ut sapientes ac perspicaces regni rectores relinquant suos sensus (successoribus).

襼 Siĕ. Vêtement qu'on porte seulement à la maison; salir, souiller, traiter avec peu de respect.

9. Etiam Hou pe provinciæ King tcheou fou, I tch'ang fou et Cheu nan fou præfectus generalis lu In lin est agendi ratione insignis, abstinens; explicans scrutatur rectam doctrinam. Quando præfectus erat in Han lin collegio, misit nonnullos libellos claros, veros, altos et sinceros. Penetrare, intelligere et providere in longinquum, est id in quo præcellit. Ille præfectus fungens magistratu in externa provincia, nunquam non præstantissimus fuit. Late aperiendæ monitis viæ tempore, si quærantur qui habeant peritiam et experientiam late et longe pertingentem, et qui teneant loquanturque justa et recta; tales qualis ille præfectus, non facile est multos reperire.

講求 Expliquer et scruter, expliquer à fond, interpréter en bonne ou en mauvaise part.

封 Fōung. Particule numérale des lettres, cacheter.

10. Deceat, necne, mutare in pekinensem magistratum, ut vir fideliter

屬敢言。是以不才超擢簡授侍郎。乃於差次不知檢束。自蹈愆尤。當照部議革職實屬咎有應得。至獲咎人員棄瑕錄用。其權操之自上。錫珍何得遽爲乞恩。于蔭霖以京察一等簡授道員。正所以資歷練朝廷量材授職京外皆須得人。所請改授京秩之處。亦屬非是。錫珍著傳旨申飭。欽此。

光緒十年三月十三日奉

珠諭。禮親王世鐸著在軍機大臣上行走。勿庸學習御前大臣。並勿庸帶領豹尾鎗。戶部尚書額勒和布。閻敬銘。刑部尚書張之萬。均著在軍機大臣上行走。工部左侍郞孫毓汶著在軍機大臣上學習行走。欽此。

43. Antea, quia Pao T'ing peroptato erat vir audens loqui, ideo, non servato ordine, per saltum eduximus, elegimus et donavimus assessoris dignitate. Sed in ministerii sui loco nescivit seipsum coercere; inde admisit excessum et culpam. Tunc, ex Tribunalis consulto, privatus est officio; (quæ pœna) certe erat culpæ debita. Quod attinet ad sontem præfectum, neglectis nævis, inscribere adhibendum, illa potestas habita penes regiam curiam est. Si Tchenn quomodo potest præpropere rogare beneficium?

超 Tch'aó. Sauter sur, sauter au-delà, aller au-delà, surpasser; s'adresser à un tribunal supérieur sans avoir passé par le tribunal inférieur; arriver à une haute charge sans avoir passé par les charges inférieures.

檢 Kién. Enveloppe de livre, modérer, réprimer, comparer, loi.

蹈 Taó. Fouler du pied, suivre un chemin, observer, commettre une faute.

愆 K'iēn. Excéder, transgresser, violer, faute, erreur.

14. Iu In lin quia in Pekinensi inspectione notatus est primi ordinis, electum donavimus præfecti generalis munere, maxime ut ita daremus facultatem sui exercendi. Regia curia perpensis dotibus committit officia. Extra urbem regiam, (officia) omnia oportet ut habeant homines idoneos. Quam Si Tchenn rogavit, ut mutato magistratu, commit-

46. 军机处权力更迭

改授大臣（1884年）

光绪十年三月十三日奉珠谕："礼亲王世铎，着在军机大臣上行走。勿庸学习御前大臣，并勿庸带领豹尾枪。户部尚书额勒和布、阎敬铭，刑部尚书张之万，均着在军机大臣上行走。工部左侍郎孙毓汶，着在军机大臣上学习行走。钦此。"

光绪十年三月十三日奉珠谕。钦奉慈禧端佑康颐昭豫庄诚皇太后懿旨："现值国家元气未充，时艰犹巨，政丛脞，民未枚安。内外事务，必须得人而理，而军机处实为内外用人行政之枢纽。恭亲王奕䜣等始尚小心匡弼，继则委蛇保荣。近年爵禄日崇，因循日甚。每于朝廷振作求治之意，谬执成见，不肯实力奉行。屡经言者论列，或目为壅蔽，或劾其委靡，或谓簠簋不饬，或谓昧于知人。本朝家法綦严。若谓其如前代之窃权乱政，不惟居心所不敢，亦实法律所不容。只以上数端贻误已非浅鲜。若仍不改，图专务姑息，何以仰副列圣之伟列贻谋？将来皇帝亲政，又安能诸臻上理？若竟照弹章，一一宣示，即不能复议亲贵，亦不能曲全耆旧。是岂朝廷宽大之政所忍为哉？言念及此，良用恻然。恭亲王奕䜣、大学士宝鋆入直最久，责备宜严。姑念一系多病，一系年老。兹特录其前劳，全其末路。奕䜣着加恩仍留世袭罔替亲王，赏食亲王全俸，开去一切差使，并撤去恩加双俸，家居养疾。宝鋆着原品休致。协办大学士、吏部尚书李鸿藻内廷当差有年。只为囿于才识，致办事竭蹶。兵部尚书景廉只能循分供职，经济非其所长。均着开去一切差使，降二级调用。工部尚书翁同龢，甫直枢廷，适当多事。惟既别无建白，亦无应得之咎。着加恩革职留任，退出军机处，仍在毓庆宫行走，亦示区别。朝廷于该王大臣之居心办事，默察已久，知其决难振作，诚恐贻误愈深，则获咎愈重。是以曲示矜全，从轻予谴。初不因寻常一眚之微、小臣一疏之劾，遽将亲藩大臣投闲降级也。嗣后内外臣工务当痛戒因循，各据忠悃。建言者秉公献替，务期远大。朝廷但察其心，不责其迹。苟于国事有补，无不虚衷嘉纳。倘有门户之弊、标榜之风，假公济私、倾轧攻讦，甚至品行卑鄙、为人驱使，就中受贿渔利，必当立抉其隐，按法惩治不贷。将此通谕知之。钦此。"

ÉDITS ET MÉMORIAUX

屬敢言、是以不次超擢簡授侍郎、乃於差次不
知檢束、自蹈愆尤當照部議革職、實屬咎有應
得至獲咎人員兼瑕錄用其權操之自上、錫珍
何得遽爲乞恩于蔭霖以京察一等簡授道員、
正所以資歷練朝廷量材授職、京外皆須得人、
所請改授京秩之處、亦屬非是、錫珍著傳旨申
飭欽此

光緒十年三月十三日奉
諭禮親王世鐸著在軍機大臣上行走勿庸學
習御前大臣並勿庸帶領豹尾鎗戶部尚書額
勒和布閣敬銘刑部尚書張之萬均著在軍機
大臣上行走工部左侍郎孫毓汶著在軍機
臣上學習行走欽此

珠

13. Antea, quia Pao T'ing peroptato erat vir audens loqui, ideo, non servato ordine, per saltum eduximus, elegimus et donavimus assessoris dignitate. Sed in ministerii sui loco nescivit seipsum coercere; inde admisit excessum et culpam. Tunc, ex Tribunalis consulto, privatus est officio; (quæ pœna) certe erat culpæ debita. Quod attinet ad sontem præfectum, neglectis nævis, inscribere adhibendum, illa potestas habita penes regiam curiam est. Si Tchenn quomodo potest præpropere rogare beneficium?

超 Tch'aŏ. Sauter sur, sauter au-delà, aller au-delà, surpasser; s'adresser à un tribunal supérieur sans avoir passé par le tribunal inférieur; arriver à une haute charge sans avoir passé par les charges inférieures.

檢 Kién. Enveloppe de livre, modérer, réprimer, comparer, loi.

蹈 Taó. Fouler du pied, suivre un chemin, observer, commettre une faute.

愆 K'iēn. Excéder, transgresser, violer, faute, erreur.

14. Iu In lin quia in Pekinensi inspectione notatus est primi ordinis, electum donavimus præfecti generalis munere, maxime ut ita daremus facultatem sui exercendi. Regia curia perpensis dotibus committit officia. Extra urbem regiam, (officia) omnia oportet ut habeant homines idoneos. Quam Si Tchenn rogavit, ut mutato magistratu, commit-

光緒十年三月十三日奉

珠諭。欽奉

慈禧端佑康頤昭豫莊誠皇太后懿旨。現值國家元氣未充。時艱猶鉅政叢脞民未枚安。內外用人行政之樞紐。恭親王奕訢等始尚小心匡弼繼則委蛇保榮。近年爵祿日崇。因循日甚。每於朝廷振作求治之意。謬執成見,不肯實力奉行.屢經言者論列。或目為壅蔽或劾其委靡或謂簠簋不飭。或謂昧於知人。本朝家法綦嚴。若訓其如前代之竊權亂政,不惟居心所不敢,亦實法律所不容。只以上數端貽誤已

3. K. S. 10 an. 3 m. 13 die acceptum est, rubro puncto signatum (ab imperatore), decretum. — Reverenter accepimus Ts'eu hi imperatricis decretum:

« Nunc adest tempus quo regni naturalis vigor nondum plenus est. Temporis difficultates etiam nunc graves sunt; administratio multis molestiis laborat; populus non ulla pace fruitur. Interna externaque negotia profecto requirunt homines qui ea componant. At summum regni Consilium certe est interius exteriusque adhibitorum magistratuum, gerendæ administrationis cardo et nodus.

値 **Tchéu**. Rencontrer, arriver.

元氣 **Iuên k'í**. Les principes dont une chose a été d'abord constituée ; la vigueur première.

脞 **Tsouó** Viande hachée ou coupée en petits morceaux ; minuties. 元首叢|哉(書益稷) Si le chef de l'État s'occupe des moindres détails.

枚 **Méi**. Tronc; bâillon, fouet, particule numérale.

內外 **Néi wái**. Au-dedans et audehors, à la capitale et dans les provinces, inclus ou excepté, en deçà et au-delà, plus ou moins.

樞 **Tch'ōu**. Axe, centre, partie principale, moteur principal, chef, directeur, ministre ou conseiller d'État.

紐 **Gniòu**. Nœud, nouer, bouton.

4. « Koung primi ordinis princeps, I hin nomine, aliique initio feliciter attento animo succurrentes adjuvabant; deinde vero negligentes et incuriosi, tuiti sunt suos honores. Hisce annis, honoribus stipendiisque quotidie

非淺鮮。若仍不改圖專務姑息何以仰副列聖之偉烈貽謀將來皇帝親政又安能諸臻上理。若竟照舊彈章一宣示即不能復議親貴亦不能曲全耆舊是豈朝廷寬大之政所忍爲哉言念及此。艮用惻然恭親王奕訢大學士寶鋆入直最久。責備宜嚴。姑念一係多病一係年老。茲特錄其前勞全其末路。奕訢着加恩仍留世襲罔替親王賞食親王全俸。開去一切差使並撤去恩加雙俸家居養疾寶鋆着原品休致。協辦大學士吏部尚書李鴻藻内廷當差有年。祇爲囿於才識遂致辦事竭蹶兵部尚書景廉祇能循分供職經濟非其所長。均着開去一切差使。降二級調用！工部尚書翁同龢甫直樞廷。適當多事惟既別無建白亦無應

6. « Si omnino, ex accusantium relationibus, singula vulgantes moneremus, statim non possemus jam rationem habere cognationis et dignitatis, nec possemus indulgenter illibatos servare senes et veteres ministros. Illud quomodo esset quod regiæ curiæ indulgentissima administratio ferret facere ? Loquentes et cogitantes de illa re, maxima movemur miseratione.

偉 Wèi. Extraordinaire, très grand.
烈 Liĕ. Action méritoire, utile institution, généreux, glorieux.

7. « Koung primi ordinis princeps, I hin nomine, et consilii privati præses Pao lun inierunt munera longissimo tempore. Punire et corripere illos par est severe. Indulgenter considerantes alterum esse multis morbis affectum, alterum ætate provectum ; tunc unice inscribimus eorum pristinos labores, et illæsam servabimus eorum extremam viam (i. e. vitam). I hin jubemus, dato beneficio, rursus linquere hæreditariam id perpetuum primi ordinis principis dignitatem, donare comedenda primi ordinis principis integra stipendia, auferre omnia munera, et tollere beneficio concessa dupla stipendia ; eum domi manere et curare valetudinem. Pao lun jubemus, pristino gradu (servato), non exercere magistratum.

直 Tchĕu. Droit, direct, sans détour, sincère, juste, exact, convenable ;

得之咎、着加恩革職留任、退出軍機處、仍在
毓慶宮行走、亦示區別、朝廷於該王大臣之
居心辦事、默察已久、知其決難振作、誠恐貽
誤愈深、則獲咎愈重、是以曲示矜全、從輕予
譴、初不因尋常一眚之微、小臣一疏之劾、遽
將親藩大臣授開降級也、嗣後內外臣工務
當痛戒因循、各據其心、不責其跡、苟於國事
期遠大、朝廷但察其心不責其跡、苟於國事
有補、無不虛衷嘉納、倘有門戶之弊、標榜之
風、假公濟私、傾軋攻訐、甚至品行卑鄙、為人
驅使、就中受賄漁利、必當立抉其隱、按法懲
治不貸、將此通諭知之、欽此。

rantes eum speciatim non erexisse album signum (i. e. non monuisse clare), sed non ei tribuendam esse culpam; jubemus, dato beneficio, eum privari munere, relinqui in implendo officio, recedere a summo regni consilio, rursus in Iu k'ing koung (schola) fungi officio; ut ostendamus discretionem (in pœnis).

行走 Avoir ses entrées libres; prendre part aux affaires sans titre officiel.

10. «Regia curia, de supradicti principis magnorumque præfectorum constanti voluntate et gestis rebus, tacite observans jam diu, cognovit eos profecto difficile exserturos esse vires; vere timuit, ne admissæ culpæ quo majores fierent, eo incurrerent pœnas graviores. Propter hoc dignata est ostendere mise-

rationem et facere salvos, ac levi pœna concessit ut punirentur. Primum, non propter soliti unius errati minutiam minorisve præfecti unam scriptam accusationem, propere cognatum et regni defensorem, magnosque præfectos rejecimus, amovimus et demisimus gradibus.

居 Kiū. S'arrêter dans un endroit, demeurer. | 心 Garder un sentiment ou une résolution dans son cœur, état d'âme, disposition d'esprit.

振 Tchénn. Secouer, agiter.

譴 K'ién. Interroger un accusé, réprimander, blâmer, punir.

眚 Chèng. Cataracte de l'œil; bévue, faute commise par inadvertance.

11. «In posterum, intra et extra urbem regiam, præfecti tum majores

光绪十年三月十四日，钦奉慈禧端佑康颐昭豫庄诚皇太后懿旨："军机处遇有紧要事件，着会同醇亲王奕譞商办。俟皇帝亲政后，再降懿旨。钦此。"

光绪十年三月十九日，钦奉慈禧端佑康颐昭豫庄诚皇太后懿旨："本日据左庶子盛昱、右庶子锡钧、御史赵尔巽等，奏'醇亲王不宜参预军机事务'各一折。并据盛昱奏称，嘉庆四年十月，仁宗睿皇帝圣训：'本朝自设立军机处以来，向无诸王在军机处行走。等因。钦此。'圣谟深远，允宜永遵。惟自垂帘以来，揆度时势，不能不用亲藩进参机务。此不得已之深衷，当为在廷诸臣所共谅。本月十四日，谕令醇亲王奕譞与诸军机大臣会商事件，本为军机处办理紧要事件而言，并非寻常诸事，概令与闻，亦断不能另派差使。醇亲王奕譞再四推辞，碰头恳请。当经曲加奖励，并谕俟皇帝亲政，再降懿旨，始暂时奉命。此中委曲，尔诸臣岂能尽知耶？至军机处政事，委任枢臣，不准推诿，希图卸肩，以专责成。经此次剀切晓谕，在廷诸臣自当仰体上意，毋得多渎。盛昱等所奏，应毋庸议。钦此。"

光緒十年三月十四日，欽奉
慈禧端佑康頤昭豫莊誠皇太后懿旨，軍機處遇有緊
要事件，着會同醇親王奕譞商辦，俟皇帝親政後，再
降懿旨，欽此。

光緒十年三月十九日，欽奉
慈禧端佑康頤昭豫莊誠皇太后懿旨。本日據左庶子
盛昱右庶子錫鈞御史趙爾巽等，奏醇親王不宜參
預軍機事務，各一摺。據盛昱奏稱嘉慶四年十月
仁宗睿皇帝聖訓，本朝自設立軍機處以來，向無諸王
在軍機處行走等語，欽此。
聖謨深遠，允宜永遵。惟自垂簾以來，揆度時勢，不能不
用親藩進參機務。此不得已之深衷，當爲在廷諸臣

13. K. S. 10 an. 3. mens. 14 die, reverenter acceptum Imperatricis benignum decretum. — Summum regni Consilium, occurrente magni momenti re, jubemus conveniens cum Tch'ouenn primi ordinis principe, I hiuen nomine, deliberare et agere. Postquam imperator ipse ceperit regni gubernacula, rursus edemus benignum decretum. Reverenda sunt hæc verba.

14. K. S. 10 an. 3. mens. 19 die, reverenter acceptum Imperatricis benignum decretum. — Hodie accepi primi adjutoris Consilii 詹事府 Tchēn chéu fòu Cheng Iu, secundi adjutoris ejusdem Consilii Si Kiun, censoris Tchao Eul suenn et aliorum litteras, in quibus dicunt Tch'ouenn primi ordinis principem non decere adesse et immiscere se summi Consilii negotiis: cujusque unam epistolam. Et accepi Cheng Iu litteras, qui refert Kia K'ing quarti anni decimo mense datum Jenn tsoung jouei (Kia k'ing) imperatoris documentum: « Ex quo nostra regia familia instituit summum regni Consilium usque nunc, hucusque nullus ex omnibus principibus in summo Consilio res gessit. » Hujusmodi res. Reverenda sunt hæc verba.

詹 Chóu. Tout, complet, grand

所共諒。本月十四日諭令醇親王奕譞與諸軍機大
臣會商事件。本爲軍機處辦理緊要事件而言並非
尋常諸事件。概令與聞亦斷不能另派差使。醇親王奕
譞再四推辭碰頭懇請當經曲加獎勵並諭侯皇帝
親政再降諭旨始暫時奉命。此中委曲爾諸臣豈能
盡知耶。至軍機處政事委任樞臣不准推諉希圖卸
肩。以專責成。經此剴切曉諭在廷諸臣自當仰體
上意毋得多瀆。盛昱等所奏應毋庸議欽此。

欽命辦理福建船政大臣、詹事府少詹事。臣何如璋
　　　　跪

奏。爲法船猝發我軍航壞廠傷。陸軍連日扺禦。法
兵不敢上岸。恭摺馳陳仰祈

16. Hujus mensis decimo quarto die, edicto jussi Tch'ouenn primi ordinis principem, I hiuen nomine, cum omnibus summi Consilii magnis ministris convenientem deliberare de rebus. Revera de gestis a summo Consilio maximi momenti rebus dixi; minime solitis omnibus rebus generatim jussi eum adesse et aurem præbere; et certe non possum eum ad alia delegare officia. Tch'ouenn primi ordinis princeps, I hiuen nomine, iterum iterumque rejecit et recusavit; terram pulsans capite, supplex rogavit. Tum dignata sum diligenter animos addere, et monere, quum Imperator ceperit regni gubernacula, rursus me daturam decretum; cœpit ad breve tempus accipere mandatum.

17. In hac re difficultates et molestias meas, vos omnes præfecti, quomodo potestis omnino cognoscere? Quod attinet ad summi Consilii administrationis res, illis quibus committitur hoc munus regni ministris non conceditur ut rejiciant recusentque, hac spe et mente ut exonorent humeros, et ita unice (munia speciatim) commissa exsequantur. Hac vice diligenter doctos monitosque aulæ regiæ omnes præfectos necessario oportet reverenter obsequi supremæ voluntati, nec licet nimium molestos esse.

47. 厘清敌我以免歧误

战时保护外国人（1884年）

光绪十年八月十一日奉上谕。"前因法人背约失信，衅自彼开，谕令沿海统兵大臣，及各该督抚，督率防军，将法兵合力攻击，仍将各国商民，一律保护。即法国官员教民，安分守己者，亦在保卫之列。朝廷办理此事，无非相待以诚。近闻广东督抚等，出示晓谕，沿海居民忠义报效，令在海面将法船带水浅搁，食置毒物，等语。措词转失正大。况叙及新嘉坡、槟榔屿等处，既非属地，恐传闻失实，辗转沿讹，或至反生事端。与七月初六日谕旨之意不合。彭玉麟、张之洞、张树声、倪文蔚，均着传旨申饬。法人背盟无理。凡我中华人民，自能众志成城，同仇敌忾。正不必借秘计诡谋，致失中国仗义兴师之意。至海外各岛屿寓居华人，均着不必预闻军事，以免歧误。钦此。"

上諭．前因法人背約失信，釁自彼開，諭令沿海統兵大臣及各該督撫督率防軍，將法兵合力攻擊，仍將各國商民一律保護，卽法國官員教民安分守己者，亦在保衞之列。朝廷辦理此事，無非相待以誠。近聞廣東督撫等，出示曉諭沿海居民忠義報効，令在海面將法船帶水淺擱食置毒物等語。措詞轉失正大，況叙及新嘉坡、檳榔嶼等處，旣非屬地，恐傳聞失實，輾轉沿訛，或至反生事端，與七月初六日諭旨之意不合。彭玉麟、張之洞、張樹聲、倪文蔚，均著傳旨申飭。法

光緒十年八月十一日，奉

XXV. 1. Kouang siu decimi anni octavi mensis undecimo die acceptum decretum. — Jam antea, quia Galli violaverant fœdus, fefellerant fidem, et dissidium ab illis inchoatum erat, monentes mandavimus ut secus mare præfecti rei militari regii legati et omnes provinciarum prætores tum generales tum particulares, regentes et ducentes præsidiarias copias, gallos milites conjunctis viribus aggrederentur et percuterent; solito more, cujusque regionis mercatores et cives eadem lege protegerent et tuerentur; etiam Galliæ magistratus, missionarios et cives, qui in officio suo continerent se, ipsos inter protegendos tuendosque connumerari. Regia curia, curans et componens illam rem, minime non tractat (exteros) sincere.

信 Sín Sincère, véridique, vraiment, en effet; fidèle à sa parole, fidèle au devoir, bonne foi; croire, avoir confiance, ce qui fait foi, témoignage, preuve, sceau; missive, annonce, suivre, s'abandonner à.

2. Nuper audivimus Kouang toung provinciæ prætorem generalem (Tchang Tcheu toung) et prætorem particularem (I Wenn wei) aliosque, editis monitis, hortatos esse secus mare commorantes homines ut cum fidelitate et studio præberent operam; et excitasse ut in maris superficie Gallorum naves ducerent in brevia figendas, in cibariis ponerent venenatas res; ejusmodi dicta (scripsisse).

3. Apposita verba contra aberrant a recto et magno. Eo magis (improbanda sunt) quod paulatim perferentur ad Singapour, Pinang insulam et alia loca; quæ quum non sint imperio nostro subjectæ regiones, timendum est ne sparsi rumores recedant a vero, versando reversandoque secus mare falsa dicantur,

人背盟無理。凡我中華人民自能眾志成城、同仇敵愾。正不必藉秘計詭謀、致失中國仗義興師之意。至海外各島嶼寓居華八均着不必預聞軍事、以免歧惧。欽此。

上諭。穆圖善等及張佩綸、何如璋先後具奏、法兵攻擊船廠砲臺、官軍接仗情形、自請議處治罪各摺片。法人乘上海議和之際。潛駛兵船入泊福建馬尾等處。中國素重誠信、並未卽行驅逐。乃該國包藏禍心不顧信義、七月初三日、何璟等甫接法領事照會開戰、而馬尾法船乘我猝不及防先

光緒十年八月初二日。奉

toung) et I Wenn wei pariter jubemus mitti hoc edictum, explicationem et mandatum. Galli violarunt fœdus injuste. Quicumque sunt nobis subjecti Sinæ homines, inde possunt communi voluntate fieri regni propugnacula, cum hostibus certare generose. Certe non adhibenda sunt secreta consilia, dolosa artificia, ita ut repugnetur illi, quam habet regia curia, juxta æquitatem belli gerendi voluntati.

城 Tch'ĕng. Fortifications, rempart d'une ville, ville fortifiée, ville capitale, chef-lieu; camp retranché.

仗 Tcháng. Nom générique des armes offensives; armes qui servent d'insignes à l'empereur ou aux officiers; bataille; s'appuyer sur, mettre son appui ou sa confiance.

興 Hing. Se lever, se mettre debout, prendre les armes, faire prendre les armes; commencer, entreprendre, prendre commencement; construire, élever à une charge, élever à un haut degré de puissance ou de gloire, prospérer, florissant, en vigueur, en vogue.

5 Quod attinet ad illos qui extra sinica maria in insulis ad tempus commorantur Sinas, omnibus edicimus non curandum esse de auditis bellicis rebus, ne ambiguis dictis in errorem inducantur. Reverenda sunt hæc verba.

歧 K'i. Se bifurquer, se diviser en deux branches, faire la fourche. 誤 † óu. S'égarer en prenant un chemin pour un autre, se tromper en prenant le faux pour le vrai.

XXVI. 1. Kouang siu decimi anni octavi mensis secundo die acceptum decretum. — Mou T'ou chen ejusque

48. 仗义兴师奖惩分明

战时奖惩（1884年）

光绪十年八月初二日奉上谕。"穆图善等，及张佩纶、何如璋先后具奏，法兵攻击船厂炮台，官军接仗情形，自请议处治罪，各折片。法人乘上海议和之际，潜驶兵船，入泊福建马尾等处。中国素重诚信，并未即行驱逐。乃该国包藏祸心，不顾信义。七月初三日，何璟等甫接法领事照会开战，而马尾法船，乘我猝不及防，先后开炮攻击，我军合力抵敌。兵商各船多被击毁。各军于濒危之际，犹复奋勇接战，击坏该国兵船雷船三只。初四等日，法兵猛攻登岸。经提督黄超群、道员方勋、都司陆桂山，督队击退。法兵旋攻馆头、田螺湾、闽安等处，希图上岸踞扰。经张世兴、蔡康业、刘光明督军击却。穆图善驻守长门等处，督饬总兵张得胜、副将洪永安、守备康长庆等，率队截剿毙敌甚多，击翻敌船二只。以炮台门皆外向，敌由内击，致为所毁。此次因议和之际，未便阻击，致法人得遂狡谋。各营将士，仓猝抵御，犹能殄毙敌人多名，并伤其统帅。其同心效命之忱，实堪嘉悯。所有击退上岸法兵、出奇制胜之提督黄超群，着以提督，遇缺题奏，并赏穿黄马褂。道员方勋，着以道员，遇缺题奏，并赏给'达春巴图鲁'名号。都司陆桂山，着以游击，尽先升用，并赏给'捷勇巴图鲁'名号。击翻敌船、夺获军器之副将洪永安，着以总兵，记名简放，并赏给'铿陛额巴图鲁'名号。其余出力之水陆之将弁，着穆图善、张佩纶先行传旨嘉奖，并从优保奏，候旨施恩。力战受伤之都司孙思敬，着以游击补用。阵亡之高腾云，及受伤之宋锦元、冼懿林，及其余阵亡受伤各将弁，均着查明，分别奏请奖恤。并着穆图善、张佩纶于前颁内帑备赏项下，择其打仗尤为出力兵勇，及阵亡之官弁勇家属，分别核实赏给，毋稍疏漏。闽浙总督何璟在任最久。平日于防守事宜，漫无布置。临时又未能速筹援救。着即行革职。福建巡抚张兆栋株守省城，一筹莫展，着交部严加议处。船政大臣、詹事府少詹事何如璋，守厂是其专责。乃接仗吃紧之际，遽行回省，实属畏葸无能。着交部严加议处。翰林院侍讲学士张佩纶统率兵船与敌相持。于议和时，屡请先发。及奉有允战之旨，又未能力践前言。朝廷前拨援兵，张佩纶辄以援兵敷用为词。迨省城戒严，徒事张惶，毫无定见，实属措置无方，意气用事。本应从严惩办，姑念其力守船厂，尚属勇于任事。从宽革去三品卿衔，仍交部议处，以示薄惩。福州将军穆图善驻守长门。因敌船内外夹攻，未能堵其出口，而督军力战，尚能轰船杀敌。功过尚足相抵。着加恩免其置议。嗣后闽省防务左宗棠未到以前，着责成穆图善、杨昌濬、张佩纶和衷商办。务臻周密，毋稍疏虞。至沿海战守事宜，各该督抚务当凛遵迭次谕旨，督饬各营认真戒备，不得稍涉大意，致干重咎。钦此。"

ÉDITS ET MÉMORIAUX

人背盟無理。凡我中華人民、自能眾志成城、同仇敵愾。正不必藉秘計詭謀、致失中國仗義興師之意。至海外各島嶼寓居華人均著不必預聞軍事以免歧悮。欽此。

光緒十年八月初二日。奉上諭。穆圖善等及張佩綸何如璋先後具奏。法兵攻擊船廠砲臺官軍接仗情形。自請議處治罪各摺片。法人乘上海議和之際。潛駛兵船入泊福建馬尾等處。中國素重誠信並未即行驅逐。乃該國包藏禍心不顧信義。七月初三日。何璟等甫接法領事照會開戰而馬尾法船乘我猝不及防先

toung) et I Wenn wei pariter jubemus mitti hoc edictum, explicationem et mandatum. Galli violarunt fœdus injuste. Quicumque sunt nobis subjecti Sinæ homines, inde possunt communi voluntate fieri regni propugnacula, cum hostibus certare generose. Certe non adhibenda sunt secreta consilia, dolosa artificia, ita ut repugnetur illi, quam habet regia curia, juxta æquitatem belli gerendi voluntati.

城 **Tch'éng**. Fortifications, rempart d'une ville, ville fortifiée, ville capitale, chef-lieu; camp retranché.

仗 **Tcháng**. Nom générique des armes offensives; armes qui servent d'insignes à l'empereur ou aux officiers: bataille; s'appuyer sur, mettre son appui ou sa confiance.

興 **Hīng**. Se lever, se mettre debout, prendre les armes, faire prendre les armes; commencer, entreprendre, prendre commencement; construire, élever à une charge, élever à un haut degré de puissance ou de gloire, prospérer, florissant, en vigueur, en vogue.

5 Quod attinet ad illos qui extra sinica maria in insulis ad tempus commorantur Sinas, omnibus edicimus non curandum esse de auditis bellicis rebus, ne ambiguis dictis in errorem inducantur. Reverenda sunt hæc verba.

歧 **K'i**. Se bifurquer, se diviser en deux branches, faire la fourche. 誤 † **óu**. S'égarer en prenant un chemin pour un autre, se tromper en prenant le faux pour le vrai.

XXVI. 1. Kouang siu decimi anni octavi mensis secundo die acceptum decretum. — Mou T'ou chen ejusque

後開砲攻擊。我軍合力抵敵。兵商各船多被
擊燬各軍于瀕危之際猶復奮勇接戰。擊壞
該國兵船雷船三隻。初四等日法兵猛攻登
岸。經提督黃超羣道員方勳都司陸桂山督
隊擊退法兵旋攻舘頭田螺灣閩安等處希
圖上岸踞擾。經張世典蔡康業劉光明督軍
擊卻。穆圖善駐守長門等處。督飭總兵張得
勝。副將洪永安守備康長慶等率隊截輯燬
敵甚多。擊翻敵船二隻。以砲臺門皆外向敵
由內擊。致為所燬。此次因議和之際。未便阻
擊致法人得遂狡謀各營將士倉猝抵禦。猶
能殄斃敵人多名。並傷其統帥。其同心效命
之忱。寶堪嘉憫所有擊退上岸法兵出奇制

conjunctis viribus, resistentes dimicarunt. Militum mercatorumque naves multæ sunt quassatæ aut ustæ. Omnes copiæ in littoris periclitantibus locis, etiam rursus acriter et fortiter commiserunt pugnam, quassantes deleverunt illius nationis bellicas naves et instructam torpedinibus navem, (in summa) tres naves.

4. Mensis quarto die aliisque diebus, galli milites ferociter aggressi sunt, ut ascenderent in ripam. Offenderunt ducem militum Houang Tch'ao k'iun, præfectum generalem Fang Hiun et centurionem Lou Kouei chan, qui regentes cohortes, percusserunt et repulerunt. Galli milites paulatim oppugnarunt Kouan t'eou, T'ien louo wan, Min ngan aliaque loca, sperantes et cogitantes fore ut ascenderent in littus, arroganter considerent et omnia perturbarent. Offenderunt Tchang Cheu hing, Ts'ai K'ang ie et Liou Kouang ming, qui ducentes copias, aggressi repulerunt eos.

踞 Kiú. S'accroupir, être accroupi, s'asseoir d'une manière indécente.

卻 K'iŏ. Modérer ses désirs; cesser, s'arrêter; quitter, laisser, refuser, se retirer; repousser, chasser, écarter.

5. Mou T'ou chen, qui commorans custodiebat Tchang menn aliaque loca, dirigens misit militum ducem Tchang Te cheng, ducis legatum Houng louang ngan, centurionem K'ang Tch'ang k'ing aiosque, qui eduxerunt cohortes, intercipientes occiderunt et peremerunt hostes plurimos, quassantes everterunt hostium naves duas. Quia in arcibus

勝之提督黃超羣着以提督遇缺題奏並
賞穿黃馬掛道員方勳着以道員遇缺題
奏並賞給達春巴圖魯名號。都司陸桂山、
着以遊擊儘先升用並賞給捷勇巴圖魯
名號。擊翻敵船奮獲軍器之副將洪永安、
着以總兵記名簡放並賞給鏗陞額巴圖
魯名號。其餘出力之水陸之將弁着穆圖
善名號佩綸先行傳旨嘉獎並從優保奏候
旨施恩力戰受傷之都司孫思敬着以遊
擊補用陣亡之高騰雲及受傷之宋錦元
洗懿林及其餘陣亡受傷各將弁均着查
明分別奏請獎邺並着穆圖善張佩綸於
前頒內帑備賞項下擇其打仗尤為出力

ÉDITS ET MÉMORIAUX

7. De illis qui pugnantes repulerunt ascendentes in ripam gallos milites; qui exserens mira, inhibuit hostes, victorem legionis ducem Houang Tch'ao k'iun jubemus ad legionis ducis munus, occurrente loco vacuo, litteris proponi, et concedi ut induat flavam tunicam.

8. Generalem præfectum Fang Hiun jubemus ad præfecti generalis munus, occurrente loco vacuo, litteris commendari, et donari *Ta tch'ouenn pa t'ou lou* nomine ac cognomine. Centurionem Lou Kouei chan jubemus ad *iou ki* gradum, omnino ante alios promoveri et adhiberi, et donari *Tsie ioung pa t'ou lou* nomine ac cognomine. Qui quatiens evertit hostium navem et eripiens cepit bellica arma, ducis legatum Houang Ioung ngan jubemus in cohortis ducem, inscripto nomine, eligi et mitti, et donari *K'eng cheng nge pa t'ou lou* nomine et cognomine.

奪 **Touǒ**. Enlever de force, s'emparer de; obtenir par concurrence; décider; captiver les yeux ou les oreilles; diminuer l'autorité ou la juridiction d'un officier.

簡 **Kièn**. Tablettes sur lesquelles on écrivait, feuille de papier, pièce écrite, billet, missive, écrire; examiner, contrôler, inspecter, discerner, choisir; diminuer, abréger, sommaire; négliger, traiter négligemment.

放 **Fáng**. Placer, déposer, lâcher, laisser aller, mettre en liberté, permettre, distribuer gratuitement, abandonner, négliger, rejeter, reléguer dans un lieu déterminé, envoyer un officier à un poste. || **Fàng** Semblable, imiter; arriver à, s'étendre jusqu'à.

9. Cæteris, qui exseruerunt vires terra marique ducibus ac tribunis

兵勇及陣亡之官弁勇家屬分別核實賞給。
毋稍疏漏閩浙總督何璟在任最久平日於
防守事宜漫無布置臨時又未能速籌援救。
着即行革職福建巡撫張兆棟株守省城一
籌莫展。着交部嚴加議處。船政大臣詹事府
少詹事何如璋守廠是其專責。乃接仗吃緊
之際遽行回省實屬畏葸無能。着交部嚴加
議處。翰林院侍講學士張佩綸統率兵船與
敵相持於議和時屢請先發及奉有允戰之
旨又未能力踐前言。朝廷前檄援兵張佩綸
輒以援兵敷用為詞迫省城戒嚴徒事張惶
毫無定見實屬措置無方意氣用事。本應從
嚴懲辦姑念其力守船廠尚屬勇於任事從

ulla negligentia aut oblivio.

帑 T'àng. Trésor public. **內** Néi †. Trésor du palais, trésor particulier de l'empereur.

賞項 Chàng hiáng. Objet qu'on donne en récompense.

下 En bas, donner à un inférieur.

12. Fou kien et Tche kiang provinciarum generalis prætor Ho lng functus est munere diutissime. Consuetis temporibus, in curandis ad defensionem et custodiam necessariis remissus fuit, nec diffundens constituit (incepta opera). Adveniente (periculi) tempore, rursus non potuit celeriter consulere auxilio et saluti. Jubemus eum statim exui gradu. Fou kien provinciæ prætor Tchang Tchao t'oung ut stipitem custodivit provinciæ metropolim; ne unum quidem consilium evolvit. Jubemus eum tradi Tribunali, quod severe deliberet de statuenda pœna.

漫 Mán. Grande crue des eaux, vaste, licence, négligence.

株 Tchōu. Tronc. souche, pieu. **守株復得兔**(韓非子) Cheòu † kī fòu tě t'óu. Garder un pieu dans l'espoir de prendre encore un lièvre: attendre la fortune sans rien faire.

13. Navalis administrationis rector et studiorum consilii assessor Ho Jou tchang, quum custodire officinas esset ejus speciale officium, tamen, committendæ pugnæ et adhibendæ diligentiæ tempore, propere rediit ad provinciæ urbem præcipuam; certe fuit timidus,

ÉDITS ET MÉMORIAUX

寬革去三品卿銜、仍交部議
處、以示薄懲。福州將軍穆圖
善駐守長門。因敵船內外夾
攻、未能堵其出口、而督軍力
戰、尚能轟船殺敵、功過尙足
相抵。着加恩免其置議。嗣後
閩省防務左宗棠未到以前、
着責成穆圖善、楊昌濬、張佩
綸和衷商辦務臻周密、毋稍
疏虞。至沿海戰守事宜各該
督撫務當凜遵迭次諭旨督
飭各管認眞戒備、不得稍涉
大意、致干重咎。欽此。

secundario) diplomate, et insuper tradatur Tribunali, quod deliberans statuet ; et ita ostendatur levis coercitio.

撥 Pouŏ. Établir l'ordre, gouverner, distribuer, répartir, envoyer quelqu'un à un poste ; agiter en l'air ; séparer, écarter ; enlever, détruire.

敷 Fōu. Étendre, répandre, propager, publier, distribuer, faire connaître ; vaste, universel ; suffisant ; complet, compléter.

戒 Kiái. Éviter, s'abstenir, prendre garde, se prémunir ; avertir quelqu'un de prendre garde ; ce dont on s'abstient. 嚴 † iên. Fermer les portes d'une ville et la mettre en état de défense à l'approche de l'ennemi.

卿 K'ing. Les 三品 sont les directeurs du 太常寺 Bureau du culte religieux, du 僕太寺 Intendance des écuries impériales, du 光祿寺 Conseil ou Intendance de la maison impériale.

16. Fou tcheou tartarus dux militum Mou T'ou chen, qui commorans custodiebat Tch'ang menn, quia hostium naves intra et extra utrimque aggrediebantur, non potuit obstare ne illæ exirent ex ostio ; sed ducens copias et omnibus viribus pugnans, tamen potuit quatere naves et occidere hostes. Ejus merita et male gesta etiam possunt invicem compensari. Jubemus, concesso beneficio, eum non subjici deliberationi.

17. In posterum, de Fou kien provinciæ defensione, usquedum Tsouo Tsoung t'ang adveniat, præcipimus ut, officio imposito perficiendi, Mou T'ou chen, Iang Tch'ang siun (provinciæ Tche kiang prætor) et Tchang Pei liun uno animo deliberantes curant. Conentur assequi absolutam perfectionem ; ne quidquam negligenter provideant.

周 Tcheōu. Circuit, complet.

密 Mĭ. Serré, exact.

18. De iis quæ secus littus maris ad bellum et custodiam expediunt, omnes ad quos pertinet provinciarum prætores tum generales tum particulares curare debent, ut cum tremore obsequentes sæpius datis edictis, regentes jubeant omnes cohortes vigilare, diligenter cavere et parare. Non licet ullam admittere negligentiam, ita ut incurratur gravis culpa (seu gravis pœna).

Reverenda sunt hæc verba.

49. 允协睦邻之义　与法弃怨修好

宣告和好（1884年）

光绪十一年六月二十四日奉上谕。"上年四月间，特准李鸿章与法国总兵福禄诺，议定越南通商事宜，无非戢兵安民之意。迨后谅山一役，不得已而用兵。越南地极炎荒，士卒每多瘴故，且相持半载，各损师徒。藩属人民亦罹锋镝。朕甚悯焉。自十二月间，总税务司、英人赫德，以两国本无嫌隙，力请仍照津约，往返通词，弃怨修好。朕仰惟上天好生德，并敬承维皇列祖命，将出师于天时地利，缓急进止谘度，不执成见。恭绎乾隆五十四年，安南撤兵，迭次谕旨权宜，所值先后同符。特照所请，命李鸿章等与法使巴特纳，重订新约十条。于越南北圻边界空地通商，言归于好。现在法国尽退基隆澎湖之兵。我亦将滇粤各军，撤归关内。彼此擒获人众，均已按数交还。从此荒服免遭兵燹，海宇共庆又安。朝廷于此事权衡，终始审察机宜。本无穷兵黩武之心，允协字小睦邻之义。今当和局既定，特通谕中外，俾咸知朕意也。钦此。"

光緒十一年六月二十四日奉

上諭。上年四月間特准李鴻章與法國總兵福祿諾議定越南通商事宜無非戢兵安民之意迫後諒山一役不得已而用兵越南地極炎荒卒每多瘴故且相持半載各損師徒藩屬人民亦罹鋒鏑朕甚憫焉十二月間總稅務司英人赫德以兩國本無嫌隙力請仍照津約往返通詞棄怨修好朕仰惟

上天好生之德並敬承

皇祖命將出師於天時地利緩急諏度不執成見恭繹乾隆五十四年安南撤兵迭次諭旨權宜所值先後同符特照所請命李鴻章等與法便巴特納重訂新約十條於越南北圻邊界

XXVII. 1. Superioris anni quarto mense, speciatim annueramus ut Li Houng tchang et gallus militum dux Fournier deliberarent de statuendis iis quæ ad faciendam in Annam regno mercaturam expedirent, non nisi finiendi belli et tranquillandi populi voluntate. Adveniente postea Leang chan illa re militari, non potuimus abstinere et usi sumus armis.

通商 Échanger des marchandises.
南 **Nân**. Midi. 安 **Ngăn** †. Annam ou Empire annamitique, qui comprend le Tonquin, la Cochinchine, le Cambodje annamite et le Laos annamite. 越 **Iuĕ** †. Empire annamitique; Tonquin.
役 **I**. Service gratuit, expédition militaire, soldat, messager, serviteur.

2. Annam regio est maxime torrida et sterilis. Duces et milites pluries multi pestilentia mortui sunt. Insuper (duæ gentes) invicem restiterunt dimidio anni; utriusque decrevit militum multitudo. Exteri vectigales incolæ etiam inciderunt in hastas et sagittas, (id est, occisi sunt). Ego valde miseratus sum.

罹 **Li**. Filet, tomber dans un filet, malheur, chagrin.

3. Ex duodecimo mense, generalis vectigalium inspector, Anglus He Te, quod duæ gentes vere non haberent odium dissidiumve, enixe rogavit ut rursus, juxta T'ien tsin fœdus, ultro citroque comutarentur litteræ, depo-

岔地通商，言歸於好。現在法國盡退基隆澎湖之兵。我亦將滇粵各軍撤歸關內。彼此擒獲人衆均已按數交還。從此荒服免遭兵燹，海宇共慶乂安。朝廷於此事權衡終始審察機宜。窮兵黷武之心允協字小睦鄰之義。今當和局既定特通諭中外俾咸知朕意也。欽此。

光緒十一年五月初九日。奉

上諭。現在和局雖定，海防不可稍弛。亟宜切實籌辦善後為久遠可恃之計。前據左宗棠奏請旨飭議拓增船炮大廠。昨據李鴻章奏倣照西法。創設武備學堂各一摺規畫周詳均為當務之急。自海上有事一來，法國恃其船堅炮利，橫行

6. Nunc Gallia omnino reducit, qui erant ad Ki loung urbem et P'eng hou insulas, milites. Nos etiam Iun nan, Kouang toung et Kouang si provinciarum omnes copias reducimus intra claustra imperii. Invicem captos homines omnes jam, juxta numerum (i. e. nullo excepto), reddimus. Deinceps, remota imperii ora non patietur militum incendia; maritima habitata loca omnia feliciter etiam regentur quiete.

滇 **Tiēn**. Nom d'un lac qui est au sud de 雲南府 **Iûn nân fòu**; nom donné à la province de lun nan.

粵 **Iuĕ**. Particule initiale. |省† **chèng**. Les deux provinces de Kouang toung et de Kouang si, qu'on appelle encore 東|ou 東| et 西|ou|西

服 **Fòu**. 五|（書益稷）Les cinq dépendances. 甸 **Iù** réserva à l'empereur un domaine 甸|**tién**†, qui s'étendait à cinq cents stades de rayon autour de la capitale; et divisa le reste de l'empire en quatre zones concentriques ou dépendances 侯|綏|要|荒|, dont chacune avait cinq cents stades de largeur. La dernière 荒|était la plus éloignée du centre.

7. Regia curia in illa re, utens pondere et statera, ab initio ad finem inspiciens quæsivit ea quæ ad administrationem expedirent. Revera habet non exhauriendarum copiarum et non fœdandorum armorum animum, sincere consentiendi, paterne fovendorum parvorum et concordia conjungendorum

50. 遴选提拔外交人才

学习泰西诸学（1887年）

总理各国事务衙门臣等跪奏，为遵旨会议恭折覆陈。仰祈慈鉴事。光绪十三年三月二十五日，军机大臣钦奉慈禧端佑康颐昭豫庄诚皇太后懿旨："御史陈琇莹奏请将明习算学人员，量予科甲出身，并游历人员准接原咨。参赞等官缺出，准令游历人员兼充，暨溉田购用机器各折片，着该衙门会同吏部礼部，妥议具奏。醇亲王奕譞，着一并与议。钦此。"钦遵会议，仰见圣虑周详、慎重名器、造就人材之至意，钦佩莫名。查该御史原奏称，中外交涉以来，言西学者，机器船政等局，同文方言馆，其渊薮也。出洋学童于测绘制造一切，具有师法。特迹其议论，不免怵于先入为主之说，以事事为必效法外洋。迩者诏各部院，保出洋游历，窃意正途人员，宜可借此练习洋务，而迁。延三月，保送未闻，则留心西学者之难其选也。臣愚以为西法虽名目繁多，皆权舆于算学，洋务从算学入。于泰西诸学，虽不必有身兼数器之能，而测算既明，不难按图以索。国子监原设算学，比年各省学臣亦加试算学。可否仰恳饬下各该学政，于岁科试，报习算学之卷，宽予录取，原卷咨送总理衙门覆勘，作为算学生员。届乡试时，除头二场仍试四书五经文外，其三场照翻译乡试例。策问五题，专试算学，再照官卷例，另编字号。于定额外，酌中数名。会试亦如之。中式后，请予京职，遇有游历员缺，即令出洋赴泰西各书院学习，学成差旋，专充洋务及出使等项差使。如此则进非他途，不为时论所轻。既非若空言洋务者之或未周知，复不至如左袒泰西者之易滋流弊，等语。臣等维造才取士之法，贵与时为变通。溯查同治五六两年，总理衙门奏请推广招考算学人员，又仿照粤省同文馆定章，三年学成后，八旗人作为翻译生员，准其翻译乡试充文乡试，汉人作为监生，准其乡试，皆充补翻译官，均经奏奉谕旨允准。原冀诱掖奖劝，开以进身之途，使之日起有功。至乡会试场，取士向有成法，难于遽议更张。故道光中年，两广督臣祁贡奏开奇才异能，五科内有制器通算一门。咸丰初年，御史王茂荫亦曾言之。同治九年，闽浙督臣英桂等奏开算学科，先后部议，皆以格于成例，中止。特是九数居六艺之一。周礼以之兴贤能，明算列六科之中。唐制以之程选举。我朝钦定数理精蕴、仪象考成诸书，尤为万世学算之准绳。故定制于国子监额，设算学肄业生。满蒙汉各若干人，分年教授。是天文算法，本学人所当童而习之者。窃以列圣开物成务，睿谟深远，旁采西洋之巧算，融入中法之精微。以制器而论，则御制天体赤道诸仪，既已迈古烁今，即下至行军火器之利，亦尝俯采西法。康熙中，每遇征讨之役，命钦天监官南怀仁、汤若望，造炮随军。此其明证，而世人或目算学为西学，殆未之深察也。且即以西学而论，其人材半出于格致书院，以理法扩其聪明，亦半出于水师练船，以阅历坚其胆识。而不恃考校文字一日之短长，以进退之。三角八线、几何代数，诚为西学根本。然西学以测算始，实未尝以测算止。故近年南北洋船政各处，设立制造管驾武备水师学堂。择其艺成者，入练船学习，又拔其尤者，充补水师员弁，以期造就人材，有裨实用。良以西艺，亦非算术一端可尽，而从事于天算者，未可遂谓之练习洋务也。惟查制造各学，未尝不探深源于算术。诚有如该御史所称，名目虽繁，权舆于此者。欲尽取西学之所长，殆必以算学为先导。但使选举有法，亦可资激劝而广招徕。臣等就原奏所陈，公同商酌，试士之例，未容轻议变更，而求才之格，似可量为推广。拟请旨饬下各省学臣，于岁试时，生监中有报考算学者，除正场仍试以四书经文诗策外，其考试经古场内，另出算学题目。果能通晓算法，即将原卷咨送总理各国事务衙门覆勘注册。俟乡试之年，按册咨取，赴总理衙门，试以格物、测算及机器制造、水陆军法、船炮水雷，或公法条约、各国史事诸题。择其明通者，录送顺天乡试，不分满合贝皿等字号。如人数在二十名以上，统于卷面加印算学字样，与通场士子一同试以诗文策问，无庸另出算学题目。其试卷由外帘，另为一束，封送内帘，比照大省官卷定例。每二十名，于额外取中一名。但文理清通，即为合式。如并无清通之卷，任缺无滥。卷数虽多，亦不得过三名，以示限制。其录科之卷，总理各国事务衙门于揭晓以前，咨送礼部备查。至会试，向无另编字号之例。凡由算学中式之举人，应仍归大号，与各该省士子合试，凭文取中。如此则搜求绝艺之中，仍不改科举得人之法，似亦鼓励人才之一道。至学堂练船中，学已有成，已得官职，或不愿投考者，仍归该管大臣，核计年劳保奖。与考试一途，两不相妨。此项人员，若于会试中式后，得用京职，恭候点派数员，作为同文馆纂修，俾专讲习。嗣后或游历外洋，或充出使等项差，均可随时奏派，因材器使。庶洋务非托空言而得力，与艺成而下者，自有间矣。又该御史另片，奏请游历人员由各堂官秉公遴选，仍准京察铨选。等因。查京察为考绩大典。各衙门保列一等，均有定额。必在署办事之员，该堂官随时考覆，察其才职，稽其勤惰，实系称职之员，方能予以上考。其出差人员，半年内，由本衙门注考；半年外，即由差所衙门注考，原以离署既久，该堂官无从周知也。若游历人员离署更远，即素系出色之员，其是否始终勤奋，该堂官无从遥度，自未便含糊注考。拟请嗣后出洋人员，届京察之期，如在部实系政绩卓著，应得一等者，出洋在半年以内，仍准其保列一等，出洋在半年以外，该堂官无从注考，应由出使大臣随时查核。如实系才品兼优之员，咨明总理衙门，奏请奖叙，不入京察考察之例，以符定制。至京官俸满截取人员，定例于保送引见，分别记名后，应进单者，吏部知照军机处进单。遇有请旨之缺，恭候简用。应归部选者，由部按班铨选。其中出差人员，例不查扣出差日期。如应升轮选到班，该员尚未差旋，并准一体升选，先行开其本缺。应引见者，俟差竣后，补行引见。均经办理在案。嗣后派充游历人员，俸满应行截取，仍俟差竣，保送引见，记名后，归部分别办理。如系业经截取记名，自应查照截取定章核办，勿庸另行更议。其在京各衙门官员，如遇应升缺出，例应开列具题请简，或例应通行论俸引见补授。

派出例有年限，差使人员，均于单内列名，并于名下注明现出何差。惟记名人员，遇有缺出，按照例定员数、次序引见补授者。该员适值出差，例应扣除历经，分别办理。所有该御史请将游历人员，遇应升缺出，照例进单，自系为激励使才起见，自应量为变通。嗣后派充游历人员，如遇应升之缺，查系开列具题请简，或通行论俸引见补授。该员如系合例之员，仍照例于单内列名，恭候简用。其业经记名人员，遇有缺出，例应按次引见补授者，除记名御史人员，仍照旧例办理外，其各衙门小京官等项，均勿庸扣除。即于引见单内列名，仍将现出何差之处，于名下注明，恭候简用。至各衙门郎中以下等官，遇有应升应补之缺，亦准其升用补用，勿庸查计出差日期、扣除资俸。应开缺者，先开其本缺，应引见者，俟差竣，再行引见。此外别项差使，不得援以为例。所有臣等遵议明习算学人员，准予科甲出身，及出洋游历之员，仍留资俸各缘由，谨合词恭折具陈。是否有当。伏乞皇太后、皇上圣鉴、训示、施行。谨奏。

總理各國事務衙門臣等跪
奏為遵
旨會議恭摺覆陳仰祈
慈鑒事光緒十三年三月二十五日軍機大臣欽
奉
慈禧端佑康頤昭豫莊誠皇太后懿旨御史陳琇
瑩奏請將明習算學人員量予科甲出身並游
歷人員准接原咨參贊等官缺出准令游歷人
員兼充暨澆田購用機器各摺片着該衙門會
同吏部禮部安議具奏醇親王奕譞着一併與
議欽此欽遵會議仰見
聖慮周詳慎重名器造就人材之至意欽佩莫名
查該御史原奏稱中外交涉以來言西學

XXIX. 1. Rerum exterarum Tribunalis præfecti, servi, genibus flexis, scribunt, ad (assequendum), postquam obsequentes mandato simul deliberarunt, reverenter scripto libello, respondendi et exponendi, et demisse rogandi ut Imperatrix inspiciat, effectum.

2. Kouang siu decimi tertii anni tertii mensis vigesimo quinto die, magnum regni Consilium reverenter accepit Ts'eu hi touan iou imperatricis benignum decretum : « Censor Tch'enn Siou ing ad me scripsit, rogans ut callentibus mathematica-scholasticis, habita ratione, concederetur ut per gradus (*siou ts'ai, kiu jenn* et *tsin cheu*) adipiscerentur magistratus; ut de iis, qui peregrinati sunt, scholasticis, concederetur ut acciperentur propriæ litteræ, ut, quum tribunalium adjutores similesque præfecti munere abirent, concederetur et fieret ut qui peregrinati sunt scholastici, simul cum suo cujusque munere, implerent (illa officia); et ut ad irrigandos agros emerentur ac adhiberentur machinæ (europææ): separatas litteras et schedulas (scripsit). Jubeo proprium Tribunal (Tsoung li ia menn), conveniens cum officiorum civilium Tribunali et rituum Tribunali, sedulo deliberare et scribere litteras. Tch'ouenn primi ordinis principem, I hiuen nomine, jubeo una simul adesse et deliberare. » Reverenda sunt hæc.

甲 Kiă. Enveloppe d'une semence; écaille, cuirasse, ongle; la première

詔各部院保出洋遊歷。竊意正途人員、可藉此練習洋務而遷延三月、保送未聞、則留心西學者之難其選也。臣愚以為西法雖名目繁多、皆權輿於算學、洋務從算學入於泰西諸學雖不必有身兼數器之能、而測算既明、不難按圖以索。國子監原設算學、比年各省學臣亦加飭下各該學政、於歲科試報習算學之卷寬試算學。可否仰懇

者機器船政等局、同文方言館、其淵藪也。出洋學童、於測繪製造一切具有師法。特迹其議論、不免怵於先入為主之說、以事事為必效法外洋邇者

au-delà des mers occidentales. 大西 | Europe. 小西 | Inde. 東 † Tōung †. Mer orientale, pays situé au-delà des mers orientales, Japon.

5. Nuper Imperatrix jussit supremorum Tribunalium præsides et provinciarum prætores commendare scholasticos qui, abeuntes in exteras regiones, iter facerent et percurrerent. Humilis servus putabat recta via laureatos (qui per suam scientiam litterarios gradus meruerunt) decere ut utentes hac occasione, sese exercerent in exterorum artibus et mitterentur. Interposita mora trium mensium, commendatum missumque ullum nondum audivi. Etenim qui attendant animum occidentalibus scientiis, difficilis est eorum selectio (i. e. pauci reperiuntur).

6. « Servus rudis putat occidentales scientias, quamvis nominibus varias

T'oung wenn kouan et Fang ien kouan earum sunt fontes et seminaria. Egressi sunt europæarum scientiarum docti juvenes qui in mathematicis, in delineatione, in mechanica, in illis omnibus, comparatam habent magistrorum artem. Sed si insistatur eorum opinionibus et sermonibus, non potest non timeri ne, progressum esse rem præcipuam dicentes, in omnibus rebus censeant imitandos esse exteros.

同文 T'ôung wênn. Écritures ou langues comparées, pièces écrites en plusieurs langues.

方言 Fāng iên. Langues de tous les pays.

藪 Seóu. Grand étang, marais couvert de plantes; faire des perquisitions.

洋 Iâng. Grande étendue d'eau, mer, pays situé au-delà des mers.

西 | Sī †. Mer ocidentale, pays situé

子錄取原卷咨送總理衙門覆勘作
爲算學生員屆鄉試時除頭二場仍
試四書五經文外其三場照繙譯鄉
試例策問五題專試算學再照官卷
例另編字號於定額外酌中數名會
試亦如之中式後請于京職遇有游
歷員缺卽令出洋赴泰西各書院學
習學成差旋專充洋務及出使等項
差使如此則進非他途不爲時論所
輕既非若空言洋務者之或未周知
復不至如左袒泰西者之易滋流弊
等語／臣等維造才取士之法貴與時
爲變通溯查同治五六兩年總瑪衙

province fait deux tournées en trois ans dans toutes les préfectures. A sa première tournée 歲試 souéi chéu, il examine tous les bacheliers déjà reçus, pour les obliger à continuer leurs études. A sa deuxième tournée 科試 k'ouŏ chéu, il examine les bacheliers qui se prépaent à la licence. A chaque tournée, il reçoit de nouveaux bacheliers.

生 Chêng. Naitre; étudiant.

策 Tch'ĕ. Tablettes, plan, expédient, dissertation sur un sujet pratique.

題 T'i. Front, frontispice, titre ou sujet d'une œuvre littéraire ou scientifique, note adressée à l'empereur.

9. «Postquam assecuti erunt gradum, rogo, concedatur ut in urbe regia muneribus fungantur; ut quum adveniet ut sint peregrinantium scholasticorum vacua loca, tunc jubeantur abire ad ipsas scriptiones cum litteris mittant ad rerum exterarum Tribunal iterum inspiciendas, et fiant mathematici baccalaurei; ut, adveniente provincialium experimentorum tempore, præter primum et secundum certamina, (in quibus) solito more experimenta erunt de Quatuor libris et Quinque classicis scriptiones, in tertio certamine, juxta interpretum provincialium experimentorum legem, ex qua de agendis proponuntur quinque argumenta, unice scribantur experimenta de mathematicis; deinde, juxta præfectis impositas de scriptionibus leges, separatim componantur littera (peculiari) signata et præter statutum numerum, re mature perpensa, admittantur ad *kiu jenn* gradum aliquot scholastici; in communibus experimentis (ad tertium in litteris gradum), etiam sicut illud?

L'examinateur nommé pour une

ÉDITS ET MÉMORIAUX

諭旨允准。原冀誘掖獎勸，開以進身之途，使之日起有功。至鄉會試塲，取士向有成法，難於遽議更張。故道光中年、兩廣督臣祁墳奏開奇才異能、五科內有製器通算一門。咸豐初年、御史王茂蔭亦曾言之。同治九年、閩浙督臣英桂等奏開算學科、先後部議、皆以格於成例、中止。特是九數居六藝之一。周禮以之興賢能明算列六科之中.

奉
門奏請推廣招考算學人員、又仿照粵省同文館定章、三年學成後、八旗人作爲繙譯生員、准其繙譯鄉試充文鄉試漢人作爲監生、准其鄉試皆充補繙譯官均經奏

Tribunal scribens rogasse ut Imperator extendens et amplians advocaret inspiciendos mathematicos scholasticos; etiam secundum Kouang toung provinciæ linguarum scholæ statutas leges, ex quibus, trium annorum studiis absolutis, octo vexillorum homines fiunt interpretes; conceditur ut hi interpretes, in provincialibus experimentis, scribant litteraria provincialia experimenta; Sinæ homines fiunt collegii Kouo tzeu kien baccalaurei, et conceditur ut hi scribant provincialia experimenta; omnes implent vacua interpretum præfectorum loca. Omnia proposita, jam accepto regio decreto, probata et concessa sunt; revera quia sperabatur fore ut scholastici allicerentur, adjuvarentur, munerarentur, excitarentur, eis aperirentur ad honores viæ, et fieret ut in dies progrederentur et bene mererentur.

掖 Ĭ. Soutenir, aider, protéger, encourager.

進 Tsín. Avancer, entrer, faire entrer, présenter, recommander quelqu'un pour une charge; promouvoir. | 身 † chēnn. S'avancer, parvenir aux charges. | 士 † chéu. Lettré qui peut être élevé à une charge: celui qui a obtenu le troisième degré dans les lettres ou les armes, docteur.

11. Quod attinet ad provincialium et communium (Pekini) experimentorum

ÉDITS ET MÉMORIAUX

欽定數理精蘊儀象考成諸書尤爲萬世學算之準繩故定制於國子監額設算學肄業生滿蒙漢各若干人分年教授是天文算法本學人所當童而習之者竊以

列聖開物成務

睿謨深遠旁探西洋之巧算融入中法之精微以制器而論則

御製天體赤道諸儀旣已邁古燦今卽下至行軍火器之利亦嘗俯采西法康熙中每遇征討之役

命欽天監官南懷仁湯若望造炮隨軍此其明證而世人或目算學爲西學殆未之深察也且卽

唐制以之程選舉我朝

九數 Kióu chóu. Les neuf premiers nombres de 1 à 9; les neuf parties de l'arithmétique.

六藝禮樂射御書數 Lòu í lì iŏ ché iú chēu chóu. Les six arts libéraux sont l'urbanité, la musique, le tir de l'arc, l'art de conduire un char, l'écriture et le calcul.

六科 Lòu k'ouŏ. Les six classes de gradués, sous la dynastie des T'ang, étaient les suivants : **秀才明經進士明法書算** sióu ts'âi, míng kīng (littérateurs), tsín chéu, míng fǎ (jurisconsultes), chōu, suán.

13. Nostræ præsentis familiæ jussu statuti de computandi ratione subtiles commentarii, de cælestibus phænomenis compositi perfectique varii libri etiam erunt per decies mille generationes iis, qui discent mathematica, lex et norma. Ideo, statutis regulis, in Regni filiorum scholasticorum numero, cooptati sunt mathematicis dantes operam scholastici. Tum Man tcheou tum Mongoli tum Sinæ, cujusque gentis certo numero homines, annis pluribus paucioribusve, docentur tradita (mathematica). Vere astronomia et mathematica reapse sunt scientiæ quas scholastici oportet juvenilibus annis addiscant.

考 K'aò. Age avancé, longévité; interroger, consulter, examiner, inspecter; faire, bâtir, exécuter, accomplir. travail, action, succès.

以西學而論，其人材半出於格致書院，以理法擴其聰明，亦半出於水師練船以閱歷堅其膽識。而不恃考校文字一日之短長，以進退之。三角八線幾何代數誠爲西學根本。然西學以測算始實未嘗以測算止。故近年南北洋船政各處設立製造管駕武備水師學堂。擇其藝成者入練船學習又拔其尤者充補水師員弁以期造就人材有裨實用。艮以西藝亦非算術一端可盡。而從事于天算者，未可遂謂之練習洋務也。惟查製造各學，譽不探深源於算術。誠有如該御史所稱名目雖繁，權輿於此者，欲盡取西學之所長，始必以算學爲先導。但使選舉有法，亦可資激

16. Præterea, si de occidentalibus scholis loquamur, occidentales homines periti partim egrediuntur ex philosophiæ scholis, in quibus per logicam excoluerunt suum intellectum; et partim egrediuntur ex illis, in quibus classici milites se exercent, navibus, quia videndo et peregrinando firmant suam fortitudinem et experientiam. Et (europæi præfecti) non nituntur inspectarum et comparatarum litterariarum scriptionum unius diei majori minorive elegantiæ ad promovendos rejiciendosve illos.

材 Ts'âi. Bois de construction ou de menuiserie, matière, propriété, talent, habileté.

格 Kŏ ou 格致 Kŏ tchéu. Examiner à fond une affaire ou une question, philosophie, science raisonnée. 丨物 (大學) Scruter la nature des choses.

17. Trigonometria et algebria vere sunt occidentalium scientiarum basis et fundamentum. Attamen occidentalia studia, si a mathematicis incipiant, vere nunquam in mathematicis sistunt. Ideo, proxime elapsis annis, in australis septentrionalisque marium navalis administrationis omni loco, institutæ sunt, ad fabricationem (navium et armorum), ductum et gubernationem (navium), militarem apparatum, navalis exercitus scholæ. Eliguntur ii quorum studia absoluta sunt, ut ingredientes in reservatas ad exercitationem naves se exer-

勸、而廣招徠。臣等就原奏所陳、公同
商酌試士之例、未容輕議變更、而求
才之格、似可量為推廣、擬請
旨飭下各省學臣、於歲試時、生監中有報
考算學者、除正場仍試以四書經文
詩策外、其考試經古場內、另出算學
題目、果能通曉算法、即將原卷咨送
總理各國事務衙門覆勘註冊、俟鄉
試之年、按冊咨取、赴總理衙門、試以
格物、測算、及機器製造、水陸軍法、船
砲水雷、或公法條約、各國史事諸題。
擇其明通者、錄送順天鄉試、不分滿
合員皿等字號。如人數在二十名以

使 **Chèu.** Si l'on fait en sorte que, supposons que, si.

眞 **Leáng.** Bon, habile, sincère. ‖ **Leáng.** Vraiment. | 有以也 (李白) † iðu ì iè. Il y a certainement une cause.

探 **T'án.** Saisir un objet éloigné; sonder, fouiller, examiner, explorer, espionner, éprouver.

19. Servi tui licet, quod in nostris litteris exposuimus, communiter et simul deliberantes censuerimus experientium scholasticorum leges non facile leviterque consulendum esse ut mutentur; tamen quærendorum egregiorum hominum modus, videtur deliberandum ut extendatur et amplietur. Censuimus rogandum ut decreto jubeatur cujusque provinciæ summum scholasticorum inspectorem, cujusque tertii anni experimentorum tempore, si inter baccalaureos aut Kouo tzeu kien scholasticos sint nuntiati inspiciendi qui mathematicis studuerint, præterquam quod in præcipuo certamine, solito more, experiatur eos in solitis de Quatuor libris et Quinque classicis amplificationibus, in versibus et dissertationibus; ipsum in illo, in quo scribuntur experimenta de libris classicis et antiquæ compositionis, certamine, insuper proponere de mathematicis argumentum; si vere possint intelligere mathematica, statim eorum ipsas scriptiones cum litteris mittere ad rerum exterarum Tribunal rursus inspiciendas et memorandas in codicibus. Exspectato provincialium experimentorum anno, ex codicibus nuntiati electi adeant rerum exterarum Tribunal scripturi experimenta de philosophia, de mathematicis, necnon et de machinarum fabricatione, de terra marique militari arte, de navium bellicis tormentis et

上諭於卷面加印算學字樣與通場士子
一同試以詩文策問無庸另出算學題目
其試卷由外簾另為一束封送內簾比照
大省官卷定例每二十名於額外取中一
名但文理清通即為合式如並無清通之
卷任缺無濫卷數雖多亦不得過三名以
示限制其錄科之卷總理各國事務衙門
於揭曉以前咨送禮部備查至會試向無
另編字號之例凡由算學中式之舉人應
仍歸大號與各該省士子合試憑文取中
如此則搜求絕藝之中仍不改科舉得人
之法似亦鼓勵人才之一道至學堂練船
中學已有成已得官職或不願投考者仍

滿合員監 La première de ces quatre lettres désigne les Mandchoux; la deuxième, les descendants des Chinois qui ont aidé les Mandchoux à s'emparer de l'empire; la troisième, employée à la place de 員 iuên, désigne les 生員 bacheliers de la province de Tcheu li; la quatrième, employée pour 監 kién, désigne les bacheliers et les 監生 venus des autres provinces.

士 Chéu. Étudiant, lettré, sage; officier civil ou militaire; soldat, héros; notable; mari, homme. | 子 † tzèu. Étudiant qui concourt pour les degrés dans les lettres. 大學 | Grand chancelier du 內閣 Néi kŏ Conseil privé.

21. Illorum scriptiones ex exteriori conclavi, separatim facto uno fasciculo, signatæ tradentur ad interius conclave, juxta magnarum provinciarum curatoribus scriptionum statutas leges. Supra quemque viginti *kiu jenn* admissorum numerum, admittetur unus (qui mathematicis studuerit). Solummodo si litteraturæ leges clare intelligat, tunc erit consimilis exemplari seu normæ, (id est, idoneus).

簾 Liên. Treillis de bambou ou rideau suspendu à une porte ou à une fenêtre. Les examinateurs chargés de lire et de classer les compositions sont 內 | dans l'enceinte intérieure fermée par un rideau; les surveillants, les copistes et les autres employés sont 外 | dans l'enceinte extérieure.

22. Si et non essent peritorum scrip-

歸該管大臣核計年勞保獎與考試一途兩
不相妨此項人員若於會試中式後得用京
職恭候

點派

數員作爲同文館纂修俾專講習嗣後或游
歷外洋或充出使等項差均可隨時奏派因
材器使庶洋務非託空言而得力與藝成而
下者自有間矣又該御史另片奏請游歷人
員由各堂官秉公遴選仍准京察銓選等因.
查京察爲考績大典各衙門保列一等均有
定額必在署辦事之員該堂官隨時考覆察
其才識稽其勤惰實係稱職之員方能予以
上考其出差人員半年內由本衙門註考半
年外卽由差所衙門計考原以離署旣久該

---

24. Quod attinet ad illos qui in scholis aut exercitiorum navibus studia jam perfecerunt et jam assecuti sunt munera, si qui nolint adire inspectiones, solito more erit illius, qui de eis curat, summi præfecti inspicere computareque annos et labores, eosque commendare ut mercedibus honoribusve foveantur. (Hæc ratio) et experimentorum ratio, ambæ non invicem obstant.

25. Ejusmodi homines docti si, postquam in communibus experimentis assecuti erunt modun (i. e. gradum *tsin cheu*), obtinebunt adhiberi Pekini in muneribus, reverenter exspectabunt donec Imperator designans deleget aliquot scholasticos qui fiant interpretum scholæ compositores, et faciat ut unice interpretentur et se exerceant; deinde aut peregre abibunt in extera regna, aut fungentur apud exteros legatione aut simili officio. Omnes oportebit, juxta tempora, proponere Imperatori ut delegentur, congruenter suis dotibus et peritiæ adhibendi. Peroptato in europæis rebus non ex inanibus verbis quærent vim suam; ab illis qui, artium studiis absolutis, statim desinent (studere), necessario distabunt.

點派 Tièn p'ái. L'empereur, sur la liste qui lui est présentées, marque d'un point le nom de celui qu'il choisit.

纂 Tsouàn. Cordon rouge; recueillir, compiler, recueil. | 修 † siōu.

ÉDITS ET MÉMORIAUX

堂官無從周知也。若游歷人員離署更遠、即素係出色之員、其是否始終勤奮、該堂官無從遙度、自未便含糊註考。擬請嗣後出洋人員、屆京察之期、如在部實係政績卓著、應得一等者、出洋在半年以內、仍准其保列一等。出洋在半年以外、該堂官無從註考。應由出使大臣隨時查核。如實係才品兼優之員、咨明總理衙門、奏請獎敘。不入京察考察之例。以符定制。至京官俸滿截取人員、見分別例於保送引見記名後應進單者、吏部知照軍機處進單、遇

27. De foras delegato præfecto, sex primis mensibus, est sui Tribunalis (cui prius addictus est) inscribere notas inspectionis. Sex primis mensibus elapsis, jam est delegantis Tribunalis inscribere notas inspectionis; revera quia, postquam abfuit a Tribunali suo jamdiu, sui Tribunalis præsides non habent unde omnino cognoscant.

28. Quod attinet ad peregrinantem præfectum, quum abeat a Tribunali longius, etsi antea semper fuerit eximius præfectus, ille utrum sit necne, ad finem sicut initio, diligens et alacer, sui Tribunalis præsides non possunt ex longinquo perpendere; certe non expedit cæco modo inscribere notas inspectionis.

色 Chĕ. Couleur; qualité. 出[Perfection ou qualité extraordinaire.

29. Censemus rogandum ut in posterum abeuntes in exteras regiones præfecti, adveniente pekinensis inspectionis tempore, si in Tribunali suo vere fuerint administrationis operibus præstantes et insignes, et debeant assequi ut sint in primo ordine, post profectum sex primis mensibus rursus concedatur ut commendati ordinatique maneant in primo ordine; ut post profectum sex primis mensibus elapsis, quia Tribunalium præsides non poterunt inscribere notas inspectionis, debeat esse missorum magnorum legatorum, juxta tempora, recognoscere et inquirere; et, si vere sint dotibus pariter et agendi ratione præstantes præfecti, monere clare rerum exterarum Tribunal, quod litteris rogabit mercedem ac promotionem; ex illa, ex qua præfecti qui non ingrediuntur in Pekini inspectionem, inspiciuntur lege, ita ut stetur statutis decretis.

註 Tchóu. Note explicative ajoutée

有請旨之缺恭候簡用。應歸部選者由部按班銓選其中出差人員例不查扣出差日期如應陞輪選到班該員尚未差旋並准一體陞選先行開其本缺應引見者俟差竣後補行引見均經辦理在案嗣後派充游歷人員俸滿應行截取仍俟差竣保送引見記名後歸部分別辦理如係業經截取記名自應查照截取定叠核辦勿庸另行更議其在京各衙門官員如遇應陞缺出例應開列具題請簡或例應通行論俸引見補授。派出例有年限差使人員均於單內列名並於名下

31. Inter illos si sint qui foras abierint præfecti, ex lege non inspectum demitur delegationis tempus Si promovendi sunt, quum vices promotionis pervenerunt ad illorum ordinem, illi præfecti licet nondum ex legatione redierint, tamen conceditur ut eadem lege promoti eligantur. Primum cedunt suis officiis.

班 **Pān**. Distribuer, assigner à chaque personne ou à chaque chose son rang et sa place ; ordre, rang, classe, compagnie ; l'ensemble des personnes qui doivent faire un travail en même temps ; l'ensemble des aspirants qui doivent être promus en même temps à des charges de même ordre. 輪 | **Liûn** †. Par classe, par groupes, chaque groupe à son tour, à tour de rôle. 如應陞輪選到 | Si le tour de leur classe est venu pour le choix qui précède la promotion.

扣 **K'eóu**. Frapper, déduire une quantité d'une autre, décompter, retenir, retrancher, escompté ; arrêter, accrocher.

開缺 Laisser son poste vacant, sortir de charge.

32. Qui ducendi sunt ad videndum imperatorem, postquam legatio finita est, omissa suppletur ductio ad imperatorem videndum. Illa omnia sunt in usu ; exstant documenta.

見補授者，除記名御史人員，仍照舊例辦理外，其各衙門小京官等項，均勿庸扣除，即於引見補授。

按次引

恭候簡用。其業經記名人員，遇有缺出，例應

見補授該員如係合例之員，仍照例於單內列名，

簡，或通行論俸引

係開列具題請

變通嗣後派充游歷人員，如遇應陞之缺，查

照例進單，自係為激勵使才起見，自應量為

理。所有該御史請將游歷人員，遇應陞缺出，

見補授者該員適值出差，例應扣除經分別辦

例定員數次序引

註明現出何差。惟記名人員，遇有缺出，按照

36. Delegationibus externis per legem est annorum statutus numerus. Delegatorum præfectorum omnium in catalogo (qui tradendus est imperatori) ordinantur nomina, et sub nominibus notatur clare nunc abierint ad quamnam legationem.

單 Tān. Qui n'est pas double, simple, seul ; peu considérable ; entièrement, tout, partout ; billet, liste.

37. Sed inscripti ad promotionem præfecti qui, occurrentibus locis vacuis, juxta lege statutum præfectorum numerum et ordinem, ducendi sunt ad videndum Imperatorem, sufficiendi et muneribus augendi, illi præfecti si accidat ut foras mittantur, ex lege oportet demere externæ gestionis tempus et de singulis statuere.

分別 Fēnn piĕ. Discerner, distinguer, établir une différence ; chaque personne ou chaque chose en particulier ou séparément.

38. Quod supradictus censor rogat, ut peregrinantium præfectorum, occurrentibus ad quæ congruum erit eos promovere locis vacuis, ex lege tradatur imperatori catalogus, certe est ad excitandos, impellendos et adhibendos ingeniosos homines ortum consilium ; vere consentaneum est deliberare ut (hæc postulata) mutatio fiat obsequenter temporibus.

通 T'ōung. D'accord, conforme,

見單內列名，仍將現出何差之處，於名下註明，
恭候簡用。至各衙門郎中以下等官，遇有
應陞應補之缺，亦准其陞用補用，勿庸查
計出差日期，扣除資俸。應開缺者，先開其
木缺應引
見者，俟差竣再行引
見。此外別項差使，不得援以為例。所有臣等遵
議明習算學人員，准子科甲出身及出洋
游歷之員，仍留資俸各緣由，謹合詞恭摺
具陳是否有當，伏乞
皇太后
皇上聖鑒訓示，施行。謹
奏。

---

quisque exierit ad quemnam delegationis locum, infra nomen notatur clare; et reverenter exspectant donec eligantur et adhibeantur.

京 **King**. Haut, grand, éminent, capitale d'un grand État. | 官 Officier employé à la capitale. 小 | 官 Officier subalterne employé dans un tribunal à Pékin.

41. Quod attinet ad cujusque Tribunalis adjutores et inferiores præfectos, et similes, occurrentibus, ad quæ congruum sit eos promovere aut sufficere, locis vacuis, etiam conceditur ut ii promoveantur adhibendi, sufficiantur adhibendi; non necesse est inspicere et computare delegationis statutum tempus et demere meritorum stipendiorum (tempus).

42. Qui debent linquere loca sua vacua, prius linquunt loca sua vacua. Qui ducendi sunt ad videndum imperatorem, postquam expleverunt legationem, tum ducuntur ad videndum. Præter illos, cæteris foras missis præfectis non licet inniti huic exemplo ad faciendam legem.

43. Quas servi obsequenter mandato deliberantes compererunt, doctis mathematicorum scholasticis concedendi ut per gradus ad munera promoveantur, et ultra maria peregrinaturis præfectis solito more detentis dandi stipendia, omnes causas reverenter consentaneum

51. 破除故套轮值进讲

皇帝的学习（1891年）

光绪十七年二月十一日奉上谕。"御史高燮曾奏请举行日讲一折。朕自亲裁大政以来，每于召见内外臣工，于人材之贤否，政治之得失，莫不虚衷考察，实事求是。几余披览经史。复与毓庆宫诸臣，讲贯讨论，不敢稍自暇逸。该御史所请轮值进讲一事，看似延访儒臣，勤求治理，实则有名无实，流弊滋多。自乾隆十四年停罢之后，迄未举行。列祖训饬周详，有不能不明白宣示者，恭读乾隆十一年谕旨'朕命翰林院科道进讲经史，本欲研究经术，阐明义理，而诸臣讲论，往往揽入条陈，若实有裨益，夫亦何害。要不当借端，立说以逞私见。比来伊等习尚如此，不可不急为整顿'等语。又乾隆十四年谕旨'进呈经史一事，有揽入时政，于事理未当者，间加训饬。所称洞达天人，发明道奥，殊不概见。行之十余载，渐成故套。着停止'等语。又嘉庆十四年谕旨'若使翰林科道日进讲义，不过撷拾陈言，敷衍入告，设敷奏可观，而能言者，未必能行。况所敷陈，又未必尽出己手。若就此奖其学识，恐未能遽得真才。行之日久，又生弊端。于事毫无裨益，岂务实之道乎'等语。又嘉庆二十四年谕旨'翰林资格本清，如遽令撰进讲义，其能阐圣贤之精义，悉古今之治忽者，能有几人？若徒撷拾陈言，或以颂扬塞责，甚至妄议时事，岂非徒乱人意乎'等语。两朝圣训煌煌，于日讲事之徒博虚名，无裨实政，或敷衍撷拾，视为具文，或揣摩迎合，阴行其诈伪，种种流弊，洞烛无遗。该御史于列圣历次训谕，曾未恭阅。折内措词，亦多隔朦。所奏，着毋庸议。钦此。"

光緒十七年二月十一日、奉

上諭。御史高燮曾奏請舉行日講一摺。朕自親裁大政以來、每於召見內外臣工、於人材之賢否、政治之得失、莫不虛衷考察、實事求是。幾餘披覽經史、復與毓慶宮諸臣、講貫討論、不敢稍自暇逸。該御史所請、輪

規畫周詳、卽可定計興辦。着派李鴻章、張之洞會同海軍衙門、將一切應行事宜、妥籌開辦、並派直隸按察使周馥、清河道潘駿德、隨同辦理、以資熟手。此事造端閎遠、實為自強要圖。惟創始之際、難免羣疑。着直隸湖北河南各督撫剴切出示曉諭紳民、毋得阻撓滋事。總期內外一心、官商合力、以竣全功、而裨至計。餘均照所請。着將此各諭令知之。欽此。

177. «Jubeo delegari Li Houng tchang et Tchang Tcheu toung, qui cum rei navalis Tribunali omnia facienda ad illam rem utilia diligenter componant et incipiant exsequi; simul delegari Tcheu li provinciæ summum judicem Tcheou Fou, et Ts'ing fluvii inspectorem P'an Tsiun te, qui obsequentes simul res gerant, et ita præbeant peritiæ suæ operam. Ex illa re orientur effectus magni et diuturni; vere est ad nos firmandos necessaria ratio. Sed incipiendi tempore difficile erit vitare multorum suspiciones.

」按察使 Ngán tch'ă chéu ou 臬司 Niĕ sĕu. Juge dont la juridiction s'étend sur toute une province.

178. «Jubeo Tcheu li, Houpe, Ho nan singulos prætores tum generales tum particulares diligenter edere monitum, nuntiare et significare optimatibus ac popularibus non licere obstare, tumultuari, excitare controversias. Omnino spero fore ut intra et extra urbem

諭旨若使翰林科道日進講義不過撫拾陳言敷衍

十餘載漸成故套着停止等語又嘉慶十四年

諭旨進呈經史一事有爛入時政於事理未當者

加訓飭所稱洞達天人發明道奧殊不概見行之

習尚如此不可不急為整頓等語又乾隆十四年

夫亦何害要不當借端立說以逞私見比來伊等

明義理而諸臣講論往往爛入條陳若實有裨

諭旨朕命翰林院科道進講經史本欲研究經術闡

列祖訓飭周詳有不能不明白宣示者恭讀乾隆十

一年

未舉行

名無實流弊滋多自乾隆十四年停罷之後迄

值進講一事看似延訪儒臣勤求治理實則有

magistris, qui explicant penitus et investigantes disserunt. Non ausim paulisper mihi concedere otium et quietem.

毓慶宮 Iŭ k'ing kōung. École où l'on cultive la vertu.

3. Supradictus censor quam rogat, ut (litteratores), vicibus recurrentibus, veniant et expliceut, illa res videtur quasi invitare et interrogare litteratores magistros ut diligenter scrutarer regendi rationem. Vere esset nomen, non esset res; serpentia vitia orirentur multa. Ex K'ien loung decimo quarto anno, quo cessans desiit, usque nunc non cœpta est fieri.

迄 Hí. Arriver à, jusqu'à, terme.
4. In constitutorum imperatorum avorum meorum documentis et præceptis ex omni parte perfectis, sunt quæ non possum non lucide et clare palam referre. Reverentur lego K'ien loung undecimo anno datum decretum: « Ego jussi Han lin litteratores, et censores tum supremorum Tribunalium tum provinciarum, venire et explicare classicos et historicos libros. Revera cupiebam rimari et scrutari classicos et historicos, intelligere clare sensum ac doctrinam. Sed omnes magistri disserentes et explicantes, plerumque detinentes

入告設敷奏可觀而能言者未必能行況所敷
陳又未必盡出己手若就此獎其學識恐未能
遽得真才行之日久又生弊端於事毫無裨益。
豈務實之道乎等語又嘉慶二十四年
諭旨翰林資格本清如慮令撰進講義其能闡聖
賢之精義悉古今之治忽者能有幾人若徒撫
拾陳言或以頌揚塞責甚至妄議時事豈非徒
亂人意乎等語。
兩朝聖訓煌煌於日講事之徒博虛名無裨實政。
或敷衍撫拾視為具文或揣摩迎合陰行其
詐偽種種流弊洞燭無遺該御史於
列聖歷次訓諭曾未恭閱摺內措詞亦多隔膜所
奏着毋庸議欽此。

supremorum Tribunalium sive provinciarum censores, quotidie venire et explicare sensum librorum ; solummodo colligunt vetera dicta, fuse loquentes inserunt monita ; exhibentes fuse proponunt mirabilia, quæ possunt dici, non certum est an possint fieri. Imo quod illi fuse exponunt, non certum est totum exivisse ex illorum manibus. Si utens hac ratione excites illos ad discendum et cognoscendum, forsan non poteris cito assequi vere peritos homines. Si faciant illud tempore diuturno, etiam oriuntur vitia. Ad res agendas ne minima quidem est utilitas aut commodum. Num est quærendi fructus ratio?»

7. Etiam (lego) Kia k'ing vigesimo quarto anno acceptum decretum : « Han lin dotum gradu revera sunt eximii. Si propero jussu eligantur ut venientes interpretentur sensum librorum ; qui possint explicare sapientium et peritorum auctorum subtilem sensum, et intelligant (ea quæ conduxerunt) antiquis recentibusque temporibus ad recte compositam turbatamve administrationem, possunt esse quot homines ? Si solummodo colligant vetera dicta, vel laudantes extollentesque perfunctorie impleant officium, et eo deveniant ut perperam disserant de præsentibus rebus ; nonne est tantummodo perturbare hominis mentem ?» Ejusmodi verba.

Les expressions *Chouenn tcheu*, *K'ang hi*, *K'ien loung*, *Kia k'ing*,... désignent les années des règnes. Ce ne

52. 皇帝奉太后懿旨谕示生辰庆典事宜

皇太后大寿（1894年9月25日）

光绪二十年八月二十六日奉上谕。"朕钦奉慈禧端佑康颐昭豫庄诚寿恭钦献崇熙皇太后懿旨：'本年十月，予六旬庆辰，率土胪欢，同深忭祝。届时皇帝率中外臣工诣万寿山，行庆贺礼。自大内至颐和园，沿途跸路所经，臣民报效，点缀景物，建设经坛。予因康熙、乾隆年间，历届盛典崇隆，垂为成宪。又值民康物阜，海宇乂安，不欲过为矫情，特允皇帝之请，在颐和园受贺。讵意自六月后，倭人肇衅，扰乱藩封，寻复毁我师船，不得已兴师致讨。刻下干戈未戢，征调频烦，两国生灵均罹锋镝。每一思及，悯悼何穷。前因念士卒行阵之苦，特颁内帑三百万金，俾资腾饱。兹者庆辰将届，予亦何心侈耳目之欢，受台莱之祝耶？所有庆辰典礼，着仍在宫中举行。其颐和园受贺事宜，即行停办。钦此。'朕仰承懿旨，孺怀实有未安。惟有再三吁请，未蒙慈俞。敬惟盛德所关，不敢不钦遵，宣示各衙门，即遵谕行。钦此。"

光緒二十年八月二十六日奉

上諭朕欽奉

慈禧端佑康頤昭豫莊誠壽恭欽獻崇熙皇太后懿旨本年十月予六旬慶辰率土臚歡同深忭祝屆時皇帝率中外臣工詣萬壽山行慶賀禮自大內至頤和園沿途蹕路所經臣民報效點綴景物逵設經壇子因康熙乾隆年間歷屆盛典崇隆垂為成憲又值民康物阜海宇乂安不欲過為矯情特允皇帝之請在頤和園受賀詎意自六月後倭人肇釁擾亂藩封尋復燬我師船不得已興師致討刻下干戈未戢征調頻煩兩國生靈均罹鋒鏑每一思及憫悼何窮前因念士卒行陣之苦特頒內帑

XXXII. 1. Kouang siu vicesimi anni octavi mensis vicesimo sexto die acceptum regium edictum. — Ego reverenter accepi a Ts'eu hi... matre imperatrice benignum decretum: «Hujus anni decimi mensis (decimo die), mei sexagesimi anni felici die, per universas terras nuntiata lætitia, cum (universo populo) valde gaudebo precationibus.

L'impératrice Ts'eu hi, mère adoptive de l'empereur actuel, est née le 10 du dixième mois lunaire (10 novembre) de l'année 1834.

慶 K'ing. Bonheur, exprimer des souhaits, féliciter.

2. «Adveniente tempore, imperator ducens aulicos et exteros præpositos majores ac præpositos minores, adibit Wan cheou chan, functurus fausta precandi et gratulandi ritibus. Ex magno interiori palatio regio ad I houo iuen (imperatricis Ts'eu hi palatium), secus viam et interdictum iter quod (imperator) sequetur, præpositi et populares, exhibentes studii effectum, disponent ac appendent fulgidas res; exstruentes component ad precandum aras.

Le 萬壽山 fait partie du 圓明園 ou palais d'été. Le I houo tien est près du Wan cheou chan.

3. «Ego (quia cupiebam) sequi illa quæ, K'ang hi et K'ien loung annis.

三百萬金俾資騰飽。茲者慶辰將屆子亦何心
侈耳目之歡受臺萊之視耶。所有慶辰典禮著
仍在宮中舉行。其頤和園受賀事宜卽行停辦。
欽此朕仰承
懿旨猶懷實有未安。惟有再三籲請、未蒙
慈俞。敬惟
盛德所關不敢不欽遵宣示各衙門卽遵諭行。欽
此。

薛星使察看交涉事宜疏

奏爲微臣分駐英法數月察看交涉事宜、謹
陳梗槪恭摺仰祈
聖鑒事竊臣在法國英國比國、呈遞國書、已將

(milites). Nunc felici die jamjam adveniente, ego nihilominus quo animo velim immodice ampliare aurium oculorumque oblectationem, et accipere cum magno apparatu precationes?

士飽而歌馬騰於槽 (韓愈) Les soldats chantent après avoir bien mengé; les chevaux bondissent devant leurs auges.

臺 ou 薹 T'ài. Nom d'une plante à feuilles lancéolées dont l'écorce sert à faire des chapeaux d'été.

萊 Lâi. Nom d'une plante à feuilles odoriférantes et comestibles.

Le Chant XVII de la deuxième partie de Cheu king 詩小雅 commence ainsi: 南山有臺北山有萊 « Sur les montagnes, au midi, croît la plante *t'ai*, au nord, la plante *lai*. » L'empereur y fait l'éloge des princes et des ministres réunis à sa table, et leur souhaite une vie sans fin, une continuelle prospérité. De là vient que l'expression 臺萊 signifie grande réjouissance et vœux de longévité et de félicité.

6. « Quos habent felici die (peragendos) statutos ritus, volo ut de more in regio palatio suscipiant peragere. Quæ ad I houo iuen accipiendorum donorum (aut festorum) rem expediunt, nunc desinant curare. » Reverenda sunt hæc.

7. Ego reverenter accipiens benignum decretum, in filiali animo vere affectus sum ægritudine. Sed fuit quod

53. 山东监察御史奏请禁止酷刑

禁止酷刑（1883年）

山东道监察御史奏疏

山东道监察御史、臣何桂芳跪奏："为各省酷吏滥用非刑，逼取供招，草菅人命，请旨饬令各省督抚严行查禁，并亲提详讯，以免冤抑而重民命。恭折仰祈圣鉴事。窃维地方命盗各案，缉获凶犯，全赖良有司细心研鞫，反覆推求。庶可得真情而成信谳？臣风闻，近年各省酷吏，每遇犯人到案，甫讯数语，辄用非刑逼供，如汤泡、铁烙、斫胫、燃顶、倒悬、仰压、钉敲、锤击，任意毒虐，无所不至。犯人受此奇刑，不能不勉强屈供，或诬扳良民。其扳出之民，缉拿到案，亦不问是非，径用非刑酷讯。每多讯无口供而受伤致死者，即捏造医生甘结，伪提相验尸格，以在监病故申详。甚至嘱令吏胥，私赴监所，代写供单。乘该犯将死昏迷之际，执其手指摹印，作为生前业已画供，具文呈报，该管上司亦漫不加察。其有熬审一二次不肯屈供者，门丁恐本官逾限获咎，串通原差，再三诱劝犯人，不如认供，免受活罪。愚懦之民，何有卓见？姑且允从画供，希图暂免眼前惨毒，立意将来到省鸣冤。乃逼取供招后，解犯赴省。该州县豫嘱原差，私向犯人云'如在省翻供，发回覆讯，则较初讯时，尤加倍用刑'等语，百般威吓，犯人受此先入之言，业已心胆俱裂。迨到院司衙门过堂，堂上之威风凛凛，堂下之虎视眈眈。即有冤屈，吏役不容开口。该犯只可照原供，背诵一次，何敢翻异？如遇有翻供者，必交发审局委员覆讯。该局员均系候补州县佐贰，需次省垣，贫苦者多平日仰给有缺之州县不时借贷周济，临事又受辗转嘱托，是以竭力保全同寅考成，刑驱势迫，不使翻供，以为见好索谢地步。即或另派道府会讯，而官场积习，只知设法回护属员，失入处分。至于民命攸关，不遑顾恤。凡遇有钦派该省上司查审案件，均系凭承审委员禀词入奏。其所称亲自提讯者，不过照例过堂，具文唱名顺供，片刻即退。从无详细亲讯、反覆研鞫之事。江南三牌楼之案，冤杀曲学如等三人，即其明证。似此非刑逼供，残忍太甚，民不堪命，莫诉沉冤，大伤天地之和，无怪水、旱灾祲历叠见。请旨严饬各省督抚查明，属员中如有滥用非刑者，立即参办，毋稍徇纵。解犯到省时，督同臬司，亲自详讯，细心研鞫。果系情真罪当，毫无疑义，方可定案，庶不负朝廷矜恤庶狱，明慎用刑之至意。臣愚昧之见，是否有当。伏乞皇太后、皇上圣鉴训示。谨奏。"

天顏疑有薄待之意、不無私議、屢見英法新聞紙中將來恐不免合力固請、似亦當籌所以應之也、所有察看交涉事宜、理合恭摺密陳、伏乞

皇上聖鑒訓示、謹

奏、

山東道監察御史、臣何桂芳跪

奏爲各省酷吏濫用非刑、逼取供招、草菅人命、請

旨飭令各省督撫嚴行查禁、並親提詳訊、以免冤抑而重民

命、恭摺仰祈

聖鑒事、竊維地方命盜各案、緝獲兇犯、全賴良有司、細心研鞫、反覆推求、庶可得眞情、而成信讞、臣風聞近年各省酷吏、每遇犯人到案、甫訊數語、輒用非刑逼供、如湯泡

18. Insuper servus tuus etiam audivit exterarum singularum gentium legatos, qui alii in aliorum regionibus commorantur, omnes habere, quod possint videre regnorum rectores, honori; regnorum rectores etiam excipientes videre eos, ut ostendant benevolentiam singularem. Ex quo Imperator ipse gubernat usque nunc, quum quisque legatus nondum viderit regium vultum, suspicantur esse negligenter tractandi voluntatem, nec desunt privati sermones. Pluries legi in Anglorum et Gallorum ephemeridibus postea forsan fore ut non abstineant quin, conjunctis viribus, enixe rogent. Videtur etiam oportere cogitare quomodo respondendum eis.

19. Quæ habui inspecta visaque ad communes cum exteris gentibus res expedientia, rationi consentaneum erat reve-

鐵烙、斳脛、然頂、倒懸、仰壓、釘敲、鎚擊、任意毒虐、無所不至。犯人受此奇刑、不能不勉強屈供、或誣扳良民。其扳出之民、緝拿到案、亦不問是非、徑用非刑酷訊、每多訊無口供、而受傷致死者、卽揑造醫生廿結爲提相驗屍、格以在監病故申詳、甚至囑令吏胥私赴監所代寫單。乘該犯將死昏迷之際、執其手指摹印作爲生前已畫供。具文呈報該管上司、亦漫不加察。其有熬審一二次不肯屈供者、門丁恐本官逾限獲咎、串通原差、再三誘勸犯人、不如認供、免受活罪。愚懦之民、何有卓見。姑且允從盡供、希圖暫免眼前慘毒、立意將來到省鳴冤。廼逼取供招後、解犯赴省、該州縣豫囑原差、私向犯人云、如在省翻供、發回覆訊、則較初訊時、尤加倍用刑。等語。百般威嚇犯人、受此先入之言、業已心胆俱裂、迫

3. Servus rumoribus audivit hisce annis cujusque provinciæ sævos judices, quoties accidit ut reus adveniat ad tribunal, primum interrogare aliquot verbis, illico uti illicitis tormentis ut cogant eum fateri; qualia sunt, ferventi aqua urere, ferro adurere, incidere crura, urere capitis verticem, inverso capite suspendere, supinum comprimere, clavis latera cædere, malleo percutere; ad libidinem atrociter cruciare, nihil esse ad quod non deveniant.

4. Rei quum patiuntur illa insolita tormenta, non possunt non, impulsi, coacti pressique indicare (seu testimonium proferre); quidam falso accusantes implicant probos homines. Illi implicati homines, quum perquisiti et apprehensi venerunt ad tribunal, etiam non interrogati an (accusatio) vera sit necne, statim illicitis tormentis crudeliter in quæstionem dantur.

5. Quoties multa quæstione reus nihil verbis indicavit, et adeo læsus est ut

到院司衙門過堂堂上之威風凜凜，堂下之虎視眈眈，即有冤屈吏役不容開口。該犯祗可照原供背誦一次，何敢翻異。如遇有翻供者，必交發審局委員覆訊。該局員均係候補州縣佐貳。需次省垣貧苦者多，平日仰給有缺之州縣不時借貸周濟臨事又受輾轉囑託。是以竭力保全同寅考成，即或另派道府會訊，而官場積習，祗知步，即翻供以為見好索謝地刑驅勢迫不使翻供，以為見好索謝地，設法廻護屬員，失入處分。至於民命攸關，不遑顧恤。凡遇有欽派該省上司查審案件，均係憑承審委員稟詞入

animi consilium? Interim obsequens annuit, subscribit confessioni, sperans fore ut ad tempus vitet præsentes dolores et cruciatus, et statuens consilium ut postea adveniens ad provinciæ urbem præcipuam, queratur de injuria.

7. Sed postquam vi extorta est testatio et confessio, qui mittit reum ad provinciæ urbem præcipuam subpræfectus, sive *tcheu tcheou* sive *tcheu hien*, prius mandat duci satellitum ut secreto coram reo dicat, si in provinciæ urbe præcipua retractet testimonium, fore ut remittatur rursus interrogandus (ad subpræfectum), qui tunc, quam primæ quæstionis tempore, etiam majoribus utetur cruciatibus; hujusmodi verba. Omnimodis terriculis turbatus reus credit illis prius instillatis verbis, et jam cor jecurque ambo discissa sunt.

8. Quando advenit ad provincialis prætoris ædem judicisve tribunal, et ingreditur in aulam judiciariam; in aulæ superiori parte est terribilium rerum species formidanda; in aulæ inferiori parte sunt belluini oculi demissi. Quamvis sit de qua queratur injuria, administri et satellites non sinunt illum aperire os. Ille reus solum potest, iterans pristinum testimonium, memoriter illud recitare semel. Quomodo auderet retractare et mutare? Si forte sit qui retractet confessionem, certe traditus mittitur ad recognoscentis curiæ delegatos judices qui rursus inquirant.

9. Illius curiæ judices omnes sunt exspectantes qui sufficiantur aut præfecti aut subpræfecti aut præfectorum

奏、其所稱親自提訊者、不過照例過堂、具文唱名順供、片刻即退、從無詳細親訊反覆研鞫之事。江南三牌樓之案、寃殺曲學如等、三人、卽其明証似此非刑逼供、殘忍太甚、民不堪命、莫訴沈寃、大傷天地之和。無怪水旱災祲疊見請

旨嚴飭各省督撫查明屬員中如有濫用非刑者、立卽參辦、毋稍徇縱、解犯到省時、督同臬司、親自詳訊、細心研鞫、累係情眞罪當、毫無疑義、方可定案、庶不負

朝廷矜恤庶獄明慎用刑之至意。臣愚昧之見、是否有當。

皇太后、伏乞

皇上聖鑒訓示。謹

奏。

delegentur propriæ provinciæ majores præfecti qui inspiciant et excutiant causam aliquam, omnes innitentes illorum, qui susceperunt inspectionem, delegatorum judicum relationis verbis, inscribentes, monent regiam curiam. Il i quod dicunt seipsos curasse et inquisivisse, solummodo ex statutis iverunt ad aulam judiciariam ; moris causa, decantatis nominibus et recitatis testimoniis, post particulam temporis statim recesserunt. Nunquam fuit quod inspicientes diligenter et minute, ipsi inquisiverint, iterum atque iterum investigantes scrutati sint, illa res (nunquam fuit)

12. Kiang nan San p'ai leou causa, ex qua injuste occisi sunt K'iu Hio jou et alii, tres homines, ipsa clare testatur. Quia hujusmodi illicitis tormentis extorquentur testimonia cum crudelitate vehementissima, populares non possunt

1883 年 3 月 23 日上谕

光绪九年二月十五日奉上谕。"御史何桂芳奏'各省酷吏滥用非刑,并幕友删改犯供,荐引徒党,请饬严禁'各折片。地方命盗各案,全在承审官虚衷研鞫,不事刑求,方足以成信谳。刑部严议罪名,以各省解部招册为凭。若如该御史所奏,酷吏非刑逼供,种种残忍,其有情节可驳者,必经幕友册改送部,何以重民命而得确情?着各直省督抚严查,属员中有滥用非刑者,立即参办,毋稍宽纵。遇有提省要案,督同臬司,亲讯明确,并严禁幕友册改犯供,务得情真罪当,以副朝廷明慎用刑之意。至上司幕友荐引徒党,广通声气,实属有干例禁,并着严行禁止,以挽积习。该部知道。钦此。"

光緒九年二月十五日奉
上諭。御史何桂芳奏各省酷吏濫用非刑、
並幕友刪改犯供薦引徒黨請飭嚴禁、
各摺片地方命盜各案全在承審官虛
衷研鞫不事刑求方足以成信讞刑部
嚴議罪名以各省解部招冊為憑若如
該御史所奏酷吏刑逼供種種殘忍
其有情節可駁者必經幕友冊改送部
何以重民命而得確情着各直省督撫
嚴查屬員中有濫用非刑者立即參辦、
毋稍寬縱遇有提省要案督同臬司親
訊明確並嚴禁幕友冊改犯供務得情
真罪當以副朝廷明慎用刑之意。至上

15. Censor Ho Kouei fang monuit cujusque provinciæ crudeles judices ad libita uti illicitis tormentis, et scriptores amicos radere ac mutare reorum testimonia, commendare et adducere nebulones socios; et rogavit ut juberetur (ejusmodi res) severe prohiberi; separatas litteras et schedulam (scripsit censor).

幕 Mouŏ. Tenture fixée horizontalement, ciel d'une tente, ciel de lit, dais, baldaquin, tente, rideau, voile, couvrir; résidence d'un officier civil ou militaire; officier; conseiller ou secrétaire privé d'un officier.

友 Ioù. Ami, compagnon, deux hommes ensemble; lier amitié, s'associer; amitié fraternelle, aimer ses frères; traiter avec bonté; concorde, agir d'un commun accord.

删 Chān. Corriger, effacer, réviser, expurger, fixer le texte d'un écrit.

刑 Hing. Décapiter, égorger, meurtrier, cruel; supplice, torture, châtiment; loi, règle, modèle, suivre une règle ou un modèle.

16. In variis locis, de homicidio furtove unaquæque causa omnino pendet a suscipientibus inspectionem judicibus, qui vacuo animo (i. e. sine præjudicio et studio) penitus cognoscant, nec adhibitis tormentis inquirant; tum primum potest fieri fide digna relatio (quæ ad regiam curiam mittatur). Pœnarum Tribunal, districte deliberans de scelerum qualitate, utitur cujusque provinciæ missis ad Tribunal testimoniorum codicibus pro fundamento.

17. Si, ut id quod supradictus censor dixit, crudeles judices illicitis tormentis eliciant confessiones, omni modo cruciantes et sævientes, et quæ sunt rerum capita disceptanda, certe jam a scripto

司幕友薦引徒黨廣通聲氣實屬有干例禁。並著嚴行禁止以挽積習。該部知道欽此。

刑部等衙門協辦大學士尚書　臣文煜等

謹

奏、爲審明解京要案、分別按律定擬、遵

旨奏結事。光緒八年九月十四日奉

上諭。河南溢犯胡體浚臨刑呼冤一案.前經梅

啓照李鶴年訊明擬結當諭令刑部速議具

奏旋據刑部奏稱查閱原奏疑竇甚多應俟

供招到部.再行定擬.此案迭經御史風聞陳

奏其爲與論糾紛.概可想見究竟案情有無

冤抑若不詳愼推求.不足以成信讞.卽著李

19. Quod attinet ad id qood majorum judicum scriptores amici commendent et adducant nebulones socios, et cum multis hominibus ineant consilia, certe illud contrarium est statutis et prohibitionibus. Insuper jubemus id severe prohibere et reprimere, ad tollendam crebram consuetudinem. Supradictum Tribunal (pœnarum) noscat. — Reverenda sunt hæc verba.

XXXV. 1. Pœnarum Tribunalis aliorumque Tribunalium, qui est Consilii privati assessor, præses, servus vester Wenn Iu et alii reverenter referunt, ad (assequendum), postquam excusserunt clare missam ad regiam urbem capitis causam, et discernentes distinguentesque ex legibus statuerunt sententiam, obsequenter mandato, monendi de causa finita, effectum.

Le 內閣 Néi kŏ Conseil privé de l'empereur comprend quatre 大學士 tá hiŏ chéu grands secrétaires, dont deux sont Mandchoux et deux Chinois, deux 協辦大學士 hiĕ pán tá hiŏ chéu, dont l'un est Mandchou et l'autre Chinois, dix 內閣學士 Néi kŏ hiŏ chéu, six 內閣侍讀學士 Néi kŏ chén tŏu hiŏ chéu, neuf 內閣侍讀 Néi kŏ chéu tŏu, six 內閣典籍 Néi kŏ tièn tsĭ, des 內閣中書 Néi kŏ tchōung chōu, et des 中書科中書 tchōung chōu k'ouŏ tchōung chōu.

Les 六部 lŏu pôu six Tribunaux supérieurs ou Ministères de Pékin se

54. 刑部主事上奏婆婆虐童案

婆婆凶残（1882年）

卞宝第片：

再《礼经》："毋杀虫胎，毋殀夭鸟。"王者仁政，于虫鸟尚怜其萌幼，禁止戕害，况于幼孩乎？近时民间童养儿媳，不过三四岁，即携带回家。其恩养者，固不乏人。而任意凌虐、惨杀致毙者，亦所在多有。臣见浏阳县审报，民妇廖周氏，故杀童养子妇鲁妹一案，验明鲁妹年仅六岁，自三岁过门童养，体弱多病，廖周氏心生厌恶。光绪八年十二月初八日，鲁妹腹泻，污秽衣裤。廖周氏用香火点燃灸伤其左右胳肘，鲁妹哭喊。廖周氏用烧热铁火夹，烙伤其囟门偏左，鲁妹愈加啼哭。廖周氏起意致死，用木瓢挹取锅内滚水，连向鲁妹泼烫，致伤其顶心、囟门、左右额角、咽喉、项颈，直至右胁肋等处，旋即殒命。又宁乡县审报，民妇谢周氏，因童养媳周女患病，谢周氏虑及医药费钱，起意致死，用手掐伤其咽喉，气绝殒命。情节均极残忍。按律载："非理殴子妇，故杀者，杖一百，流二千里。"系妇人，照例收赎。是虽有治罪之名，并无治罪之实，以致毫无畏忌毒殴惨毙，大伤天地之和。现闻刑部修改律例，拟恳圣慈饬下刑部，将非理故杀年十四岁以下童养幼媳者，酌子监禁数年，以消残虐之风而保童稚之命。是否有当。谨附片具陈，伏乞圣鉴训示。谨奏。

军机大臣奉旨，刑部议奏。钦此。

卞寶第片。再禮經毋殺虫胎毋殀夭鳥王者仁政於虫鳥尚憐其萌幼禁止戕害況於幼孩乎近時民間童養兒媳。不過三四歲卽携帶回家其恩養者固不乏人。而任意凌虐慘殺致斃者亦所在多有。臣見瀏陽縣審報民婦廖周氏故殺童養子婦魯妹一案。廖周氏心生厭惡。光緒八年十二月初八日魯妹魯妹年僅六歲自三歲過門童養體弱多病。驗明。廖周氏用火香點燃炙傷其左右胠肘。魯妹哭喊廖周氏用燒熱鐵火夾烙傷其兩腹瀉污穢衣褲廖周氏用木瓢門偏左。魯妹愈加啼哭。廖周氏起意致死。抱取鍋內滾水連向魯妹潑燙致傷其頂心顖門左右額角咽喉項頸直至右臁肋等處旋卽殞命。

XXXVII. 1. Pien Pao ti schedula. — Insuper, ex Rituum legibus, « non licet occidere bestiarum fœtus, perimere juniores aves. » Reges, benefica administratione, de animalibus avibusque ipsis, miserantes eorum conceptus partusque, vetantes inhibuerunt ne quis læderet noceretve; quanto magis de parvis pueris? Cf. 禮王制 II. 25.

2. Hisce temporibus, in populo, innuptas nutriunt filiorum sponsas. Non præterito tertio quartove ætatis anno, statim manu ducunt in domos suas. Qui benigne eas alunt certe non desunt homines. Sed qui ad libita aspere crudeliterque tractant et dire lædunt, ita ut morte afficiant eas, etiam ubique locorum multi sunt.

3. Servus vidit Liou iang hien subpræfecti inquisitionis relationem de plebeiæ mulieris Leao Tcheou cheu, quæ consulto occidit innuptam nutritam filii sponsam, Lou cujusdam sororem minorem, causa. (Subpræfectus) inspexit diligenter (occisæ puellæ cadaver). Lou soror ætate vix sex annorum erat. A

又審鄉縣審報、民婦謝周氏、因童養媳周女患病、謝周氏慮及醫藥費錢、起意致死、用手搯傷其咽喉、氣絶殞命、情節均極殘忍、按律載、非理毆子婦、故殺者杖一百、流二千里、係婦人照例收贖、是雖有治罪之名、並無治罪之實、以致毫無畏忌、毒毆慘斃、大傷天地之和、現聞刑部修改律例、擬懇

聖慈

飭下刑部、將非理故殺、年十四歲以下、童養幼媳者、酌予監禁數年、以消殘虐之風、而保童穉之命、是否有當、謹附片具陳、伏乞

聖鑒訓示謹

奏、軍機大臣奉

旨、刑部議奏、欽此、

5. Etiam (legi) Ning hiang hien subpræfecti inquisitionis relationem, ex qua plebeia mulier Sie Tcheou cheu, quia innupta nutrita nurus Tcheou (e genere orta) filia morbo laborabat, et Sie Tcheou cheu anxia erat quod adhibere remedia foret sumptui, iniit consilium ut mortem ei inferret. Manibus stringens læsit ejus guttur; spiritu intercluso, perempta est vita. Adjuncta in utroque scelere fuerunt valde sæva et crudelia.

6. Ex legis tenore, qui injuste contundens filii uxorem consulto occidit, fustis percutitur centum ictibus, et in exsilium perpetuum abit ad duo millia stadiorum. Si sit mulier quæ occidit, ex lege accipitur redemptionis pretium. Vere licet sit puniendi sceleris verbum, minime est puniti sceleris factum. Ita fit ut (socrus) minime timentes vereantur veneno verberibusve dire occidere (juniores nurus); et valde lædunt cæli terræque clementorum temperiem.

55. 皇帝谕示日食之日仪礼

正月初一日食（1897 年 8 月 29 日）

光绪二十三年八月初二日奉上谕。"春秋之义，日食必书。况值岁首履端，历代引为天戒。我朝康熙乾隆年间，正旦日食曾经再见。兹据钦天监题奏，二十四年正月初一日食。朕寅畏之余，允宜参稽成宪。明年元旦，于乾清宫受礼，不御太和殿受贺。停止宗亲筵宴。将届日食时，即换常服，仍于内殿恭设香案，虔申祈禳，用体昊穹垂警之意。至慈宁宫庆贺，系尊养隆仪，普天锡福自应，循例举行。着各该衙门敬谨预备。钦此。"

上諭，春秋之義日食必書。況值歲首履端，歷代引為天戒。我朝康熙乾隆年間，正旦日食曾經再見。茲據欽天監題奏二十四年正月初一日食。朕於畏之餘允宜參稽成憲。明年元旦。乾清宮受禮不御太和殿受賀。停止宗親筵宴。將屆日食時，即撤常服。仍於內殿恭設香案。虔申祈禱。用體昊穹垂警之意。至慈寧宮慶賀，係尊養隆儀，普天錫福，自應循例舉行。著各該衙門敬謹預備。欽此。

XXXVIII. 1. Kouang siu vicesimi tertii anni octavi mensis secundo die acceptum regium decretum. — *Veris et Autumni* annalium (scriptorum) sententia erat solis defectus necessario inscribendos esse. Multo magis quum accidunt anni initio, cursus principio; continuæ generationes assumentes fecerunt cæli monita. Nostra familia regnante, K'ang hi et K'ien loung annis, primi mensis primo die solis defectus jam bis visus est.

D'après une opinion probable, les annales de la principauté de Lou, intitulés Le Printemps et l'Automne, furent composées au fur et à mesure par différents auteurs. Confucius ne fit que les revoir et les continuer.

履 Lì. Chaussure, marcher, fouler du pied. ｜ 端(左傳文元年) †touān. Commencement du cours de l'année.

2. Porro ex astronomicæ speculæ præpositorum litteris mihi scriptis, vicesimi quarti anni primi mensis primo die, sol deficiet. Ego vereor et timeo vehementer; vere oportet consulere et inspicere statutas publicæ administrationis leges, (i. e. inspicere an illæ leges fideliter serventur).

監 于 先 王 成 憲 (書說命) Tenez les regards fixés sur les règles admirables laissées par votre aïeul.

3. Proxime venturi anni primo die, in Cælestis puritatis palatio accipiam reverentiæ testimonia. Non adibo Summæ concordiæ palatium ad accipiendas salutationes. Omissum inhibebitur cognatorum propinquorumque festivum convivium.

乾清宮 K'iĕn ts'īng kŏung. Bâtiment qui est situé au sud des appartements particuliers de l'empereur, et

第四部分 《京报》

清政府每日为官员专奉《京报》，亦出售给个人。报长 18 厘米，宽 10 厘米，计五至六张。正反面印刷，线装，黄色薄纸作封面、封底。每页以朱字书写，七列排版，每列十四字。抬头字①可超出其他行列起始位置四字之多。封面左上角印有朱字"京报"。该报也称"京抄""邸报""邸抄"。欧洲人称之为 Gazette de Pékin②。

在北京，掌投与各省官署往来文书的机构称"提塘"，计十六处。每一至两处负责一个省的刊发工作，其中一处同时负责陕甘两省，一处同时负责苏皖。该机构隶属于兵部，由进士或举人掌管。邮差为骑马的武职人员，通常日行 60 公里左右，紧急情况下可达百公里。提塘设报房，为各自对应的行省印报。

《京报》的第一部分由"宫门抄"组成，内容包括发抄前一天的国家部门调整信息、机构命名、朝廷召见、官员介绍、皇帝出行等，由内务府大臣负责。第二部分是王章法纪、皇谕懿旨及京师和各省最高衙门的奏疏、禀帖。京师各部院奏疏直接交付给《京报》，诏令和各省衙奏折须抄送至内阁六科进行编辑，这些内容系《京报》的第三部分"科抄"。

此外，《京报》在正式出版之前，先用蜡版印在一张狭长的纸上，称"长本"，这种印刷方式仓促且效果不清晰。如需更早读到最新消息，

---

① 抬头字是中文文书中的书写习惯，表示尊敬，又可分为挪抬和平抬。本书使用的是平抬，常用于君臣往来公文中，即将所尊人名直接换行顶格书写。——编者

② "Gazette" 一词起源于 16 世纪中叶。在威尼斯颇为流行的《威尼斯小报》（Venice Gazette），专为王宫贵族及商人收集有关王室、城市动态及贸易信息，后从手抄改为印刷，称《威尼斯公报》。——编者

还可以从个别商贾那里买到手抄的写本，通常比正式刊印提前若干日。

在北京的街道上，如果留心，我们可以看到，挑着两捆《京报》的挑夫在特定时间为订阅者分发报纸，像欧洲城市一样。各省官府都有一个机构负责翻印《京报》，供订阅者使用。随报发行的还有单页的"辕门报"（"省报"），刊登总督或巡抚的接见或进见、官员任免调迁等内容。

早在宋徽宗在位期间，宰相蔡京的书信中和苏轼的诗词中都出现了"邸报"一词，甚至在唐诗的注释中也谈到过"邸报"，可见在很早以前，天朝帝国已经出现了此类刊物。

1873年11月7日，政府制定了以下规章：

1. 每日法令抄付后立即送交《京报》各科印刷。若有人胆敢省略缴税或其他类似决议的公布，将受到审查和严厉惩罚。

2. 每日刊印约10页，特殊情况下，需要一次性印刷太多页则应事先说明目的，然后说明付印数量和预计出版时间。

3. 至于皇帝任命官员、官员觐见天子、每月针对不同任务遴选人员，所有名单均予以刊印。禁止随意省略进入都察行列的官员姓名，包括监管公共安全、国家粮库的部院大臣。

4. 每日上奏、禀帖也全部付印。如果奏折过长，报纸可以超过10页的限定。每份报纸须一次印完，不得分三四次印刷。

为了便于读者更加具体地了解《京报》，此处引用两份。

56. 1876 年 4 月 10 日刊①

山东塘务

光绪二年三月十六日

目录

谕旨

三月十六日，吏部、翰林院、镶红旗值日

吏部引见九名

那贝勒由白龙潭回京请安

景廉谢在军机大臣上学习行走恩

记名总兵黄国珍、王春和谢恩

载容假满请安

刘国光、文会预备召见

睿壬、卓保，各请假十日

黄钰、恩全，各续假二十日

召见军机刘国光、文会、黄国珍、王春和、醇王

奉上谕。"御史袁承业奏'雨泽愆期，请修明政体'一折。据称近来滥捐滥保过多，内外臣工，或有徇私图便，情同蔽惑。请饬各衙门恪遵成法，力挽颓风，并下诏求言等语。本年雨泽愆期，屡经设坛祈祷，并降谕旨，清理刑狱。惟刑滥固伤天和，而赏僭亦非国体。嗣后内外臣工，务宜各矢公忠，悉除奔竞之风，勿用调停之说，

---
① 有删节。

劝惩赏罚，胥得其平。朝廷政事，如有阙失，必当直言无隐。庶几集思广益国是民隐，不壅上闻，以期上下交儆，感召和甘。毋再玩忽因循，共安缄默。钦此。"

奉上谕。"崇福着补授湖南布政使。湖南按察使，着傅庆贻补授。钦此。"

光緒二年三月十六日

山東塘務

諭旨

目錄

三月十六日．吏部．翰林院．鑲紅旗．值日．吏部引見九名。

那貝勒由白龍潭回京請安。

景廉謝在軍機大臣上學習行走恩。

記名總兵黃國珍．王春和謝恩。

載容假滿請安。

劉國光文會預備召見。

睿壬卓保各請假十日。

ANNONCES DU 10 AVRIL 1876

Établissement postal du Chan toung.
Le 16 du troisième mois de la deuxième année Kouang siu.
Liste (des officiers présentés,...) et Décrets impériaux.
Le 16 du troisième mois, le Tribunal des offices civils, le collège des han lin, et les soldats enrôlés sous la bannière rouge bordée ont été de service dans le palais.
Le Tribunal des offices civils a conduit neuf officiers à l'audience de l'impératrice-régente.
No, prince du troisième rang, revenu du He loung t'an à Pékin, a salué l'impératrice.

King Lien a remercié de la faveur qui lui a été faite d'être admis au Grand Conseil d'État pour apprendre et s'exercer à gérer les affaires.
Houang Kouo tchenn et Wang Tch'ouenn houo, dont les noms ont été inscrits pour le grade de général de brigade, ont remercié de cette faveur.
Tsai ioung, ayant terminé son congé, a salué l'impératrice.
Liou Kouo kouang et Wenn Houei se sont préparés à paraître devant l'impératrice, qui les a mandés.
Jouei Jenn et Tchouo Pao ont demandé l'un et l'autre dix jours de congé.

黃鈺、恩全、各續假二十日。

召見軍機。劉國光、文會、黃國珍、王春和、醇王。

奉

上諭。御史袁承業奏、雨澤愆期、請飭各衙門恪遵成法、力挽頹風、並下詔求言。等語。本年雨澤愆期、屢經設壇祈禱、並降諭旨清理刑獄、惟刑濫固傷天和、而賞僭亦非國體、嗣後內外臣工務宜各矢公忠、悉除弅競之風、勿用調停之說。

體、一摺、據稱近來濫邀濫保過多、內外臣工、或有徇私圖便、情同蔽惑、請飭各

Houang Iu et Ngenn Ts'iuen ont obtenu chacun vingt jours de congé de plus.

L'impératrice a mandé et reçu le grand Conseil, Liou Kouo kouang, Wenn Houei, Houang Kouo tchenn, Wang Tch'ouenn houo et le prince Tch'ouenn.

Décret impérial. — La pluie n'étant pas tombée en son temps, le censeur Iuen Tch'eng ie dans une supplique nous prie de réformer le personnel de l'administration. D'après lui, depuis quelque temps, les officiers se laissent souvent corrompre par argent et vendent leur protection. Parfois, à la capitale et ailleurs, les hauts dignitaires et les autres magistrats poursuivent des intérêts particuliers, et semblent vouloir cacher la vérité et faire illusion à la cour impériale. Il demande qu'on ordonne à tous les Tribunaux d'observer avec soin les lois existantes, et de travailler de tout leur pouvoir à réformer les abus. Il propose l'envoi d'une circulaire pour solliciter des avis.

Cette année, à cause de la sécheresse, on a plusieurs fois dressé des autels et fait des supplications. De plus, nous avons recommandé d'examiner et de terminer les causes criminelles. Nous savons que les châtiments mal appliqués amènent infailliblement des intempéries; et que, si les récompenses sont accordées à ceux qui ne les méritent pas, le désordre s'introduit dans le personnel de l'administration.

A l'avenir, tous les officiers, à la ville et au-dehors, devront avoir soin de se montrer justes et fidèles, s'efforcer de bannir entièrement l'usage de recourir à la faveur et à la brigue, et s'abstenir de toute cabale, afin que les

勸懲賞罰胥得其平朝廷政事如有關
失必當直言無隱庶幾集思廣益國是
民隱不壅上聞以期上下交儆感召和
甘毋再玩忽因循共安緘默欽此。

上諭。崇福著補授湖南布政使湖南按察
使著傳慶貽補授欽此。

奉

大學士直隸總督一等伯臣李鴻章
跪

奏為審明殺死一家三命案內兇犯照
例辦理恭摺仰祈

encouragements et les répressions, les récompenses et les châtiments suivent toujours leur cours régulier.

Si la cour impériale commet des fautes dans l'administration, il faut l'en avertir sans détour et ne lui rien cacher. Il est à désirer que tous contribuent par leurs avis au bien général. Si dans l'empire les sentiments secrets du peuple sont portés à la connaissance des chefs de l'État, si les supérieurs et les inférieurs s'excitent mutuellement à remplir leurs devoirs, ils toucheront le cœur du Ciel et obtiendront des saisons bien tempérées.

Qu'on évite désormais de se jouer des lois, de négliger ses devoirs, de suivre la routine, de rester dans une commune indolence, et de tenir les lèvres fermées, quand il faudrait parler. — Respect à cet ordre.

Décret impérial. — J'ordonne que Tch'oung Fou remplisse la charge de trésorier général du Hou nan, et Fou K'ing i, celle de juge criminel de la même province. — Respect à cet ordre.

Votre serviteur Li Houng tchang, président du Conseil privé, gouverneur général de la province de Tcheu li, Pe de première classe, écrit à genoux, pour prier l'Impératrice-mère et l'Empereur de lire cette lettre, par laquelle il leur fait connaître la sentence portée selon les lois contre un criminel, qui a mis à mort trois personnes d'une même famille, et dont la cause a été examinée avec soin.

Un homme du district de Tsao k'iang, nommé Tsing Wenn ts'ing, pour satisfaire sa haine, a tué avec une pioche et un poignard trois personnes

大学士、直隶总督、一等伯、臣李鸿章跪奏："为审明杀死一家三命案内凶犯，照例办理。恭折仰祈圣鉴事。窃查枣强县民人井汶青，因挟嫌，用铁镢尖刀等械，杀死无服族祖井世平同妻井王氏，及子井继怔等一家三命一案。前据该县方宗诚验讯详报，当因情罪重大，批饬解省，发交保定府审办。据该府李培祜督同委员讯明拟议，解由臬司范梁覆审解勘。臣亲提研鞫。缘井汶青籍隶枣强县，与已死无服族祖井世平、族祖母井王氏、族叔井继怔先无嫌隙。同治六年十二月间，井汶青之母井马氏至井世平家借用碾子，井王氏不允借给，口角，井马氏气忿，自行投井殒命。覆县验讯明确，详经批结。井汶青自此与井世平等有嫌。嗣井汶青因家贫，将房地卖尽，与弟井二，均谋食外出。光绪元年八月初间，井汶青因无工作，回村在庙住宿。井世平路过瞥见，斥其遭蹋庙宇。井汶青不服，分辨，彼此詈骂。井世平喝令井继怔等，将井汶青攒逐出村。井汶青忆及前嫌，今又被井世平等欺辱，心生气忿，起意将井世平等杀死报复。即于八月十二日下午，腰掖尖刀，找见井世平、王氏与其子井继怔、井继元，均在村外地内作工，井汶青即斥井世平攒逐之非。井世平不服，混骂，并用铁镢扑砍。井汶青闪避不及，致被划伤顶心，乘势将镢夺获，向井世平连砍两下，致伤其顶心偏右、右额角、相连额颅，倒地。井汶青又用铁镢殴伤其右耳根。井继怔执持竹笆，赶向帮护。井汶青用铁镢格落竹笆，殴伤其右眼胞、相连鼻梁，倒地。井王氏持四齿笆赶护，井汶青用铁镢殴伤其左太阳穴，并砍伤其囟门，井王氏亦喊跌倒地。井继元畏惧哭回。井汶青恐井世平等不死，撩弃铁镢，拔出身带尖刀，将井世平右太阳穴、左腮颊扎伤，并带划伤其右腮颊、右胳膊，又扎伤井继怔右太阳穴、右耳，井王氏左耳、相连左腮颊、胸膛左乳、心坎、右手大指、左腿肚。致井世平右额角、相连额颅、左腮颊、右耳根骨损，井王氏左太阳穴骨损，胸膛心坎透膜，井继怔右太阳穴、右眼胞、相连鼻梁、右耳骨损，均各殒命。井汶青即携凶器，赴县投首，验讯详报，批饬解省，审供不讳，案无遁饰。查律载：'杀一家非死罪三人者，凌迟处死。财产断付死者之家。妻子流二千里。'又例载'杀一家三命以上凶犯，审明后，依律定罪，一面奏闻，一面恭请王命，先行正法'各等语。此案井汶青因挟井世平等将伊撵逐出村之嫌，并忆及从前伊母井马氏，与井世平之妻井王氏口角，致伊母投井殒命，冀图报复，辄用铁锨等械，杀死井世平、井王氏、井继怔等一家三命，实属凶恶不法。已死井世平等，系该犯无服族长，至死应同凡论。自应按律问拟。井汶青合依'杀一家非死罪三人者，凌迟处死'律，应凌迟处死。业经臣于审明后，督同藩臬两司，臣标中军，照例恭请王命，将该犯井汶青绑赴市曹，先行正法，以昭炯戒。该犯讯无财产，亦无妻子，均毋庸议。除备录供招、咨送刑部外，理合恭折具陈。伏乞皇太后、皇上圣鉴。谨奏。"

军机大臣奉旨。刑部知道。钦此。

聖鑒事。竊查棗強縣民人井汶青、因挾嫌、用鐵鏃尖刀等械殺死無服族祖井世平同妻井王氏及子井繼忪等、一家三命一案。前據該縣方宗誠驗訊詳報。當因情罪重大、批飭解省、發交保定府審辦、據該府李培祜督同委員訊明擬議解由臬司范梁、覆審解勘。臣親提研鞫、緣井汶青籍隸棗強縣。與已死無服族祖井世平族叔井繼忪先無嫌隙、同治六年十二月間、井汶青之母井馬氏、至井世平家、借用礦子。井王氏族叔井繼忪不允、借給口角。井馬氏氣忿自行投井殞

GAZETTE DE PÉKIN   505

d'une même famille, à savoir, Tsing Cheu p'ing, qui était son parent éloigné, de deux degrés plus rapproché que lui de la souche commune, la femme de ce parent, nommée Tsing Wang cheu, et leur fils Tsing Ki tcheng. D'abord le sous-préfet du district a inspecté les cadavres, fait une enquête et m'a envoyé un rapport détaillé.

Le crime et ses circonstances étant très graves, j'ai aussitôt donné ordre de conduire le coupable sous bonne garde au chef-lieu de la province, et de le livrer au préfet de Pao ting fou pour être jugé. Le préfet Li P'ei hou, après avoir bien examiné la cause avec des juges délégués à cette fin, prononça la sentence, et envoya le coupable à Fan Leang, juge criminel de la province. Celui-ci, après avoir revu l'affaire, la renvoya à mon tribunal. Je l'ai examinée moi-même avec le plus grand soin.

Tsing Wenn ts'ing est du Tsao k'iang hien. Autrefois il n'y avait aucune inimitié, aucun désaccord entre lui et Tsing Cheu p'ing, son parent éloigné, de deux degrés plus rapproché que lui de la souche commune, Tsing Wang cheu, sa parente (par alliance), et Tsing Ki tcheng, son parent, d'un degré plus rapproché que lui de la souche commune.

Vers le commencement de janvier 1868, Tsing Ma cheu, mère de Tsing Wenn ts'ing, alla à la maison de Tsing Cheu p'ing demander qu'on lui prêtât une meule. Tsing Wang cheu ayant refusé, il s'en suivit une altercation. Tsing Ma cheu, enflammée de colère se jeta dans un puits et y perdit la vie.

命．覆縣驗訊明確詳經批結井汝青
自此與井世平等有嫌嗣井汝青因
家貧將房地賣盡與弟井二均謀食
外出光緒元年八月初間井汝青因
無工作回村在廟住宿井世平路過
瞥見斥其遭蹋廟宇井汝青不服分
辨彼此罵井世平喝令井繼忙等
將井汝青撞逐出村井汝青憶及前
嫌今又被井世平等欺辱心生氣忿
起意將井世平等殺死報復卽于八
月十二日下午腰挾尖刀找見井世
平王氏與其子井繼忙井繼元均在
村外地內作工井汝青卽斥井世平

Le sous-préfet ayant été averti, inspecta le cadavre, fit une enquête exacte, écrivit un rapport, et sur ma réponse il termina l'affaire.

Depuis lors, Tsing Wenn ts'ing eut en aversion Tsing Cheu p'ing et sa famille. Plus tard, réduit à l'indigence, il vendit sa maison et toutes ses terres. Avec son frère cadet Tsing Eul, il alla chercher à gagner sa vie hors de son pays.

Vers le commencement de septembre 1875, Tsing Wenn ts'ing n'ayant pas de travail, retourna dans son village et s'établit dans une pagode. Tsing Cheu p'ing l'ayant aperçu en passant, lui reprocha d'avoir dégradé la pagode. Tsing Wenn ts'ing indigné entra en discussion avec lui, et ils se dirent mutuellement des injures. Tsing Cheu p'ing appela Tsing Ki tcheng et d'autres, et chassa du village Tsing Wenn ts'ing. Tsing Wenn ts'ing sentit son ancienne haine se raviver. Se voyant insulté par Tsing Cheu p'ing et les siens, il conçut une violente colère, et forma le projet de se venger en les mettant à mort.

Le 11 septembre 1875 après midi, mettant un poignard à sa ceinture, il alla chercher et trouva Tsing Cheu p'ing et Tsing Wang cheu, qui, avec leurs fils Tsing Ki tcheng et Tsing Ki iuen, travaillaient dans les champs hors du village. Aussitôt Tsing Wenn ts'ing reprocha à Tsing cheu p'ing de l'avoir chassé de village. Tsing Cheu

撞逐之非。井世平不服。混罵。並用鐵
钁樸砍。井汶青閃避不及。致被劃傷
頂心。乘勢將钁奪獲。向井世平連砍
兩下。致傷其頂心偏右、額角相連
額顖倒地。井汶青又用鐵钁毆傷其
右耳根井繼怔執持竹笆赶向幫護。
井汶青用鐵钁格落竹笆毆傷其右
眼胞相連鼻梁、倒地。井王氏持四齒
笆赶護。井汶青用鐵钁毆傷其左太
陽穴。並砍傷其顖門。井王氏亦喊跌
倒地。井繼元畏懼哭回。井汶青恐井
世平等不死。撿棄鐵钁拔出身帶尖
刀.將井世平右太陽穴左腮頰扎傷。

p'ing irrié lui dit de grossières injures, puis le frappa avec le tranchant d'une pioche. Tsing Wenn ts'ing n'eut pas le temps de s'écarter pour éviter le coup, et reçut une longue blessure au sommet de la tête. A l'instant, il enleva la pioche des mains de son agresseur, et avec le tranchant donna deux coups de suite à Tsing Cheu p'ing, qui fut blessé au sommet de la tête, à la partie droite et au milieu du front, et tomba à terre. Tsing Wenn ts'ing le frappa de nouveau avec la pioche à la racine de l'oreille droite.

Tsing Ki tcheng, prenant un râteau de bambou, courut au secours de son père. Tsing Wenn ts'ing avec la pioche lui fit tomber des mains le râteau, le blessa à l'œil droit et au dos du nez, et le renversa à terre. Tsing Wang cheu prit un râteau à quatre dents et alla défendre son fils. Tsing Wenn ts'ing avec la pioche la blessa à la tempe gauche, et avec le tranchant lui rompit les sutures du crâne. Tsing Wang cheu tomba aussi à terre en poussant des cris. Tsing Ki iuen épouvanté retourna au village en se lamentant.

Tsing Wenn ts'ing, craignant que ses trois victimes ne fussent pas mortes, jeta la pioche et tira le couteau qu'il avait sur lui. Il perça la tempe droite et la joue gauche à Tsing Cheu ping; en même temps, il lui fendit la joue droite et le bras droit.

Ensuite il perça et blessa à Tsing

並帶劃傷其右腮頰、右胳膊又扎傷
井繼怔右太陽穴、右耳井王氏左耳
相連左腮頰胸膛左乳心坎右手大
指左腿肚致井世平右額角相連
顱左腮頰右耳根骨損井王氏左太
陽穴骨損胸膛心坎透膜井繼怔右
太陽穴右眼胞相連鼻梁右耳骨損
均各殞命井汶青卽攜兇器赴縣投
首。驗訊詳報。批飭解省審供不諱案
無遁飾。查律載殺一家非死罪三人
者。凌遲處死。財產斷付死者之家妻
子流二千里。又例載殺一家三命以
上兇犯審明後依律定罪一面奏

Ki tcheng la tempe droite et l'oreille droite; et à Tsing Wang cheu, l'oreille gauche, avec la joue gauche, la poitrine, la mamelle gauche, le creux de l'estomac, le pouce de la main droite et le mollet de la jambe gauche. Ainsi Tsing Cheu p'ing fut blessé à la partie droite et au milieu du front, à la joue gauche et à l'os de la racine de l'oreille droite. Tsing Wang cheu eut l'os de la tempe gauche endommagé, les membranes de la poitrine et du creux de l'estomac percées. Tsing Ki tcheng fut blessé à la tempe droite, à l'œil droit, au dos du nez et à l'os de l'oreille droite. Tous trois moururent.

Aussitôt Tsing Wenn ts'ing, prenant les instruments du crime, alla se déclarer à la sous-préfecture et livrer sa tête. Le sous-préfet inspecta les cadavres, fit une enquête, écrivit un rapport détaillé. Je lui répondis d'envoyer le coupable sous bonne garde à la capitale de la province. A l'interrogatoire, le meurtrier avoua tout sans rien cacher, et durant la procédure il n'usa ni de subterfuge ni de dissimulation.

D'après la loi, celui qui a tué trois personnes qui appartenaient à une même famille et ne méritaient pas la mort, doit être coupé en morceaux et périr dans ce supplice. Ses biens doivent être adjugés à la famille des victimes; sa femme et ses enfants, envoyés en exil pour toujours à une distance de deux mille stades.

聞。一面恭請
王命，先行正法。各等語。此案井汶青，因挾
井世平等，將伊撞逐出村之嫌，並憶
及從前伊母井馬氏與井世平之妻
井王氏口角，致伊母投井殞命，冀圖
報復，輒用鐵鍬等械殺死井世平、井
王氏、井繼愃等一家三命，實屬兇惡
不法。已死井世平等，係該犯無服族
長，至死應同凡論。自應按律問擬。井
汶青合依殺一家非死罪三人者，凌
遲處死律，應凌遲處死業經 臣于審
明後，督同藩臬兩司， 臣標中軍，照例
恭請

La loi porte aussi que, si le crime est plus grave que celui d'avoir tué trois persounes d'une même famille, après que la cause a été bien examinée et la sentence portée, on doit informer l'empereur, et lui demander l'ordre de mettre à mort le criminel avant l'époque ordinaire des exécutions. Telle est la teneur de la loi.

Tsing Wenn ts'ing avait du ressentiment contre Tsing Cheu p'ing et les siens, qui l'avaient chassé du village. De plus, il se rappelait qu'autrefois sa mère Tsing Ma cheu, ayant eu une altercation avec Tsing Wang cheu, femme de Tsing Cheu p'ing, s'était donné la mort en se jetant dans un puits. Il voulut se venger. Soudain, avec une pioche et un autre instrument, il tua Tsing Cheu p'ing, Tsing Wang cheu, Tsing Ki tcheng, trois personnes d'une même famille. Il a enfreint la loi par un crime atroce.

Tsing Cheu p'ing et les siens étaient ses parents éloignés, mais plus rapprochés que 'ui de la souche commune; cette parenté ne compte pas. La sentence doit être portée conformément à la loi. D'après la loi qui condamne à être coupé en morceaux le meutrier qui a tué trois personnes qui appartenaient à une même famille et n'étaient pas dignes de mort, Tsing Wenn ts'ing doit périr coupé en morceaux. 無服 Parent éloigné à la mort duquel le deuil n'est pas de rigueur.

Déjà, après que la cause eut été bien examinée, votre serviteur qui avait présidé au jugement, d'accord avec le trésorier général, le juge crimi-

王命、將該犯并汶青、綁赴市曹、先行正法、以昭炯戒。該犯訊無財產、亦無妻子、均毋庸議。除備錄供招咨送刑部外、理合恭摺具陳伏乞

皇太后
皇上聖鑒。謹奏。軍機大臣奉
旨刑部知道欽此。

奴才瑞聯跪

奏、爲司員留任期滿籲懇
恩施、再准留辦一年、以資熟手、恭摺、仰祈
聖鑒事竊熱河都統衙門辦事司員、例定理藩院一員、刑部二員、三年期滿、奏

nel et le chef de sa brigade particulière, a, d'après la loi, prié humblement la cour d'ordonner que le susdit coupable Tsing Wenn ts'ing fût lié, conduit au lieu des exécutions, et mis à mort avant l'époque ordinaire, afin de faire un exemple. Ce criminel, comme il conste par l'enquête, ne possède aucun bien et n'a ni femme ni enfants ; il n'y a pas lieu de délibérer à ce sujet.

Outre que j'ai envoyé au Tribunal des peines la copie des dépositions avec une lettre d'information, c'était mon devoir d'écrire ce rapport. Je prie humblement l'Impératrice-régente et l'Empereur de vouloir bien le lire. Lettre respectueuse.

Le grand Conseil d'État a reçu le décret suivant : « Que le Tribunal des peines en prenne connaissance. » Respect à cet ordre.

Votre esclave Chouei Lien vous écrit à genoux au sujet d'un juge qui déjà a été laissé dans sa charge après le terme ordinaire. Il vous supplie de laisser ce juge exercer ses fonctions encore un an, afin de mettre à profit son expérience ; et vous prie de vouloir bien lire cette lettre.

Le tribunal du commandant militaire de Jéhol emploie trois juges, dont l'un dépend du Ministère de la Mongolie et du Thibet, et les deux autres, du Tribunal des peines. D'après la loi, quand ils ont terminé leurs

奴才瑞联跪奏："为司员留任期满，吁恳恩施，再准留办一年，以资熟手。恭折仰祈圣鉴事。窃热河都统衙门办事司员，例定理藩院一员、刑部二员。三年期满，奏请更换。间有办事得力，或因经手未完，奏请留差者，历经奉旨允准在案。兹查办事司员、四品衔、刑部郎中刘绪，前于同治九年三月，简放热河理刑司员，于是年四月二十五日到任，连闰扣，至十二年三月二十五日，三年期满。经前任都统库克吉泰，因该司员办事可靠，奏请留办三年，奉旨允准。计自留办之日起，连闰扣，至本年二月二十五日，留任期满。据该司员先期呈报前来，奴才查该司员刘绪老成端谨，办事精详，明习例案，于热河地方风土人情，尤为熟悉。在任六年办理事务，均臻妥协。刑司案牍本极纷繁，加以连年剿办马贼，屡擒大憨，提辕讯办，公务一切，较前倍繁。该司员经营办理，不辞劳瘁，实属最为得力。查从前办事司员清端，在任六年，复又奏准再留一年。合无仰恳天恩，俯准将该司员刘绪，再行留办一年，俾奴才得收指臂之助。是否有当，理合恭折具奏。伏乞皇太后、皇上圣鉴。谨奏。"

军机大臣奉旨。着照所请。该部知道。钦此。

請更換間有辦事得力、或因經手未
完奏請留差者歷經奉
旨允准在案茲查辦事司員四品銜刑部
郎中劉緒前于同治九年三月
簡放熱河理刑司員于是年四月二十五
日到任連閏扣至十二年三月二十五
日三年期滿經前任都統庫克吉泰、
因該司員辦事可靠奏請留辦三年、
奉
旨允准。計自留辦之日起連閏扣至本年二
月二十五日留任期滿據該司員先
期呈報前來。奴才查該司員劉緒老
成端謹辦事精詳明習例案于熱河

miné ses trois ans le 25 du troisième mois de la douzième année.

Parce que ce juge méritait toute confiance pour les affaires, K'ou k'e ki t'ai, qui était alors commandant militaire, pria l'Empereur de le laisser continuer ses fonctions encore trois ans. Sa demande lui fut accordée par un décret. En comptant depuis le jour où commença la prolongation de son service, et en retranchant le mois intercalaire, le 25 du deuxième mois de cette année, le terme des trois ans sera arrivé. Liou Siu m'en a informé d'avance.

Ce juge a une longue expérience, est irréprochable et circonspect dans l'exercice de sa charge, examine les causes avec soin, connaît parfaitement les lois, est très entendu dans

trois ans, on doit informer l'empereur, et le prier de les changer et de leur en substituer d'autres. Si parmi eux il en est un qui montre une énergie particulière, ou qui n'ait pas terminé toutes les affaires qu'il a prises en main, on prie l'Empereur de le laisser en charge. A différentes époques, cette demande a été accordée; les archives en font foi.

Liou Siu, officier du quatrième rang, secrétaire du Tribunal des peines, remplit à présent l'office de juge. Il a été choisi et envoyé à Jéhol dans le courant du troisième mois de la neuvième année T'oung tcheu. Il est arrivé à son poste le 25 du quatrième mois de la même année. En décomptant le mois intercalaire, il avait ter-

地方風土人情。尤為熟悉。在任六年辦理事務均臻妥協。刑司案牘本極紛繁。加以連年剿辦馬賊。屢擒大憝。提轅訊辦。公務一切。較前倍繁。該司員經營辦理。不辭勞瘁。實屬最為得力。查從前辦事司員清端。在任六年。復又奏准再留一年。合無仰懇

天恩俯准將該司員劉緒。再行留辦一年。俾奴才得收指臂之助。是否有當。理合恭摺具奏伏乞

皇太后.
皇上聖鑒。謹奏。軍機大臣奉
旨。著照所請。該部知道。欽此。

les affaires. A Jéhol, il est habitué aux usages du pays et au caractère des habitants. Depuis six ans qu'il est en charge, toutes les affaires qu'il a traitées ont été terminées à la satisfaction de tout le monde.

Les pièces judiciaires sont naturellement nombreuses et de différents genres. Ajoutez que, plusieurs années de suite, il a fallu exterminer ou châtier des brigands (ou des rebelles) à cheval, saisir plusieurs grands criminels, citer devant le tribunal, faire des enquêtes, régler des affaires publiques ou judiciaires, tout cela deux fois plus souvent que par le passé. Le juge susdit combine ses plans et arrange les affaires sans craindre la peine ni la fatigue. Il déploie une activité vraiment remarquable.

Je vois qu'autrefois, un juge s'étant signalé par son intégrité et sa droiture dans l'exercice de sa charge pendant six ans, on a demandé à l'Empereur de le laisser encore un an. Est-il à propos de supplier humblement la cour de vouloir bien autoriser le juge Liou Siu à exercer sa charge encore un an, et de laisser à votre serviteur le secours d'un aide qui est son bras droit? Ma demande est-elle raisonnable ou non? Il convenait de l'exposer respectueusement. Je prie humblement l'Impératrice-régente et l'Empereur de lire cette supplique. Lettre respectueuse.

Le grand Conseil d'État a reçu le décret suivant: « Qu'il soit fait comme l'auteur de la supplique le demande. Que le Tribunal compétent (le Tribunal des peines) en soit informé. » Respect à cet ordre.

李鸿章片：

再即用知县周之冕，年五十岁，贵州普定县人，由辛未科进士，签分直隶，以知县即用，同治十年七月到省。兹该员自揣才力难膺民社，请仍就进士改教原班，归部铨选。禀由藩司查明，并无经手未完事件，具详前来。查与例案相符，自应准如所请，仍就进士改教原班，归部铨选。除饬取亲供送部，一面给咨回籍，并分咨查照外，理合附片具陈。伏乞圣鉴，谨奏。

军机大臣奉旨。吏部知道。钦此。

李鸿章片：

再通永镇标中军游击，系沿海要缺，操防极宜慎重。非勤干之员，不足以资整饬。现任游击长春，年力衰颓，且有嗜好。难期振作，未便姑容。据该镇禀办前来，应请旨，将该游击长春勒令休致，以肃营伍。所遗题缺，容臣拣员请补。理合附片具陈。伏乞圣鉴训示。谨奏。

军机大臣奉旨，长春着勒令休致。兵部知道。钦此。

李鴻章片。

再，即用知縣周之冕、年五十歲、貴州普定縣人、由辛未科進士簽分直隷以知縣即用。同治十年七月到省。茲該員自揣才力難膺民社請仍就進士改教原班歸部銓選。稟由藩司查明並無經手未完事件具詳前來。查與例案相符自應准如所請仍就進士改教原班歸部銓選。除飭取親供送部一面給咨回籍並分咨查照外理合附片具陳伏乞

聖鑒。謹奏。軍機大臣奉

旨吏部知道欽此。

Note de Li Houng tchang. — Une autre affaire. Tcheou Tcheu mien, du district de P'ou ting dans le Kouei tcheou, âgé de cinquante ans, a été reçu *tsin cheu* aux concours de 1871, désigné pour être employé comme sous-préfet, et assigné par le sort à la province de Tcheu li, pour y remplir cette place. Il est arrivé à la capitale de la province vers le commencement de septembre de l'année 1871.

A présent, il trouve lui-même qu'il n'a ni la capacité ni l'activité nécessaires pour l'administration. Il demande à rentrer dans la classe des *tsin cheu* qui sont destinés à diriger les études, et à qui le Tribunal des offices civils donne des emplois en rapport avec leurs talents. Il m'a adressé sa supplique par l'entremise du trésorier général, qui l'a examinée, et m'a assuré que ce lettré n'a en main aucune affaire qui ne soit pas terminée.

Sa demande est conforme aux règlements, et aux autorisations accordées précédemment. Il convient de l'autoriser à rentrer, comme il le désire, dans la classe des *tsin cheu* qui sont destinés à diriger les études, et dont la nomination aux emplois dépend du Tribunal des offices civils.

J'ai fait prendre acte de son propre témoignage et l'ai envoyé au Tribunal. Je lui ai permis de retourner dans ses foyers, et lui ai fait connaître que j'avais examiné son affaire. De plus, je devais écrire ce court exposé. Je prie humblement leurs Majestés de vouloir bien lire cette note additionnelle.

Le grand conseil d'État a reçu le décret suivant: « Que le Tribunal des offices civils en soit informé. »

李鴻章片．

再通永鎮標中軍遊擊，係沿海要缺，操防極宜愼重，非勤幹之員不足以資整飭．現任遊擊長春年力衰頽，且有嗜好．難期振作，未便姑容．據該鎭稟辦前來應請

旨．將該遊擊長春勒令休致，以肅營伍，所遺題缺容　臣揀員請補理合附片具

陳伏乞

聖鑒訓示謹奏．軍機大臣奉

旨．長春着勒令休致．兵部知道欽此．

Note additionnelle de Li Houng tchang. — Une autre affaire. Le commandant qui est secrétaire du général de brigade de T'oung tcheou et de Joung p'ing fou, occupe sur le bord de la mer un poste important, qu'il faut garder avec la plus grande vigilance. Un officier peu diligent et peu habile est incapable d'y maintenir une bonne administration.

Le commandant Tch'ang Tch'ouenn, actuellement en charge, est cassé de vieillesse et à bout de forces; de plus il fume l'opium. On ne peut espérer qu'il déploie quelque énergie, et il n'est pas expédient d'user d'indulgence plus longtemps. D'après le rapport du général de brigade, il convient de prier la cour impériale d'ordonner que ce commandant Tch'ang Tch'ouenn quitte le service, avant un terme fixé, afin de maintenir l'ordre dans les rangs de l'armée; et pour remplir sa place, il convient de prier leurs Majestés de me permettre de choisir un officier, dont je leur proposerai la nomination. C'était mon devoir d'exposer cette demande dans une note additionnelle. Je supplie humblement l'Impératrice et l'Empereur d'en prendre connaissance et de donner leurs instructions. Supplique respectueuse.

Le grand Conseil d'État a reçu le décret suivant: « Que Tch'ang Tch'ouenn quitte le service, avant un temps qui lui sera marqué. Que le Tribunal de la guerre en soit informé. » Respect à cet ordre.

57. 1876 年 4 月 20 日刊[①]

山东塘务

光绪二年四月初五日

目录

谕旨

四月初五日，礼部、宗人府、钦天监、正红旗值日。无引见

逢润古谢授广东高州府知府恩

内阁奏派验放之大臣，派出贺寿慈、崇厚、殷兆镛、绍祺

礼部奏派稽查中左门之护军统领，派出恩麟

又奏请覆试日期。奉旨，着于初十日

召见军机

奉上谕。福长着留京当差。热河副总管，着英奎补授。钦此。发抄。

李鹤年奏声名甚劣，千总革职。奉旨。冯安国，着即行革职。该部知道。钦此。

内阁奏派稽查中书科。奉旨。圈出龚自闳。钦此。

荣全奏出队当差及运解出力各官汇奖。奉旨。该部议奏。单二件、片四件并发。钦此。

又保升仍坐补吉林正白旗防御。奉旨。览。钦此。

---

① 有删节。

光緒二年四月初五日　　山東塘務

諭旨

目錄

四月初五日、禮部、宗人府、欽天監、正紅旗值日、無引見。
逢潤古謝授廣東高州府知府恩。
內閣奏派驗放之大臣。
派出賀壽慈崇厚毅兆鏞紹祺。
禮部奏派稽查中左門之護軍統領。
派出恩麟。
旨、著于初十日。
又奏請覆試日期。奉
召見軍機。

ANNONCES DU 29 AVRIL 1876.

Établissement postal du Chan toung.

Le 5 du quatrième mois de la deuxième année Kouang siu.

Liste et Édits impériaux.

Le 5 du quatrième mois, ont été de service à leur tour dans le palais le Tribunal des rites, la cour qui juge les affaires de la famille impériale, le Tribunal de l'astronomie et les soldats de la bannière rouge unie.

Personne n'a été présenté à l'impératrice-régente.

Foung lun kou, ayant été nommé préfet de Kao tcheou fou dans le Kouang toung, a remercié de cette faveur.

Le Conseil privé ayant proposé de députer des dignitaires pour examiner les nouveaux officiers, avant de les envoyer à leurs postes respectifs; l'Impératrice-régente a député Houo Cheou ts'eu, Tch'oung Heou, In Tchao ioung et Chao K'i.

Le Tribunal des rites ayant proposé de députer un général pour inspecter la garde placée à la porte gauche du centre de la capitale, l'Impératrice-régente a désigné Ngenn Lin.

Le même Tribunal ayant demandé de fixer l'époque des examens préliminaires pour le grade de *tsin cheu*, l'Impératrice-régente a décidé qu'ils auraient lieu le 10 du mois courant.

L'Impératrice-régente a appelé à son audience le grand Conseil d'État.

奉

上諭。福長着留京當差。熱河副總管着英
奎補授欽此

旨。馮安國着即行革職該部知道欽此。

旨。李鶴年奏聲名甚劣千總革職奉
發抄。

旨。內閣奏派稽查中書科奉

旨。圈出龔自閎欽此。

旨。榮全奏出隊當差及運解出力各官
彙獎奉

旨。該部議奏單二件片四件併發欽此

旨。又保升仍坐補吉林正白旗防禦奉
覽。欽此。

On a reçu de l'impératrice-régente le décret suivant : « J'ordonne que Fou Tch'ang soit laissé à la capitale et employé dans un tribunal. J'ordonne que Ing K'ouei remplisse la place vacante de second intendant à Jéhol. » Recpect à cet ordre.

Documents copiés et envoyés.

Li Ho nien ayant proposé de destituer un lieutenant qui a très mauvaise réputation, on a reçu le décret suivant : « J'ordonne que Foung Ngan kouo soit immédiatement destitué. Que le Tribunal de la guerre en soit informé. » Respect à cet ordre.

Le Conseil privé ayant proposé de déléguer des officiers pour contrôler les actes des secrétaires de ce conseil, l'impératrice a désigné Koung Tzeu houng, en marquant son nom d'un cercle sur la liste. Respect à cet ordre.

Ioung Ts'iuen ayant sollicité des récompenses pour les officiers qui ont été envoyés à la tête des compagnies, et pour ceux qui ont travaillé au transport des effets publics, on a reçu le décret suivant : « Que le Tribunal compétent en délibère et fasse connaître son avis. Qu'on lui transmette à la fois les deux listes et les quatre notes. » Respect à cet ordre.

Le même ayant demandé que Pao Cheng occupât de nouveau à Kirin un poste vacant de commandant sous la bannière blanche unie, on a reçu la réponse suivante : « Lu » Respect à cette parole.

又已革委护军参领广斌开复原官。奉旨。览。钦此。

太子少保、巡阅长江水师、前陕甘总督、臣杨岳斌跪奏："为恭报微臣巡阅长江水师启程日期，仰祈圣鉴事。窃臣奉旨每年巡阅长江水师一次。上年十二月事竣，回乾州原籍省亲，专折具陈，业经奉到朱批'知道了。'钦此。在案。臣赋性颛愚，惕竞维励，受恩深重，报称愈难。即臣八旬余父母，得以延年就养。一见臣膝下承欢，庭前服事，罔非沐生成之厚德，荷矜育之鸿慈。清夜抚心，感激零涕。夫以乌乌私衷，竟上邀夫体恤；虽犬马庸质，亦思效其勤劳。臣惟有永戴皇仁，恪守宸训。遵于三月初一日，由乾州原籍启程，取道长沙岳州一带，会晤前兵部右侍郎臣彭玉麟，详商长江一切应办紧要事件。臣即分道巡查，按营训练，断不敢偶生怠惰，稍徇私情。仍赶将所查记长江五千余里地舆形势，反覆考订。一俟编集明备后，谨当绘图进呈。所有微臣巡阅启程日期缘由，理合缮折陈明。伏乞皇太后、皇上圣鉴训示。谨奏。"

军机大臣奉旨。知道了。钦此。

又已革委護軍參領廣斌開復原官、
旨覽。欽此.
奉
旨。欽此.
太子少保巡閱長江水師前陝甘總
督臣楊岳斌跪
奏、爲恭報微臣巡閱長江水師啓程日
期仰祈
聖鑒事竊臣奉
旨每年巡閱長江水師一次.上年十二月
事竣.回乾州原籍省親專摺具陳.業
經奉到
硃批.知道了.欽此.在案.臣賦性顓愚惕競
維勵受

Le même ayant demandé que Kouang Fou, qui était lieutenant-colonel dans la garde impériale et a été destitué, fût rétabli dans sa charge, a reçu la réponse suivante: « Lu. » Respect à cette parole.

Votre serviteur Iang Io fou, second tuteur de l'héritier présomptif, inspecteur des forces navales du Grand Kiang, auparavant gouverneur général du Chen si et du Kan siu, vous écrit à genoux, pour vous faire connaître l'époque où votre petit serviteur partira et commencera l'inspection des forces navales du Grand Kiang, et pour vous prier humblement de lire cette lettre.

J'ai reçu l'ordre d'inspecter une fois chaque année les forces navales du Grand Kiang. L'année dernière, au douzième mois, l'inspection étant terminée, je suis allé au K'ien tcheou dans mon pays natal, voir mes parents. J'en ai informé la cour par une lettre spéciale, et j'ai reçu la réponse suivante signée d'un point rouge: « Nous en avons pris connaissance. » Respect à cette parole. Ces deux pièces sont dans les bureaux.

Votre serviteur est peu intelligent. Il craint beaucoup que, après avoir été encouragé et comblé de faveurs par la

恩深重報稱愈難。即臣八旬餘父母得以延年就養一見，臣膝下承歡庭前服事罔非沐
生成之厚德荷
矜育之鴻慈清夜撫心感激零涕夫以鳥體恤雖犬馬庸質亦思効其勤勞。臣惟有
永戴
皇仁恪守
宸訓遵于三月初一日由乾州原籍啟程，取道長沙岳州一帶會晤前兵部右侍郎臣彭玉麟詳商長江一切應辦緊要事件。臣即分道巡查按營訓練斷不敢偶生怠惰稍徇私情仍趕將

cour impériale, il lui soit de plus en plus difficile de répondre à tant de bienfaits. Après de longues années d'absence, il m'a été donné d'aller soigner mes parents âgés de plus de quatre-vingts ans. En les revoyant, mon cœur de fils a été heureux de voir leur joie.

Si j'ai pu donner mes soins à mes parents, je le dois uniquement à votre bienfaisance auguste, qui fait vivre et perfectionne vos sujets. Après avoir reçu cette faveur de votre immense bonté et de votre bienveillance compatissante, la nuit, la main sur le cœur, je verse des larmes de reconnaissance. Comme le petit du corbeau, je désirais satisfaire mon affection envers mes parents. La cour a eu compassion de moi. Après une telle faveur, fussé-je de la nature des animaux sans raison, je m'efforcerais de montrer mon dévouement. Votre serviteur sera à jamais reconnaissant pour vos bienfaits et fidèle à suivre vos instructions.

Conformément à vos ordres, le 26 mars, je partirai du K'ien tcheou, de mon pays natal, et prendrai la route de Tch'ang cha et de Io tcheou. J'aurai une entrevue avec P'eng Iu lin, autrefois second vice-président du Tribunal de la guerre; nous délibérerons ensemble sur toutes les affaires importantes qui concernent le Kiang. Ensuite, j'irai dans toutes les circonscriptions inspecter chaque bataillon, examiner si les soldats sont instruits et bien exercés. Certainement je ne me permettrai pas de rester un instant oisif;

所查記長江五千餘里地輿形勢,反
覆考訂,一俟編集明備後謹當繪圖
進呈。所有微臣巡閱啟程日期緣由,
理合繕摺陳明伏乞

皇太后,
皇上聖鑒訓示謹
奏軍機大臣奉
旨。知道了欽此
巡視中城御史,臣慶壽等跪
奏爲請將五城飯廠,仍展限兩個月,以
廣
皇仁,而蘇民困事。竊查五城飯廠,向例于
三月二十日截止。歷年因窮民謀食

ni de céder le moins du monde à des sentiments particuliers.

Je reverrai ensuite les observations et les notes que j'aurai recueillies sur les noms et la position des pays, et sur la configuration du terrain, dans un voyage de plus de cinq mille stades le long du Kiang. Dès que je les aurai réunies et disposées dans un ordre clair, ce sera pour moi un devoir de dessiner des cartes et de les envoyer respectueusement à la cour.

Je devais vous informer du jour et des circonstances des mon départ pour l'inspection. Je prie humblement l'Impératrice-régente et l'Empereur de lire cette lettre et de me donner leurs instructions. Lettre respectueuse.

Le Grand Conseil a reçu la réponse suivante: « Nous en avons pris connaissance. » Respect à cette parole.

Votre serviteur K'ing Cheou, censeur pour la partie centrale de la ville de Pékin, et ses collègues, vous écrivent à genoux, pour vous prier de laisser ouverts encore deux mois au-delà du terme fixé les établissements où l'on distribue la nourriture aux pauvres dans les cinq quartiers de la ville, d'étendre ainsi les bienfaits de la cour, et de secourir le peuple dans sa détresse.

D'après les anciens règlements, les établissements où les pauvres reçoivent la nourriture dans les cinq quartiers de la capitale, doivent être fermés le 20 du troisième mois. Les années passées, voyant que les pauvres trouveraient difficilement leur nourriture, nous avons demandé et la cour a accordé la

巡视中城御史、臣庆寿等跪奏:"为请将五城饭厂仍展限两个月,以广皇仁而苏民困事。窃查五城饭厂向例于三月二十日截止。历年因穷民谋食维艰,奏奉恩纶,届期展限。穷黎感戴,允荷生成。本年各厂就食人数,七八百人或千余人不等。现在将值截止之期,而麦秋未届。老弱无计谋生,羸瘠情形,殊堪恻悯。合无吁恳天恩,将五城十五厂仍展限两月,五月二十日截止。如蒙俞允,应即行文户部,将每日应用米石及柴薪银两,照例支给。臣等仍亲督司坊,妥为经理,务期实惠均沾,以仰符圣主轸念贫民有加无已之至意。谨合词奏请。伏乞皇太后、皇上圣鉴训示、施行。谨奏。"

奉旨已录。

GAZETTE DE PÉKIN

維艱，奏奉
恩綸，屆期展限，窮黎感戴允荷
生成。本年各廠就食人數七八百人，或千
餘人不等，現在將值截止之期，而麥
秋未屆，老弱無計謀生，贏瘠情形，殊
堪惻憫，合無籲懇
天恩將五城十五廠仍展限兩月，五月二
十日截止，如蒙
俞允，應即行文戶部，將每日應用米石及
柴薪銀兩，照例支給，臣等仍親督司
坊、安爲經理，務期實惠均霑，以仰符
聖主軫念貧民有加無已之至意。謹合詞
奏請。伏乞
皇太后

prorogation de ce terme. Les pauvres en ont été très reconnaissants ; ils se sont considérés comme étant redevables de la vie à la bienfaisance impériale.

Cette année, chaque établissement a nourri sept ou huit cents personnes, et quelquefois plus de mille ; le nombre a varié. A présent, l'époque de la clôture de ces maisons approche, et le temps de la moisson du blé n'est pas encore venu. Les vieillards et les personnes faibles n'ont aucune ressource pour vivre. La vue de leur faiblesse et de leur maigreur excite la plus grande compassion. Convient-il ou non de vous supplier de laisser subsister deux mois au-delà du terme fixé les quinze établissements de bienfaisance dans les cinq quartiers de la ville, et de ne les fermer que le 20 du cinquième mois (11 juin) ?

Si vous daignez accorder cette faveur, il faudra écrire au Tribunal des revenus, afin que, d'après les règlements, il fournisse le grain pour préparer la nourriture de chaque jour, et l'argent pour acheter le chauffage. Vos serviteurs continueront de surveiller eux-mêmes l'administration de ces établissements, afin que tous les malheureux y trouvent un véritable secours, selon le désir de nos augustes maîtres, dont la sollicitude pour les pauvres augmente sans cesse et n'a point de terme.

Nous avons cru devoir écrire cette supplique. Nous prions humblement l'Impératrice-régente et l'Empereur d'en prendre connaissance, de donner leurs instructions, et de permettre de

奴才英桂等谨奏："为请旨事。据直隶磁州文童郭俊，以本村民人李志和挟嫌，将伊父郭士美扎伤殒命等词，控诉前来。奴才等督饬司员详加讯问。据郭俊供，'我系直隶广平府磁州文童，年二十五岁，在州属郭小屯村居住，种地度日。本村民人李志和，与我家素有嫌疑。上年八月初五日夜，我父亲郭士美在门口睡熟。不料李志和用刀将我父亲心口扎伤，我父亲抓住衣襟喊叫，李志和脱下小夹袄一件逃跑。我进前瞧看查问。我父亲只言李志和扎伤，立时殒命。我禀明本州，蒙验明伤痕。因李志和逃跑，将伊胞弟李太和并伊母带案。甲长郭中道与原差封太等，因索钱未允，竟将凶手隐匿不现。我在州呈控，蒙州主勒限比追，始将李志和送案。蒙讯明供认谋杀不讳。郭中道等因索诈未遂，教唆李志和覆讯，将我六旬之母，妄扳案内。我赴本府及道台前呈控，均批本县。差役等同通，蒙蔽县主，唆使李志和供认误杀。并未令我对质，即将李志和解府定案。该原差等将我锁带进州，严押班房，勒索钱文未给。后我求保得释。我情急来京赴案呈告诉'等语。查郭俊控，因村邻李志和，与伊家素有嫌疑。去秋伊父郭士美在门外睡熟，被李志和用刀扎伤殒命。报州验明，勒限比追。始将正凶获案，供认谋杀不讳。复差役等勒索未遂，朦蔽该州，唆使李志和覆讯，翻易前供，妄扳伊母，竟以误杀解府定案等情。如果属实，亟应究办。谨抄录原呈，恭呈御览。伏候训示遵行。再遵照奏定章程，取具该原告郭俊结称历控道府，均批本州，并未亲提，合并声明。为此谨奏，请旨。"

奉旨已录。

皇上聖鑒訓示施行謹奏奉
旨已錄。
　　　　　奴才英桂等謹
奏爲請
旨事據直隸磁州文童郭俊以本村民人
李志和挾嫌將伊父郭士美扎傷殞
命等詞控訴前來。奴才等督飭司員
詳加訊問。據郭俊供我係直隸廣平
府磁州文童年二十五歲在州屬郭
小屯村居住種地度日。本村民人李
志和與我家素有嫌疑。上年八月初
五日夜我父親郭士美在門口睡熟。
不料李志和用刀將我父親心口扎

faire ce que nous proposons. Lettre respectueuse.

Le décret impérial en réponse à cette supplique a été publié précédemment dans la Gazette.

Votre serviteur Ing Kouei et ses collègues vous écrivent avec respect, pour demander vos ordres. Nous avons reçu de Kouo Tsiun, lettré du Ts'eu tcheou dans le Tcheu li, une accusation dans laquelle il dit qu'un homme de son village, nommé Li Tcheu houo, ayant pris en aversion son père Kouo Cheu mei, l'a tué en le perçant d'un coup de couteau.

Votre serviteur et ses collègues ont écrit aux juges de faire une enquête et d'examiner cette cause avec soin.

Voici la déposition de Kouo Tsiun. « Je suis un lettré du Ts'eu tcheou, sous-préfecture dépendant de Kouang p'ing fou dans le Tcheu li. J'ai vingt-cinq ans. Je demeure au village de Kouo siao t'ouenn et cultive la terre.

« Un habitant de mon village, nommé Li Tcheu houo, avait depuis longtemps de la haine et des soupçons contre ma famille. L'année dernière, le 4 septembre, pendant la nuit, mon père Kouo Cheu mei dormait profondément à l'entrée de la porte. Li Tcheu houo arrive inopinément, et lui enfonce un couteau dans le creux de l'estomac. Mon père le saisit par le pan de sa veste et pousse des cris. Li Tcheu houo abandonne sa petite veste doublée et s'enfuit. Je m'avance, regarde, examine et interroge mon père. Il me répond seulement que Li Tcheu houo l'a percé d'un coup de couteau, et à l'instant il expire.

傷，我父親抓住衣襟喊叫。李志和脫
下小袂襯一件逃跑。我進前熊看查
問。我父親只言李志和扎傷立時殞
命。我稟明本州蒙驗明傷痕。因李志
和逃跑將伊胞弟李太和並伊母帶
案甲長郭中道與原差封太等。在州
呈控。蒙州主勒限比道始將李志和
送案。蒙訊明供認謀殺不諱，郭中道
等。因索詐未遂教唆李志和覆訊將
我六旬之母妄扳案內。我赴本府及
道臺前呈控均批本縣差役等同通
蒙蔽縣主唆使李志和供認悞殺。並
未令我對質即將李志和解府定案。

« J'en informai le sous-préfet Moung. Le sous-préfet inspecta le cadavre, vit la blessure. Comme Li Tcheu houo avait pris la fuite, il fit conduire à son tribunal la mère du meurtrier, et Li T'ai houo, son frère cadet, né de la même mère.

« Le maire Kouo Tchoung tao et le chef des satellites Foung T'ai teng, parce qu'ils voulaient m'extorquer de l'argent et que je refusais de leur en donner, cachèrent si bien le meurtrier qu'il ne parut pas. Je portai plainte au tribunal, et le sous-préfet Moung fixa un terme avant lequel les satellites devaient saisir le coupable sous peine de châtiment. Alors enfin ils conduisirent Li Tcheu houo au tribunal. Interrogé par le sous-préfet Moung, il avoua, sans détour ni réticence, qu'il avait prémédité et commis le meurtre.

« Kouo Tchoung tao et les autres, qui n'avaient pas réussi à extorquer de l'argent, engagèrent Li Tcheu houo à profiter d'un second interrogatoire pour impliquer injustement dans cette affaire ma mère, qui est âgée de soixante ans. J'allai porter plainte au préfet (de Kouang p'ing fou), puis au préfet général (de Tai ming fou). Tous deux me renvoyèrent au sous-préfet.

« Les satellites du sous-préfet se mirent d'intelligence et l'empêchèrent de connaître la vérité. Ils firent dire à Li Tcheu houo qu'il avait commis le meurtre involontairement; et sans que j'eusse été interrogé en présence de Li Tcheu houo, ils emmenèrent celui-ci à la préfecture pour avoir une sentence définitive

御覽。訓示。旨。奉
伏候究辦。謹抄錄原呈恭呈
遵行再遵照奏定章程取具該原告
郭俊結稱歷控道府均批本州並未
親提合併聲明為此謹奏請
旨已錄.

該原差等,將我鎮帶進州嚴押班房.
勒索錢文,未給後我求保得釋,我情
急來京赴案呈告訴等語查郭俊志
因村鄰李志和與伊家素有嫌薇疑去
秋伊父郭士美在門外睡熟被郭俊志
和用刀扎傷殞命報州驗明勒限比
道始將正兇獲案供認謀殺不諱復
差役等勒索未遂朦蔽該州唆使李
殺和覆府定案等情妄扳伊母竟以蠶
訊翻易前供如果屬實應
解府
謹抄錄原呈恭呈

« Le susdit chef de satellites et autres me conduisirent enchaîné à la sous-préfecture, et me retinrent étroitement gardé dans la prison préventive. Ils me pressèrent de leur donner des sapèques, et ne purent en obtenir. Ensuite je cherchai des répondants et obtins ma liberté. Mon désir était de venir en toute hâte porter appel à Pékin. » Telle est la teneur de l'accusation.

D'après l'accusation de Kouo Tsiun, l'automne dernier, un voisin, nommé Li Tcheu houo, ennemi de sa famille, aborda inopinément son père Kouo Cheu mei... Enfin Li Tcheu houo, déclaré auteur involontaire du meurtre, fut conduit à la préfecture pour la sentence définitive.

Si ce récit est vrai, il faut examiner et traiter cette affaire sans retard. Nous, envoyons avec respect une copie de l'accusation à l'Impératrice-régente et à l'Empereur, et attendons humblement leurs instructions, qui seront la règle de notre conduite.

De plus, d'après les règlements établis pour les mémoriaux adressés à la cour, nous devons aussi vous faire connaître l'attestation des répondants du plaignant Kouo Tsiun. Ils affirment qu'il s'est adressé successivement au préfet général et au préfet particulier, que ceux-ci l'ont renvoyé au sous-préfet, sans examiner eux-mêmes sa plainte.

Nous vous informons respectueusement de cette affaire, et sollicitons vos ordres.

La réponse a été reproduite.

N. B. — Les réponses un peu longues et les édits sont ordinairement publiés dans la Gazette avant les mémoriaux qui les ont sollicités.

第五部分
其他

58. 顺天京兆王应麟撰利玛窦碑记

顺天京兆王应麟与利玛窦特撰碑记。

粤稽古用宾，在九州广万余里者，斯为辽绝仅已。我国家文明盛世，怀柔博洽。迄万历庚辰，有泰西儒士利玛窦，号西泰，友辈数十，航海九万里，观光中国。始经肇庆，大司宪刘公旌之，托居潮阳郡。时余奉剌凌江，窃与有闻，随同傅伴，齎表驰燕。跋庾岭，驻豫章。建安王挹遘，若追欢笃交谊之雅。宗伯王公宏诲，竟倾盖投契合之孚。相与溯游长江，览景建业。箴尹祝公世禄、司徒张公孟男，淹款朋侪，相抒情素。西泰同庞子迪我，号顺阳者，仅数友辈，乃越黄河，抵临清。督税宫官马堂，持其贡表，恭献阙廷。皇上启阅天主圣像，珍藏内帑。自鸣钟、万国舆图、琴器类，分布有司。欣念远来，召见便殿，宠颁一职，辞爵折风。僎设三辰，叩燕升阙，欲亲貌颜，更工绘图。上命礼部宾之，遂享太官廪饩。是时大宗伯冯公琦讨其所学，则学事天主，俱吾人禔躬缮性，据义精确。因是数数疏义、排击空幻之流，欲彰其教。嗣后李冢宰、曹都谏、徐太史、李都水、龚大参诸公问答，勒板成书。至于郑宫尹、彭都谏、周太史、王中祕、熊给谏、杨学院、彭柱史、冯金宪、崔铨部、陈中宪、刘茂宰，同文甚都，见于叙次。衿绅秉翰墨之新，槐位贲行馆之重，班班可镜已，历受馆饩十载。适庚戌春，利氏卒。迪我偕兼具奏请恤。诏议。礼部少宗伯吴公道南署部事，言其慕义远来，勤学明理，著述有称，且迪我等愿以生死相依，宜加优恤。伏乞敕下顺天府，查给地亩，收葬安插，昭我圣朝柔远之仁。奉圣旨是。宗伯乃移文少京兆黄吉士行宛平县。有籍没杨内宦私创二里沟佛寺房屋三十八间、地基二十亩，牒大司徒廪成命而畀之居。覆奏蒙允。余职江右岳牧，转任广阳师表，实有承流宣化之责。欣闻是举，因而戢节抵寓。顺阳子与其友人龙精华、熊有纲、阳演西辈，晋接久。习其词色，洵彬彬大雅君子。殚其底蕴，以事天地之主，以仁爱信望天主为宗，以广爱诲人为功用，以悔罪归诚为入门，以生死大事、有备无患为究竟。视其立身谦逊，履道高明，杜物欲，薄名誉，澹世味，勤德业。与贤智共知，挈愚不肖共由。玄精象纬，学究天人，乐工音律，法尽方圆。正历元以副农时，施水器以资民用，翼我中华，岂云小补？于是赞成皇上盛治薰风，翔洽遭际，真夐绝千古者矣。斯时也，余承命辖东南，宁无去思之慨。附居郊处，虑有薪水之忧。赫赫王命之谓何，余与有责焉。用识颠末于贞珉，纪我皇上柔远休征，昭惠万祀，嘉惠远人之至意。为之记。

順天京兆王應麟與利瑪竇特撰碑記。

粵稽古用賓、在九州廣萬餘里者、斯為逈絕僅已我國家文明盛世懷柔博洽。迄萬歷庚辰有泰西儒士利瑪竇號西泰友輩數十航海九萬里觀光中國始經肇慶。大司憲劉公旌之託居潮陽郡時余奉刺凌江竊與有聞、隨同傳伴、齎表馳趨嶺駐豫章。建安王把臂若追歡篤契之雅。宗伯王公宏誨竟傾蓋投契之孚。相與泝游長江覽景建業箋尹視公世祿司徒張公孟男淹款朋儕相抒

1. 1. Inspicientes reperimus ab antiquis adhibitos hospites, qui erant in novem Sinarum provinciis intra decem millia stadia et amplius, ipsos fuisse remotos maxime vix jam. Nostræ regiæ familiæ decoro, præclaro prosperoque tempore, diliguntur et foventur (advenæ), proferuntur amicitiæ.

京兆 Kīng tchaó ou 府 尹 Fòu ìn. Préfet du 順天府.

2. Adveniente sub regno Wan li anno cycli decimo septimo (1580), fuit ex magno occidente doctus vir Riccius Matthæus, cognomine Si t'ai, qui cum sociis pluries denis, enavigatis maris nonagies mille stadiis, lustravit Siniam.

光 Kouāng. Aspect. 觀 | Kouān †. Considérer l'aspect d'un pays, visiter un pays.

3. Primum transiit per Tchao king. Prætor Liou, vir primarius, diplomate donavit eum; (quo diplomate Riccius) fretus, habitavit Tch'ao iang in urbe. Tunc temporis, ego, accepto mandato, præfectus eram urbi Ling kiang. Immeritus participans accepi auditionem (i.e.audivi) eum, sequentibus comitantibusque nonnullis sociis, cum donis et litteris (ad imperatorem scriptis), profectum esse Pekinum.

肇慶 Tchaó k'íng était, sous les Ming, la capitale de la province de 廣東 Kouàng tōung.

大司憲 Tá sēu hién ou 巡撫 Siûn fòu Gouverneur d'une province.

公 Kōung, placé après le nom de famille, signifie *Illustrissime seigneur, Monsieur.*

潮陽 Tch'aô iàng. A présent 潮州 dans le Kouang toung.

凌江 Lîng kiāng. A présent 南雄 Nân hiōung dans le Kouang toung.

燕 Iēn. Ancienne principauté, à présent comprise dans le Chouenn t'ien

天主聖像珍藏內帑欣念遠來召見便殿寵頒一
情素西泰同龐子廸我號順陽者僅數
友輩廸越黃河抵臨清督稅官馬堂
持其貢表恭獻闕廷皇上啟閱

職辭爵折風饌設三辰叩燕陛闕欲親
貌顏更工繪圖上命禮部賓之遂享太
官廩餼是時大宗伯馮公琦討其所學。
則學事
義排擊空幻之流欲彰其教嗣後李冢
天主俱吾人徥躬繕性據義精確因是數數疎
宰曹都諫徐太史都水龔大參諸公
問答勒板成書至於鄭宮尹彭都諫周

5. Si t'ai cum P'ang docto viro, (nomine) Ti ngo, cognomine Chouenn iang, vix aliquot sociis, inde trajecit Flavum amnem et adiit Lin ts'ing urbem. Præpositus vectigalibus, palatii eunuchus Ma T'ang, capiens ejus dona et litteras, reverenter obtulit in regia aula.

6. Imperator evolvens aspexit cælorum Domini sacram imaginem et, ut rem pretiosam, recondidit in interiori thesauro. Suapte sonantia horologia, omnium regionum universalem descriptionem, citharæ simile instrumentum divisim distribuit præfectis (servanda et curanda). Gaudenter considerans illos ex longinquo venisse, arcessivit illos ut apparerent in privato conclavi, benigne donavit aliquo munere publico. Recusaverunt dignitatem, incurvantis venti instar.

召見 Tchao kién. Être appelé et voir l'empereur. Wan li ne se laissait voir qu'à un très petit nombre d'eunuques et de hauts dignitaires. Les officiers qui étaient appelés à son audience, se rendaient dans une salle où il était censé présent, et faisaient les salutations d'usage; mais lui-même n'y paraissait pas.

折風 Tchĕ fōung. L'influence des exemples bons ou mauvais sur la multitude est comparée à la force du vent qui courbe les plantes. 爾惟風下民惟草 (書君陳) Vous êtes comme le vent, et vos sujets comme les brins d'herbe.

7. Epulæ eis appositæ sunt tribus diebus; dignati sunt convivio in regio

太史、王中祕、熊給諫、楊學院、彭桂史、
馮僉憲、崔銓部、陳中憲、劉茂宰、同文
僉憲、崔銓部、陳中憲、劉茂宰、同文
甚都見於叙次衿紳秉翰墨之新槐
位賁行舘之重班班可鏡已歷受舘
餘十載適庚戌春利氏卒迪我偕兼
其奏請詔議禮部少宗伯吳公道
南署部事言其慕義遠來勤學明理
著述有稱且迪我等願以生死相依
宜加優卹伏乞勅下順天府查給地
獻收葬安插昭我聖朝柔遠之仁。奉
聖旨是。宗伯廼移文少京兆黃吉士、
行宛平縣有籍沒楊內臣私創二里
溝佛寺房屋三十八間地基二十畝

桂 史 Tchóu chèu ou 御史
P'eng, Tribunalis censorem, Tcheou, historiographum regium, Wang, han lin doctorem, Hioung, Tribunalis censorem, Iang, studiorum præfectum, P'eng, regium censorem, Foung, criminum judicis adjutorem, Ts'ouei, civilium magistratuum Tribunalis adjutorem, Tch'enn, criminum judicis adjutorem, Liou, subpræfectum, pariter litterarum peritia valde insignes, apparent in librorum præfationibus.

太史 T'ái chèu. Compilateur du Han lin iuen.

都水 ou 工部郎中 Secrétaire du Tribunal des travaux publics.

大參 Tá Ts'ān ou 布政使 Trésorier général d'une province.

宮尹 Kōung ïn ou 詹事 Tchēn chéu. Directeur de l'instruction de l'héritier présomptif.

中祕 Tchōung pí. Han lin.

桂 史 Tchóu chèu ou 御史 Censeur de l'administration impériale.

憲 Hién. 中 | Tchōung † ou 僉 | Ts'iēn †. Secrétaire d'un 按察司.

茂宰 Meóu tsài ou 知縣 Tchēu hién. Sous-préfet.

11. Optimatum doctorumque hominum, qui usi sunt penicillo et atramento, novitas, regni ministrorum, qui dignati sunt eos hospitio excipere, observantia, fama percrepante, spectaculo fuerunt jam. Continuo acceperunt hospitii dona decem annis.

衿 Kīn Collet bleu porté par ceux qui ont un degré dans les lettres, degré littéraire, lettré.

槐 Houâi. Sophora, ministre d'État.

12. Accidit ut cycli anno vigesimo septimo vere, Riccius doctus vir moreretur. Pantoia omnesque socii simul,

朕大司徒稟成命、而界之居、覆奏蒙允、余
職江右岳牧、轉任廣陽師表、實有承流宣
化之責、欣聞是舉、因而戢節抵寓、順陽子
與其友人龍精華熊有綱陽演西輩晉接
久、習其詞色洵彬彬大雅君子、殫其底蘊
以事天地之
主以仁愛信望
天主為宗、以廣愛誨人為功用、以悔罪歸誠為入
門、以生死大事、有備無患為究竟、視其立
身謙遜履道高明、杜物欲薄名譽、澹世味、
勤德業、與賢智共知、摯愚不肯共由、玄精
象緯學究天人、樂工音律法盡方圓正歷
元以副農時、施水器以資民用、翼我中華、

intertignia, in fundo viginti jugerum. Litteris vectigalium Tribunalis præses monitus est de facto mandato, et dedit illud (prædium) habitandum. Referens certiorem fecit imperatorem; accepit licentiam.

15. Ego functus officio Kiang si provinciæ quæstoris, migravi functurus officio Kouang iang magistri et exemplaris. Revera habui suscipiendorum defluentium (beneficorum decretorum) et diffundendorum documentorum officium. Lætus audivi de illo negotio; ideo et, compositis rebus meis, adii domum (illorum Europæorum). Chouenn iang (Pantoia) vir doctus, ejusque socii, Loung Tsing houa (Longobardi), Hioung lou kang (de Ursis), Iang Ien sí (Diaz) et alii progredientes exceperunt diu.

岳牧 Iŏ mŏu ou 布政使 Trésorier général d'une province.

江右 Kāng ióu. La province de Kiang si.

廣陽 Kouàng iâng. Ancien nom de la préfecture de Chouenn t'ien fou.

16. Attente observavi illorum sermonem et habitum; vere sunt optimi, valde honesti viri. Exhausi (i. e. perscrutatus sum) illorum in animis conditos sensus. Obsequium præstitum cæli terræque Domino, dilectionem, amorem, fidem et spem in Deum habent pro re summa; universalem dilectionem et eruditionem hominum habent pro meritoria exercitatione; pœnitentiam pec-

豈云小補於是贊成皇上盛治薰風翔洽邁際
眞復絶千古者矣。斯時也。余承命轄東南寧無
去思之慨。附居郊處。慮有薪水之憂。赫赫王命
之謂何。余與有責焉。用識顛末於貞珉。紀我皇
上柔遠休徵昭惠萬禩嘉惠遠人之至意。爲之
記。

皇帝敕諭管欽天監正事湯若望。
朕惟國家肇造鴻業。以授時定曆爲急務。義和而
後。如漢洛下閎。張衡。唐李淳風。僧一行諸人。於曆
法代有損益。獨於日月朔望。交會分秒之數。錯愼
尙多。以致氣候刻應不驗。至於有元。孰守敬號爲
精密。然經緯之度。尙未能符合天行。其後暑度亦

19. In illis rebus adjuverunt, ut perfectus esset imperator, optima administratio, correcti mores, homines undique concorditer convenirent et conversarentur, vere ex locis longinquioribus multo quam unquam antiquitus.

薰 Hiūn. Plante odoriférante; odoriférant parfum, parfumer; enseigner. | 風 Corriger les mœurs.

20. Hoc tempore, ego, accepto mandato ut regerem orientalem australemque regionem, quomodo non haberem eundi voluntatem vehementem? Advenae commorantes in suburbano loco timendum est ne rerum necessariarum inopia laborent. Reverendum regium mandatum faciendum est quanti! Ego particeps habeo officium implendum.

21. Ideo inscribens majora et minora in firmo lapide, commemoravi nostri imperatoris in fovendis advenis beneficas actiones, illustrandæ suæ beneficentiæ in decem millia annos et honorifice benefaciendi peregrinis intentam voluntatem. Propterea inscripsi.

II. 1. Imperator litteris certiorem facit, qui curat astronomicarum observationum præsidis negotia, T'ang Joannem.

2 Ego considero, regia familia inci-

59. 授汤若望钦天监正事以修历法

授官（1653 年 4 月 2 日）

皇帝敕谕管钦天监正事汤若望。

朕惟国家肇造鸿业，以授时定历为急务。羲和而后，如汉洛下闳、张衡，唐李淳风、僧一行诸人，于历法代有损益。独于日月朔望、交会分秒之数，错误尚多，以致气候刻应不验。至于有元郭守敬，号为精密，然经纬之度，尚未能符合天行。其后暑度，亦遂积差矣。尔汤若望，来自西洋，涉海十万里。明末居京师，精于象纬，阃通历法。其时大学士徐光启特荐于朝，令修历局中。一时专家治历，如魏文奎等，推测之法，实不及尔。但以远人之故，多忌成功。历十余年，终不见用。朕承天眷，定鼎之初，爰咨尔姓名，为朕修大清时宪历，迄于有成，可谓勤矣。尔又能洁身持行，尽心乃事，董率群官，可谓忠矣。比之古洛下闳诸人，不既优乎？今特锡尔嘉名，为通立教师。余守秩如故。俾知天生圣贤，佐佑定历，补数千年之缺略，成一代之鸿书，非偶然也。尔其益懋厥修，以服厥官。传之史册，岂不美哉。故谕。

顺治十年三月初四日

豈云小補於是贊成皇上盛治薰風翔洽邁際
眞復絕千古者矣。斯時也余承命轄東南、寧無
去思之慨附居郊處慮有薪水之憂赫赫王命
之謂何。余與有責焉。用識顚末於貞珉紀我皇
上柔遠休徵昭惠萬禩嘉惠遠人之至意爲之
記。

皇帝敕諭管欽天監正事湯若望。
朕惟國家肇造鴻業以授時定曆爲急務羲和而
後如漢洛下閎張衡唐李淳風僧一行諸人於曆
法代有損益獨於日月朔望交會分秒之數錯悞
尚多以致氣候刻應不驗至於有元孰守敬號爲
精密然經緯之度尚未能符合天行其後暑度亦

19. In illis rebus adjuverunt, ut perfectus esset imperator, optima administratio, correcti mores, homines undique concorditer convenirent et conversarentur, vere ex locis longinquioribus multo quam unquam antiquitus.

薰 Hiūn. Plante odoriférante; odoriférant parfum, parfumer; enseigner. | 風 Corriger les mœurs.

20. Hoc tempore, ego, accepto mandato ut regerem orientalem australemque regionem, quomodo non haberem eundi voluntatem vehementem? Advenæ commorantes in suburbano loco timendum est ne rerum necessariarum inopia laborent. Reverendum regium mandatum faciendum est quanti! Ego particeps habeo officium implendum.

21. Ideo inscribens majora et minora in firmo lapide, commemoravi nostri imperatoris in fovendis advenis beneficas actiones, illustrandæ suæ beneficentiæ in decem millia annos et honorifice benefaciendi peregrinis intentam voluntatem. Propterea inscripsi.

II. 1. Imperator litteris certiorem facit, qui curat astronomicarum observationum præsidis negotia, T'ang Joannem.

2 Ego considero, regia familia inci-

天眷
定鼎之初、爰諮爾姓名為朕修大清時憲曆。迨於有成、可謂勤矣。爾又能潔身持行、盡心廼事、董率羣官、可謂忠矣。比之古洛下閎諸人、不既優乎。今特錫爾嘉名、爲通玄教師。餘守秋之關暑、成一代之鴻書、佐佑定玄曆補數千年之闕暑、成一代之鴻書、非偶然也。爾其益懋厥修、以服厥官。傳之史册豈不美哉。故諭。
順治十年三月初四日。

李淳風 Lì Chouênn fōung, du 鳳翔縣 Fóung siâng hién dans le Chen si, astronome et historiographe, sous 唐玄宗. (713-756).
一行 Ĭ hing ou 張遂 Tchāng Souéi. Bonze, originaire du 南樂縣 Nân lŏ hién dans le Tcheu li, astronome impérial sous 唐玄宗.

4. Tu, T'ang Joannes, venisti ex Europa; trajecisti maris centies mille stadia; Ming imperatorum ultimis annis sedem fixisti in urbe regia. Plane noscens constellationes et planetas, universas intelligebas temporum computationis leges. Illo tempore, privati Consilii præses Siu Kouang k'i peculiariter commendavit te in aula regia, fecit ut curares temporum computationem in Astronomiæ curia,

遂積善矣。爾湯若望、來自西洋、涉海十萬里、明末居京師、精於象緯、闇通曆法。其時大學士徐光啟特薦於朝令修曆局中。其時專家治曆如魏文奎等、推測之法實一時不及。爾但以遠人之故、多忌成功。歷十餘年、終不見用。朕承

徐光啓 Siù Kouāng k'ì était 閣老 kŏ laŏ ou 內閣大學士 néi kŏ tá hiŏ chéu, sous 萬曆 Wán lî. Il fut l'ami et le protecteur de Matthieu Ricci, et embrassa la religion catholique. Outre ses écrits sur la religion, il a laissé un commentaire sur le Cheu king,... Son tombeau est à 徐家匯 Siû kiā houèi près de 上海 Cháng hài. (1562-1633).

5. Totius illius ætatis speciales doctores qui curabant de temporum computatione, ut Wei Wenn k'ouei aliique, computandi et scrutandi ratione certe non pares erant tibi. Solummodo quia peregrinus homo eras, multi invidia insectati sunt perfecta opera. Elabentibus decem amplius annis, omnino non fuisti adhibitus.

6. Ego, accepto Cæli favore, consti-

60. 罗锦文撰文祭母以示孝心

（1893年）

讣

幕设大顺广道署

不孝锦文罪孽深重。不自殒灭，祸延显妣诰封夫人周太夫人。痛于光绪壬辰年十二月十九日亥时寿终四川崇宁县，本籍内寝。距生于嘉庆癸亥年六月初六日丑时，享寿九十岁。孙万梁在籍侍奉，亲视含殓。不孝锦文，在直隶大顺广道任内。闻讣遵制成服，星夜匍匐奔丧，回籍期安葬。叨在乡世寅年友戚谊，哀此讣闻。谨择于二月十四日领帖。

孤哀子罗锦文泣血稽颡

齐衰期服孙万李、万梁、万荣泣稽首

齐衰五月曾孙正镛、正儒、正伦抆泪稽首

袒免侄孙玉维拭泪顿首

袒免侄曾孙传甲拭泪顿首

袒免侄元孙家谟、家楷拭泪顿首

哀启者。先妣之来殡也，先祖考、先祖妣前殁。恒以不逮侍奉为憾，岁时享祀，辄用追慕。事先考，巽顺爱谨，持躬俭素，而赒戚族无少吝，教子女严肃，而御臧获以恩，贤声溢于里党。先考命不孝从良师友游，脯脡必腆。先妣每以纺纴，供其缺乏。不孝戊午领乡荐，先妣有喜色，而督之弥勤。壬戌先考弃养，先妣痛不欲生，水浆不入口者数日。不孝率家人跽而请，乃进溢米。自后家渐落，不孝不复为进取计。先妣屡趣计偕，幸得通籍，先妣以词曹俸薄，不肯就养。丁亥蒙恩授大顺广道，次年迎板舆至署。晨昏在视，必谆谆于仁民爱物之道，且举先考生平宅心待人以为法。是年冬，弟锦章病殁。先妣恸之，遂有归志。不孝请留不可。己丑三月，命犹子万梁侍行。於乎，孰意自此遂不复亲承色笑乎，讵不痛哉！先妣归里后，康强矍铄，神明不衰，料量家政，犹亲躬井臼之事。不孝将告养，先妣屡书止之，唯免以尽职。是年不孝以河防劳，蒙赏二品衔，恭遇国庆，先妣晋封夫人。壬辰六月，九秩生朝，万梁及家人奉觞上寿。亲宾毕集，先妣顾而乐之，精采弥健。书闻时至，不孝私用自慰。今年正月十一日，成都电传，先妣于去年十二月十九日亥时弃世。凶闻骤至，五内摧裂。于乎，痛哉！不孝一官羁滞，未遂归养之志。疾不能奉汤药，殁不能视含殓。不孝之罪，固已上通于天，而电文简略，并不知疾病情状，终天大恨，何有穷极？于乎，痛哉！呼抢悔艾，自甘万死。姑延余喘，戴星奔归，以当大事。苫凶迷罔，措语无伦。伏乞矜鉴。

棘人罗锦文泣血稽颡。

不孝錦文罪孽深重不自殞滅禍延

顯妣

誥封夫人周太夫人痛於光緒壬辰年十二月十九日亥時壽終四川崇甯
縣本籍內寢距生於嘉慶癸亥年六月初六日丑時享壽九十歲孫萬
梁在籍侍奉親視含殮不孝錦文在直隸大順廣道任內聞訃遵
制成服星夜俑旬奔喪回籍期安葬叨在

鄉世

年寅誼哀此訃

戚友

聞

謹擇於二月十四日領帖

訃

幕設大順廣道署

孤哀子羅錦文泣血稽顙

齊衰期服孫萬梁泣稽首
　　　　　　　　　　鏞　李

齊衰五月曾孫正　　枝淚稽首
　　　　　　　儒　倫

祖免姪孫玉維拭淚頓首

祖免姪曾孫傳甲拭淚頓首

祖免姪元孫家楷謀拭淚頓首

哀啟者。先妣之來嬪也、先祖考前歿。
恒以不逮侍奉爲憾歲時享祀輒用追慕。
事先考巽順愛謹持躬儉素而賙戚族
無少悋教子女嚴肅而御臧獲以恩賢聲
溢於里黨。先考命不孝從良師友游脯
脡必腆。先妣每以紡紝供其缺乏。不孝
戊午領鄉薦。先妣有喜色、而督之彌勤。
壬戌先考棄養。先妣痛不欲生。水漿
不入口者數日。不孝率家人跽而請、乃進
溢米。自後家漸落。不孝不復爲進取計。
先妣屢趣計偕倖得通籍。先妣以詞曹
俸薄不肯就養丁亥蒙

恩授大順廣道次年迎板輿至署。晨昏在視、必

5. Cum luctu significatum. — Mortua mater mea quum venit nuptura, patris mei pater et mater non erant. Constanter, quod non assecuta est eis adstare et operam præbere, illi fuit dolori. Anni quatuor temporibus, eis offerebat dona, prompta ita eos reminiscens et amans.

6. Operam præbuit mortuo patri meo submissa, obsequens, reverens, attenta. Servavit seipsam parcam, simplicem; sed opitulata est affinibus ac cognatis non parum nec avare. Docuit filios filiasque severe et graviter; at rexit servos ac ancillas cum benignitate. Sapientiæ fama percrebuit in pago et vicinia.

7. Defunctus pater jussit non pium (i. e. me) operam dare optimis magistris, ad eos familiariter adire, stipendiis certe pinguibus. Defuncta mater semper nendo et texendo succurrit ejus inopiæ ac penuriæ. Ego, *ou ou* anno (cycli quinquagesimo quinto anno), accepi in provincialibus certaminibus promotionem, (id est, promotus sum ad gradum *kiu jenn*). Defuncta mater habuit lætum vultum, et curavit de hac re (id est, de studiis meis) magis diligenter.

8. *Jenn siu* anno (cycli quinquagesimo nono), pater meus desiit curari (i. e., mortuus est). Mater dolens renuit vivere. Aqua liquorve non intravit in os ejus aliquot diebus. Ego, ducens domesticos, genibus flexis, rogavi eam et obtuli paululum oryzæ.

9. Exinde res familiaris paulatim

諄諄於仁民愛物之道,且舉先考生平宅心待人以爲法,是年冬,弟錦章病殀,先姊慟之,遂有歸志。猶子萬梁侍行。於乎,孰意自此遂不復親承色笑乎,詎不痛哉。先姊歸里後,康彊矍鑠,神明不衰,料量家政,猶親躬井臼之事。不孝將告養,先姊屢書止之,唯免以盡職是勉。不孝以河防勞蒙賞二品銜,恭遇

國慶,先姊晉封夫人。壬辰六月九秩生朝,萬梁及家人奉觴上壽,親賓畢集。先姊顧而樂之。精采彌健,晝聞時至,不孝私用自慰。今年正月十五日,成都電傳,先姊於去年十二

benefaciendi popularibus et amandi homines rationem. Præsertim memoravit defunctum patrem, tota vita, constanti animo ita tractavisse homines ut factus sit exemplar.

宅 Tchě. Habitation, fixer sa demeure, habiter; charge. 【心知訓 (書康誥)】 † sīn tchêu hiún. Affermir son cœur dans la vertu, et apprendre à instruire les autres.

12. Illo ipso anno, hieme, frater natu minor Kin tchang morbo mortuus est. Mater mea dolens de eo, inde habuit repetendi domum voluntatem. Ego rogavi ut maneret; non probavit. Ki tch'eou (cycli vicesimi sexti anni) tertio mense, jussit fratris filium Wan leang comitantem proficisci. Eheu!

quis cogitasset postea inde non rursus meipsum accepturum esse ejus vultus risum? Quomodo non dolerem?

猶 Iêu. Comme, semblable, même, de même que, encore, de nouveau, aussi. 【子 (禮檀弓)】 Comme un fils; fils de notre frère.

13. Mater postquam rediit in pagum, sana, firma, agilis, fortis, mente perspicax, non defecta, componens curavit domesticam administrationem. Etiam ipsamet accedebat ad putei et mortarii opera, (id est, ad hauriendam aquam ex puteo et ad tundendam decorticandamque oryzam in mortario, seu ad facienda domestica mulierum opera). Ego volebam rogare ut, deposito magistratu, eam curarem. Mater pluries

月十九日亥時棄世凶聞驟
至、五內摧裂、於乎痛哉。不孝
一官羈滯未遂歸養之志、疾
不能奉湯藥歿不能視含殮
不孝之皋固已上通於天。而
電文簡畧幷不知疾病情狀。
終天大恨、何有窮極於乎、痛
哉。呼搶悔艾。自甘萬死。姑延
餘喘、戴星奔歸、以當大事、苦
凶迷罔措語無倫。伏乞

矜鑒。

棘人羅錦文泣血稽顙

noni anni) sexto mense, nonagenario natalitio die mane, Wan leang et domestici homines obtulerunt convivium ob summam senectutem. Cognati et alii conviværn postquam omnes convenerunt, mater respiciens gavisa est illo cœtu. Vigoris species erat magis firma. Litteræ et nuntia interdum veniebant. Ego in animo ideo me consolabar.

秩 **Tchĕu**. Dix ans.

觴 **Chāng**. Coupe, banquet.

采 **Ts'ài**. Cueillir, couleur brillante, belle apparence, bonne fortune.

16. Hujus anni primi mensis undecimo die, ex Tch'eng tou urbe telegraphio traditum est matrem meam, superioris anni duodecimi mensis decimo nono die, *hai* hora (ad hora nona ad undecimam vespere), liquisse mundum. Funesto nuntio subito adveniente, quinque viscera disrupta discissaque sunt. Eheu! delendum!

成都 **Tch'éng tōu**. Ville capitale de la province de Seu tch'ouen.

摧 **Ts'ouêi**. Pousser, presser, agiter, briser.

17. Ego, totus in munere exercendo, retentus et impeditus, non secutus sum redeundi et (matrem meam) curandi voluntatem. Ægrotanti non potui offerre potiones; mortuæ non potui videre in os imponentes dona, corpus vestientes. Impietatis culpa profecto jam sursum pervenit ad Cælum. Et quia telegraphicum nuntium erat breve, etiam non novi morbi adjuncta nec speciem. Toto die magnus dolor quemnam haberet finem et modum? Eheu! dolendum! Clamo, impingo caput, me pœnitet, me corripio. Meipsum offero decem millibus mortibus.

含 **Hán**. Mettre des grains de riz, des pierres de prix,... dans la bouche d'un mort.

搶 **Ts'iāng**. Frapper contre, heurter. 以頭丨地（戰國策）Frapper la terre avec la tête.

甘 **Kān**. Doux, agréable, avoir pour agréable, accepter volontiers.

艾 **Ngái**. Armoise ‖ 丨. 乂. Gouverner, réformer. 自怨自丨（猛子）Tzéu iuén, tzéu †. Il se repentit et se corrigea.

18. Interim producto reliquo spiritu, vel sub stellato cœlo (id est, iter faciens vel noctu), properans revertar domum, ad suscipiendam magnam rem (nempe exsequias).